含义与意义之间：
中国儒学术语英译研究

杨宇威 著

·郑州·

图书在版编目(CIP)数据

含义与意义之间:中国儒学术语英译研究/杨宇威著.--郑州:河南大学出版社,2022.8
ISBN 978-7-5649-5278-5

Ⅰ.①含… Ⅱ.①杨… Ⅲ.①儒学-名词术语-英语-翻译-研究-中国 Ⅳ.①B222.05

中国版本图书馆 CIP 数据核字(2022)第 147147 号

含义与意义之间:中国儒学术语英译研究
HANYI YU YIYI ZHIJIAN：ZHONGGUO RUXUE SHUYU YINGYI YANJIU

责任编辑 林方丽
责任校对 张雪彩
封面设计 陈盛杰

出 版	河南大学出版社
	地址:郑州市郑东新区商务外环中华大厦2401号 邮编:450046
	电话:0371-86059715(高等教育与职业教育分公司) 网址:hupress.henu.edu.cn
	0371-86059701(营销部)
排 版	郑州市今日文教印制有限公司
印 刷	广东虎彩云印刷有限公司
版 次	2022年8月第1版　　　　　　　印 次　2022年8月第1次印刷
开 本	710 mm×1010 mm　1/16　　　　印 张　13.25
字 数	223千字　　　　　　　　　　　定 价　39.00元

(本书如有印装质量问题,请与河南大学出版社营销部联系调换。)

前　言

本书以儒学典籍中具有代表性的术语及其英译为研究对象,通过对儒学术语意义以及特征的认知,从客观诠释学的视角,探讨了儒学术语的英译原则和方法论。儒学源自"六经"与孔子的思想,孔子"述而不作,信而好古"。儒学家出于对先贤的敬畏之心,对圣人的思想和学说主要是结合时代的需要进行阐释,逐渐形成了儒学发展的强诠释性特征。在对先哲理论的诠释中,儒学家围绕着文本的含义和历史进程中的意义进行思考,致使儒学发展的每一步、每一阶段、每一流派和义理都与文化语境以及语言语境密切相关。在这种氛围下,儒学术语不断丰富其内涵,使得同一术语在不同的历史阶段和流派义理中拥有不同的含义。即使在同一时期的学派内部,不同哲学家对于同一术语的诠释也有差别。因此,儒学术语意义的认知,离不开客观诠释学理论。意义认知是术语翻译的基础,只有厘清了术语所在文本的含义与作者在创作时的本义,才能准确地把握术语的含义,从而给出等值或等效的翻译。

本书将分 7 章对客观诠释学视角下的术语英译进行探索。

第 1 章 "绪论"。本章首先介绍本书的研究动机、研究内容、研究方法和意义,然后界定关键词,最后介绍本书的整体结构。

第 2 章 "中国儒学术语英译研究综述"。本章首先从儒学典籍英译的实践活动出发,按照时间的先后顺序和译者类型进行分类,对儒学典籍文本的翻译进行梳理,围绕翻译内容、取得的成绩和存在的问题进行分析、归纳和总结,并对英译中国儒学术语所运用的理论及其研究进行梳理,总结它们的主要观点,分析归纳理论研究的成就和缺陷,进而通过实例分析指出以往研究中长期存在的问题。笔者认为,以往的翻译不少是从西方哲学和文化的角度出发,没有从儒学术语产生的历史文化语境进行认知。因此,笔者拟以客观诠释学指导本人的研究。

第3章"儒学术语英译的客观诠释学认知"。本章首先对诠释学的性质、倾向和三次转向进行梳理,总结归纳出不同时期、不同诠释学学派对意义认知和文本理解的发展;再从诠释学和翻译的共同点出发,论述"翻译即解释"这一命题在四个诠释学时期的体现。笔者认为,认知儒学术语就需要从施莱尔马赫、狄尔泰和赫施的诠释学出发,注重对"客观意义"的探索,要与作者创作时的思想保持一致,诠释的目的就在于重现文本含义和作者(写作时)的本义。因此,只有厘清文本以及术语的含义与意义,才能产生等值或等效的翻译。

第4章"儒学术语及其意义的历史特征"。本章对术语意义的准确认知,离不开对术语特征的全面了解。从源头上讲,儒学术语中体现的思想都来自"六经"与孔子,儒学家们都继承了孔子"述而不作"的思想,因此追本溯源就成了术语意义认知的起点。加之儒学的发展一直与政治紧密相关,儒学术语的内涵被后人不断地引申添加。从历史的角度来看,术语发展是一个共性与个性并重、对立与统一共存的过程。所以,对同一术语的诠释随着历史时期、义理流派以及哲学家的变化而变化。同时,在儒学发展的过程中,各种学派的思想相互交织、融会贯通,出现了儒学术语间相互诠释、相互印证的现象。因此,对术语意义的认知,既要弄清楚术语的多元特征,又要分辨出不同时代的多种含义,厘清原义、今义和他义之间的关系。如果仅从某一时期或某一内涵出发,就不能从整体上把握和认识儒学术语的意义。

第5章"儒学术语英译原则"。以往对儒学术语的译法没有考虑到西方文化及其价值观与儒家思想的差异,没有意识到儒家思想的特殊性,以至于在翻译过程中,儒家思想或被西方思想替代,或被其同化。本源性和自主性的提出,就是要在认识儒学术语时,回到其所处的文本、义理、流派、时代语境中,通过对文本含义及作者本义的重现,还原术语在历史上的含义。对术语的翻译既要体现与西方思想的不同,也要体现出儒学内部的差异。

第6章"儒学术语英译方法论与翻译步骤"。所谓宏观相契和微观相契,就是要厘清翻译中的文化、语言语境,以翻译整体论为指导思想,对术语的认识返回到其所处文本、范畴、命题的文化体系、哲学流派、思想义理、作者和文本的意识形态和思想体系之中,并且以这些要素之间的微观关联为参照系,弄清楚翻译对象在原文本中比较准确的意思,从而给出等值或等效的译文。因此作者提出儒学术语的翻译步骤为"现象描述""历史探源""义理探析""意义辨析与正确翻译"。

第 7 章"结语"。本章对全书进行回顾总结,并指出本书的创新点和不足,以及今后有待深化和拓展的方面。

目　录

第 1 章　绪论 …………………………………………………………（ 1 ）
 1.1　研究的缘起 ………………………………………………（ 1 ）
 1.2　研究内容 …………………………………………………（ 3 ）
 1.3　研究方法 …………………………………………………（ 4 ）
 1.4　关键词的界定 ……………………………………………（ 5 ）
 1.5　研究意义 …………………………………………………（ 9 ）
 1.6　本书结构 …………………………………………………（ 10 ）

第 2 章　中国儒学术语英译研究综述 ……………………………（ 12 ）
 2.1　儒学典籍英译的历史与现状 ……………………………（ 12 ）
 2.2　儒学典籍英译研究评述 …………………………………（ 29 ）
 2.3　儒学术语英译研究的概况 ………………………………（ 39 ）
 2.4　儒学术语英译研究评述 …………………………………（ 42 ）
 2.5　小结 ………………………………………………………（ 48 ）

第 3 章　儒学术语英译的客观诠释学认知 ………………………（ 49 ）
 3.1　儒学术语意义认知的客观诠释学理论 …………………（ 49 ）
 3.2　中国古典诠释方法论中的儒学术语意义认知 …………（ 75 ）
 3.3　小结 ………………………………………………………（ 95 ）

第 4 章　儒学术语及其意义的历史特征 …………………………（ 96 ）
 4.1　同源性 ……………………………………………………（ 96 ）
 4.2　流变性 ……………………………………………………（102）

  4.3 多相性 ……………………………………………………（107）
  4.4 融贯性 ……………………………………………………（118）
  4.5 小结 ………………………………………………………（124）
第 5 章 儒学术语英译原则 ……………………………………（125）
  5.1 本原性 ……………………………………………………（127）
  5.2 自主性 ……………………………………………………（138）
  5.3 小结 ………………………………………………………（154）
第 6 章 儒学术语英译方法论与翻译步骤 …………………（155）
  6.1 儒学术语英译方法论 …………………………………（155）
  6.2 翻译步骤 …………………………………………………（170）
  6.3 小结 ………………………………………………………（186）
第 7 章 结语 …………………………………………………………（187）
参考文献 ………………………………………………………………（190）

第 1 章
绪论

翻译是对意义的追寻,也是对文本信息的获取。中国哲学典籍数量众多,时空跨度大,文化内涵丰富。翻译典籍文本时,对意义的追寻和对信息的获取,会因为涉及不同的历史、文化、政治背景而呈现出差异性和特殊性,这就构成了典籍翻译研究中丰富的内涵和广阔的外延。其中,典籍文本中术语的含义与意义的发展就体现了这种特点。因此,对哲学典籍术语的研究,就必须从术语的内涵以及外延两方面着手,进行共时和历时的考察。

1.1 研究的缘起

中国传统哲学体现了中华民族特有的民族心理、社会心理、价值观念、思维方式、认知结构,反映了历史上各个阶段中华民族对宇宙、社会、人与人之间的关系的思辨,也是中华民族几千年来文学、艺术、美学、民俗、社会政治、行为准则乃至科学理念等方面的理论基础,是构成中华民族文化身份的精神源泉和不可或缺的首要元素。中外学者再三强调,所谓的哲学史就是概念史。主要源自中国传统哲学典籍的中国哲学术语,是中华民族安身立命的精神源泉。它们体现的是中华民族观物方式、审美情趣、道德伦理、情感态度、生活习性、终极寄托等价值观和根本精神。

和普通词语一样,在翻译中术语是最低的语言结构层次。术语所负载的丰富文化内涵体现了术语发展的特征,即同源性、流变性、多相性和融贯性。这也决定了术语翻译的复杂性,译者不但要了解典籍术语的发展和变化,而且在翻译的过程中要根据特定的时代语境,如实地展现典籍术语的本来面貌,既不能"全盘西化",也不能形成自我文化中心主义。由此可见,术语的翻译,不仅仅是字面意思上的对等,更是中西方人文理念和传统的碰撞与交汇。

由郭尚兴教授主持的国家社会科学基金项目"中国传统哲学术语英译研究",就是对中国哲学史上各家的核心哲学术语进行梳理,将文化学、哲学、语言学的理论相结合进行建构,对术语翻译的方法论、原则和标准进行研究,以跨文化的视角、整合翻译理论、文化传播理论、翻译美学理论等建立中国传统哲学术语的翻译批评理论。在这个课题中,笔者参与了"儒学术语英译研究"部分。之所以选取儒学为研究的哲学派别,是因为儒学是中国传统文化极其重要的组成部分,从某种意义上来讲,儒学就代表着中国传统文化,这一点可以在众多哲学家的著作中看出:"孔子者,中国文化之中心也。无孔子则无中国文化。自孔子以前数千年之文化,赖孔子而传;自孔子以后数千年之文化,赖孔子而开。"①冯友兰将中国哲学划分为子学时代和经学时代,把儒学的兴起看作子学时代的开端,把儒学的独尊看作子学时代的终结和经学时代的开端。② 从春秋新秩序和新思想的统一到汉初大一统的局势,无论是秦始皇、李斯的思想统一政策,还是汉武帝、董仲舒的思想统一政策,儒学的独尊并不是一两个人思想的推行,而是自然发展的趋势。从汉代起,各家学说无论如何创新,都要从儒学中找到根据,才能为世人所接受。儒学虽随着时代的变化而向前发展,但各个时代的独特精神,都蕴于儒学经典之中。因此,儒学术语英译研究不单是对一脉相承的儒学思想的研究,也为其他哲学派别术语的英译研究提供了参考。

笔者认为,在以往中国传统哲学典籍的研究中,学者们大多都是以句子和篇章作为研究对象,对术语这种最基础的语言结构层次关注不够。而在为数不多的中国传统哲学术语研究中,研究的范围也仅局限于某个特定文本或特定术语。由于研究范围和方法的局限,以往的术语研究大多是个案研究,没有从历史的角度出发,考察术语的历史特征以及意义的流变。

因此,笔者认为,要准确理解、翻译中国传统哲学术语,不仅要回到产生、

---

① 柳诒徵:《中国文化史》,中国人民大学出版社,2012,第271页。
② 冯友兰:《中国哲学史》(上),华东师范大学出版社,2011,第228、229页。

养育和支撑这些术语的文化体系、哲学流派、思想义理、作者的意识形态和思想体系之中,与它们在整体和宏观意义上一致,而且要对具体术语的翻译在宏观相契的前提下,以微观的关联为参照系,弄清楚翻译对象在原文中比较准确的意义并给出等值或等效的译文。因此,本文旨在通过对术语的内涵和外延进行共时和历时的考察,对中国传统儒学术语的英译原则和方法论提出自己的见解。

1.2 研究内容

本书以儒学典籍中具有代表性的术语及其英译作为研究对象,详细考察儒学术语的起源、发展和演变,从而获得对儒学术语意义及其特征的认知,再结合客观诠释学的理论对儒学术语的英译原则和方法论提出自己的见解,最后选取一些具有代表性的儒学术语,详细阐述其意义认知过程和翻译步骤,以验证所提出英译原则和方法论的准确性和可行性。

本书所考察的儒学术语包括"天""道""人""诚""仁""义""德""器""和""理""力""命""气""文""质""心""性""体""用""中""庸"和"物"。所选术语主要是名词,包含了儒学史上著名的范畴和概念,但是由于中国儒学术语的语义特征,有时名词也用作动词。

选取上述核心术语的依据在于:(1)所选的哲学术语一经先儒使用,就被后儒不断发展和重新诠释,时间跨度大,意义流变性突出。(2)涉及从西周开始直至清代的典籍和哲学流派,包括《诗经》《尚书》《国语》《左传》《论语》《孟子》《荀子》《礼记》《易传》,以及周敦颐哲学、张载哲学、程朱学派、陆王学派、王夫之哲学和戴震哲学中的哲学著作。(3)涉及的哲学范畴丰富,按照张岱年①和张立文②在其著作中对中国哲学范畴的分类,所选儒学术语包含单一范畴和对偶范畴,其中单一范畴包含最高范畴(天、道、气、理)、虚位范畴(德、体、用)、定名范畴(命、物、和、器、神、诚、文、质、仁、义、性、中庸、心),对偶范畴包含天道范畴[天人(天道、人道)、道器、理气、体用、形神、心物]、人道范畴

---

① 张岱年:《张岱年全集》(卷四),河北人民出版社,2007,第 463、464 页。
② 张立文:《中国哲学范畴发展史》(人道篇),中国人民大学出版社,1995,第 1-7 页;《中国哲学范畴发展史》(天道篇),中国人民大学出版社,1988,第 1-6 页。

(道德、仁义、心性、性情)。

上述分类方法体现了中国传统哲学术语的复杂性,因为无论是在哲学史还是在思想史的著作中均可以看出,哲学思想的发展有其逻辑的必然性,然而哲学术语的发展并没有因为其出现的先后顺序而构成严格的逻辑顺序,所以在研究儒学术语时,应考虑到客观事实和儒学术语发展的特殊性。在单一范畴中,最高范畴是指思想家在建立其理论体系时所设定的世界本源或是最高实体的范畴,虚位范畴是指各家通用而又有不同诠释的范畴,定名范畴是具有确定内涵的范畴。在对偶范畴中,天道范畴指的是世界的组成及其存在的形式,而人道范畴是指人的存在和人的价值、伦理道德以及对世界的认识。采取这样的分类方式是因为:传统哲学主要内容是"天人哲学",无论"天人合一""天人相分"还是"天人感应",讨论的都是天道、人道和知人知天的问题,所以天道和人道构成了整体道的范畴系统,即整体的中国哲学范畴系统。天道和人道范畴系统之间,都存在着过渡、转化和反馈的关系。在中国古代哲学的历史上,有些术语是单个出现,有些则是成对出现,单一范畴和对偶范畴只是对术语存在形式的一种分类方式,在内容上基本一致。

在儒学术语译文的选取中,笔者选取了翻译史上具有代表性的译本,这些译本出自国内外知名译者之手,发行量大,翻译质量高,影响广泛。这样做的目的就在于呈现儒学术语英译的多元化现象,即在不同时代和文化背景下中外译者对儒学术语的诠释,尽可能全面而又综合地考察儒学术语英译研究中取得的成就和出现的问题。

1.3 研究方法

本研究拟以客观诠释学理论为基础,把握中国经学诠释特征,以中国儒学术语概念的实际特点为出发点,以中国儒学中的核心和重要的术语概念为实例,吸收自己翻译实践中积累的经验教训,采用理论阐述与实例分析相结合的研究方法,对中国儒学术语英译有一个整体性的认识。

具体说,就是从中国儒学术语意义及其特征的认知研究出发,到英译的原则,再到英译的性质,最后到方法论,层层递进,环环相扣,逐步深入。其中,英译方法论作为重中之重,在理解阶段,借鉴中国训诂学的研究成果,以语境分析作为对意义理解的基本进路,根据具体情况,研究双向分析认知法,即正向分析法和逆向追溯法。正向分析法从文化体系到流派、义理,再到作者、文本和语句,通过对意义链的分析,确定其在具体语境中的意义,再通过对其他相关因素的分析,给出准确的译文;逆向分析法是对正向分析法的确证,它采用相反的过程对已有译文进行甄别、确证或批评,并将这一过程上升到理论层面,建立有效的术语概念的翻译方法论评价和批评理论。

中国儒学术语英译研究的方法论应该是将文化学、哲学、语言学的理论相结合进行建构。在意义认知阶段,首先从流派、义理和文本出发,把握某术语或概念(群)基本的原始关系,把握其产生和发展的根据;其次,运用历时的和逻辑的方法进行归纳和分析,尤其是充分注意文化语境和语言语境意义的规定性作用。只有通过历时和共时的义理和语境的比较分析,意义差异才能正确地显现,才能给出准确的译文。

1.4 关键词的界定

经学:"经"最早见于周代的金文,本义是纵、丝。"经"最初不是儒家经典的专名,而是指诸子书的类名。在春秋战国时期,"经"成为上古重要典籍的泛称,"经"即"经典",是春秋之前所有典籍的统称,后来又有孔子编纂、修订的六经。从西汉开始,"经"被用来指代表国家主流意识形态的重要儒学著作,即官方认可的儒家书籍,这是狭义的"经"。值得注意的是,无论是周秦,抑或是汉清,"经"并不是儒学典籍的专名,而是包括儒学典籍在内的包括所有被奉为典范的著作,如《老子》称《道德经》,《庄子》称《南华经》,并且在佛教传入后,翻译的佛书也称为"经",这是广义的"经"。经学中的"经"是狭义的"经",是以孔子为代表的儒学典籍,经学指的是训释、阐述、研究儒家经典的学问,它的基本任务是校订、解释经典的字词句;诠释经典的义理;在研究现有成果的基础上发展儒家学说,推陈出新。

儒学:儒学不等于经学,虽有学者认为"而儒家之学,又确定为经学"[①],但从历史上来看,儒学的产生要早于经学,孔子修订"六经",开创了儒学,使其

---

① 冯友兰:《中国哲学史》(上),华东师范大学出版社,2011,第228页。

作为百家争鸣的一个学派,与其他学派并立于世。如前所述,"经"字出现较早,而研究儒家典籍的经学,直到汉代才得以正式确立。经学专指训释、阐述、研究儒家经典的学问,方式多是剖析章句,分析义理。儒学的特点是"游文于六经之中,留意于仁义之际,祖述尧、舜,宪章文、武,宗师仲尼,以重其言,于道为最高"①。孔子和其后的儒学流派和学说都属于儒学的范围,儒学在发展的过程中成为古代社会的正统学说,它是"站在宗法家庭的立场上,以血缘分析的方法理解自然和社会,注重传统,突出群体,强调等级,追求和谐"②。所以,儒学的内涵较之经学则更为丰富。从外延上看,儒学从兴起到独尊,其发展以经学为依托,在不同时代呈现出不同的面貌:两汉之际的谶纬学就是儒学和神学结合的产物;魏晋玄学的出现则得益于当时道儒兼综的思潮;宋明时期,从儒、释、道三教鼎立的局面变成儒学一统天下,儒学吸收了道、释两家的理论,以理为核心,对宇宙本指和物质实体进行讨论,形成了理学。

概念:概念是一种思维方式,它反映事物的本质属性。也有学者认为概念是一种思想,它反映了现实对象的一般的和本质的属性,这些属性中必有特有的属性。中国古代没有概念一词,表示普遍存在或事物类型的名词可称为概念,如日、月。墨家提出的达名、类名和荀子提出的共名、别名就是如今所说的概念。名是语言,概念是思维,语言和思维的关系就是形式和内容的关系,所以概念和名相统一。

范畴:范畴二字最先出现在《尚书·洪范》的"洪范九畴",意指基本原则,但是古代中国不以"范畴"二字连用。现如今讲的"范畴",是英文 Category 的汉译,指基本的普遍性概念,是反映认识对象的性质、范围或者种类的思维形式。典籍中与概念、范畴意思相当的是"名"和"实":"名不正则言不顺"③,体现了孔子的正名思想;管仲曰:"物固有形,形固有名"④;"名者,实之宾也"⑤;"夫名,实谓也"⑥;"名,达、类、私"⑦。以上各家所谓"名"都是事物的称谓,其

---

① 章太炎:《国故论衡》,上海古籍出版社,2003,第105页。
② 张立文、李甦平:《中外儒学比较研究》,东方出版社,1988,第27页。
③ 《论语·子路》。
④ 《管子·心术上》。
⑤ 《庄子·逍遥游》。
⑥ 《公孙龙子·名实论》。
⑦ 《墨子·经上》。

中墨家的达名就是如今所说的普遍范畴,是广义的范畴,而类名就是某一类的范畴,是狭义的范畴。从当代的学术视角出发,有学者指出范畴可根据所说明事物范围的大小分为两个基本层次,即学科范畴和一般范畴。① 学科范畴指的是,作为某一具体学科研究对象的某种事物,它的外延是特定的、有限的。一般范畴指的是语言所能反映的世界上的所有事物,它的外延是泛指的、无限的。无论哪种分类方式,范畴都是反映客观事物的统一性和普遍联系的思维方式。简言之,范畴即普遍性的概念。只有表示存在的统一性、普遍联系和普遍准则的概念才可以称为范畴,而一些常识性的概念,如日、月则不是范畴。

术语:关于术语的定义,可以分成逻辑学与哲学、术语学和语言学这三种视角。从逻辑学与哲学的视角来看,术语与概念联系紧密,术语是概念的物质载体或语言用料,参与到概念形成的全过程,术语能反映出概念的内容以及它与其他概念的联系,所以术语的逻辑系统性体现在术语及其所承载的概念之间的必然逻辑关联;结合术语在术语学和语言学中的定义来看,术语是由语词在表达学术思想中逐步专门化而形成的学科专门用语,这期间会受到语词的多义性影响,从而形成术语意义的多层次发展。由此可知,儒学术语是针对儒学这门学问而言的,确定一个用语是否属于儒学术语,主要看这个词是否符合儒学的特点,即在儒学典籍中是否有对这个用语的描述、规定以及相关的讨论。

关于术语、概念、范畴的关系,姚爱斌②认为,三者在内涵上各具独特性,但是在外延上则基本一致,主要表现为:同一个词,作为说明一个学科研究对象的专门用语来说,可称为此学科的术语;从其解释、说明的有关这个学科研究对象的观念来说,则可称为此学科的概念;而从其作为从某个方面说明这一学科研究对象的某类概念中的一个来说,又可以称为此学科的范畴。朱立元和何林军③则认为,术语、概念、范畴三者可以相互转化,因为它们都是人类对世界物质与精神现象本质和规律的认识,术语是以概念的形式出现的专门用语,术语有时候会转化成通用的范畴。

---

① 姚爱斌:《"范畴"内涵重析与中国古代文论范畴研究对象的确定》,《文艺理论研究》2008年第1期,第102-108页。
② 同上。
③ 朱立元、何林军:《"范畴"新论》,《河北学刊》2004年第6期,第13-19页。

虽然术语、概念、范畴都是以字词为单位，但是笔者认为，术语在外延上范围最广，概念次之，范畴最小。张岱年①指出，表示普遍存在或事物类型的名词可以称为概念，而表示某一个人、某一物的名词不能叫作概念，在概念中表示普遍联系和普遍准则的可以称为范畴，而常识性的概念如山、水、日、月，则不能称为范畴。从宋代开始，直到清代，对概念范畴的解释，即所谓"字义"，如陈淳所著的《北溪字义》就是对程朱理学的概念范畴的讲解，戴震所注的《孟子字义疏证》是对孟子哲学的概念范畴进行诠释。"字义"中的"字"不是一般的名词，而是哲学的名词，或是说哲学这门学科中的专有名词，也就是哲学术语。

另一方面，从历史的视角看，术语的内涵也最为丰富。儒学的发展属于学术思想史的范畴，在儒学思想不断发展和系统化的过程中，儒学术语的发展显现出了整体性和系统性。古代文论思想发展的延续性使得理论术语的发展构成了相应的序列，而这种序列性是以一个理论思想为其单位，因而在一个序列中，术语内在意蕴的发展也经历了一个从简单到丰富、从偏极到复杂的过程。② 所以，有学者提出中国古代文论术语的解释应是四个层面的释义："一是作为词语的词汇义释义；二是术语概念的内涵定义式释义；三是运用该术语表述的文论思想的解释；四是古代文化系统中用该术语所表述相关思想的解释。"③

如果把上述观点投射到本书的研究视角上，那么笔者认为儒学术语意义的认知应该是三个层面上的：一是作为词语的词汇义释义，也就是在历史上这个词首次出现时的含义；二是术语的内涵定义式释义，指儒学文本中体现出的实际内涵，也可以说是这个词语由普通词语向儒学术语转变时，在儒学原典中首次被赋予的哲学内涵，即概念的含义；三是儒学发展中后世儒家各个流派思想的解释，后儒对前人思想的继承与发展，使得其著作中的一些术语有了区别于儒学原典的解释，这些出现在儒家次生经典中的术语，代表不同时期、不同流派的儒学学者对原典术语的创造性解释。综上所述，本书中术语在内涵和外延上都要比概念和范畴广泛，术语的研究也应该是多项式、多角度的全方位考察。

---

① 张岱年：《张岱年全集》（卷四），河北人民出版社，2007，第455-456页。
② 谭帆：《试析古代文论理论术语的构造特征》，《中州学刊》1985年第6期，第75-80页。
③ 陶原珂：《中国古代文论词典中范畴概念的思想展开》，《中州学刊》2014年第92期，第154-158页。

1.5 研究意义

文化是一个民族安身立命的精神源泉,而"当一个国家的文化涵括普世价值观,其政策亦推行他国认同的价值观和利益,那么由于建立了吸引力和责任感相连的关系,该国如愿以偿的可能性就得以增强"①。所以,综合国力的提升离不开文化软实力的不断强大,提升文化软实力的关键在于培育文化价值的吸引力。因此,在提高文化软实力,建构全球文化多元化呼声日益高涨,中国文化走向世界的大背景下,本书的价值可分为宏观和微观两方面。

中国哲学术语的现行译法,往往没有充分尊重既存的西方世界观和常识同早期中国文化发生时的生活与思考方式之间宏观上的差异。本书的研究有助于保持文化差异,维护民族文化身份,在翻译的过程中还原儒学中特有的价值观念、思维方式、认知结构和社会心理;有助于促进文化互镜与互竞,建构全球文化多样性,在弘扬民族文化、保持中国固有文化身份的同时,促进东西方文化的融合;有助于正本清源,向世界呈现原生态的中国儒学思想。许多西方学者都或多或少有西方中心主义情结,以为哲学以西方为正宗,不同于西方哲学的哲学都不算是真正的哲学。黑格尔从绝对精神出发论证了"东方哲学应排除在哲学史之外"的哲学史观,而且认为"为了保持孔子的名声,假使他的书从来不曾有过翻译,那倒是更好的事"②。赫尔德认为儒学通过道德说教禁锢着人们的思想。③ 所以,本书的研究致力于为该领域翻译质量的提高尽一份绵薄之力,更是为了向世界呈现中国儒学的真正面貌,纠正类似黑格尔和赫尔德的看法。

在微观上,由于中国儒学独特的内容和强诠释性的发展轨迹,其术语意义的多义性和形式构造的复合性使得同形术语的意义游移和流变非常普遍,这不同于西方哲学术语概念的单一性,判断中国儒学术语的意义变得非常复杂,需要考虑多种因素。所以该课题的研究会向译者提供术语翻译的认识论和方法论依据,尽可能少地避免误译,对翻译教学提供理论支持,同时对推动哲学

---

① 约瑟夫·奈:《软力量:世界政坛成功之道》,吴晓辉、钱程译,东方出版社,2005,第5页。
② 黑格尔:《哲学史讲演录》(第一卷),贺麟、王太庆译,商务印书馆,1959,第98、120页。
③ 夏瑞春:《德国思想家论中国》,陈爱政等译,江苏人民出版社,1995,第91页。

术语翻译理论系统的建立具有一定的现实意义。

1.6 本书结构

本书共分 7 章,各章主要内容如下:

第 1 章,内容包括本研究缘起、研究内容、研究方法、关键词的界定和本书结构。

第 2 章,文献综述,包括:中国儒学术语英译的实践活动,按照朝代顺序对儒学典籍文本的翻译进行梳理,围绕翻译的内容、取得的成绩和存在的问题进行分析、归纳和总结;中国儒学术语英译的理论研究,以对儒学翻译研究代表人物的考察为出发点,通过对其专著、论文的搜集,总结出理论研究方法和主要观点,分析归纳理论研究的成就、缺陷和空白;客观诠释学研究概况,对客观诠释学的发展脉络进行梳理,并对其发展现状进行归纳和总结;最后归纳出该书的研究成果和存在的问题。

第 3 章,理论建构,包括:客观诠释学中,施莱尔马赫诠释学中语法解释和心理解释理论对儒学术语意义认知的影响;狄尔泰体验哲学中用"移情的方法"去理解作者的时代体验,即把自己投射到作者当时的境域中,要竭力避免诠释的主观性和相对性,超越理解者本身的历史境域,探求术语的意义。结合赫施诠释学中有关文本含义(meaning)与意义(significance)的观点和儒学术语中的古义、今义和他义的现象,分析如何界定儒学术语的含义和意义。通过对含义与意义的分析,发现客观诠释学与传统训诂学和古文献学在研究对象和研究方法中有诸多相似之处,而传统训诂学和古文献学又是中国古典诠释学所衍生出来的两种解释学形态,所以要对中国古典诠释学有一个整体性的论述,包括对其历史(发生、发展和成熟)、诠释理论与方法(如"以意逆志"和"随文释义")等方面的考察和评述,从而说明中国古典诠释学对本课题的理论指导意义。

第 4 章,归纳总结中国儒学术语的发展特征,包括:同源性,各流派均是靠对经典的诠释向前发展;流变性:传、注、疏等造成了同一流派在不同时期对核心概念的集成与发展;多义性:同一流派的不同时期对核心术语的诠释不同,不同流派之间对相同的术语的诠释也不同;融贯性:各流派相互吸收与借鉴,并生成新义。

第 5 章,归纳总结中国儒学术语英译原则,包括:自主性,指在认知、理解和翻译某类哲学观念、范畴、术语时,将它们置身于自身义理系统和模式中进行翻译,同时分辨其多相性,使译文符合该术语所处的历史流变、义理系统、意义价值、文化语境、语言语境等具有规定性的因素,充分体现其义理和模式的独特性和差异性;本原性,指译者在认知中国哲学术语时,将被认知的文本及其观念、范畴、概念和作者的思想及价值观置于中国历史文化传统和模式中,尽可能使译文成为"历史上的"译文,从内容和功能等方面反映出该术语在中国哲学和文化系统中的意义和地位,反映出中国哲学本身的独特性及与其他文化的差异性;适切性,在认知中国儒学中的观念、范畴、术语时,必须对中国传统哲学的载体—语言文字—有全面、深入的了解和研究,切实弄清楚其所属的语义系统,如是符合本义系统、引申义系统、义类系统,还是通用义系统。再结合语境、义理等制约因素和语用因素,使译文与原文意义达到切合。

第 6 章,归纳总结中国儒学术语英译目的方法论和翻译步骤。在对方法论的讨论中,详细阐述宏观相契、微观相切的观点。翻译步骤包括现象描述(心理诠释、语法诠释、内部诠释和外部诠释)、历史探源(古义、他义和今义)、语境追索(文化语境、语言语境)、义理辨析(义理源流、义理考据等)以及准确表达的立体结合。

第 7 章,总结本书的基本观点和有待提高的不足之处。

第 2 章
中国儒学术语英译研究综述

如前文所述,以往针对儒学术语的专项研究少之又少,作者只能从前人的成果中提炼出术语英译的内容以及对此研究有启发的部分。由此出发,再对国内外该领域的研究现状进行分析,找出研究中的不足以及亟待解决的问题,提出自己的看法。

2.1 儒学典籍英译的历史与现状

欧美英语国家对儒学的全面了解和介绍始于 16 世纪,欧洲要早于美国。一开始,西方学术界对中国语言、文明、历史的研究称为"Sinology",后来发展成为一门独立的学科——汉学。最初的汉学,专指由非中国人参与的西方人自己的一种关于中国语言、文化、历史的学问。在汉学的研究中,儒学典籍翻译作为一项重要的学术活动贯穿始终。

2.1.1 欧洲儒学典籍英译历史

最早介绍汉学的是来华传教士利玛窦(Matteo Ricci, 1555—1610),他于 1593 年第一次把《四书》翻译成拉丁文,但并未出版。① 《四书》的正式拉丁文译本出版,是在 1662 年,由意大利耶稣会士殷铎泽(Prosper Intercetta, 1625—1696)和葡萄牙耶稣会会士郭纳爵(Ignatus da Costa, 1599—1666)合作完成:

---

① 马祖毅、任荣珍:《汉籍外译史》,湖北教育出版社,1997,第 34 页。

他们合译了《大学》，取名为《中国的智慧》(Sapientia Sinica)，殷铎泽翻译了《中庸》，取名为《中国伦理政治学》(Sinarum Scientia Plitico-moralis)①。

欧洲刊行的儒学典籍，最早出现在 1687 年，由比利时耶稣会会士柏应理(Philippus Couplet，1624—1692)出版，名为《中国哲学家孔子》(Confucius, Sinarum Philisophus)，中文标题为《西文四书解》，书中包含了孔子传和《大学》《中庸》《论语》的拉丁文译本和注解②。后在 1689 年，出版了《中国哲学家孔子》的法文译本，一本名为《孔子的道德》，另一本名为《孔子与中国的道德》③。柏应理于 1662 年用拉丁文主持选译了《大学》和《论语》的前五章，取名为《中国箴言》④。1691 年，英国出版了《中国哲学家孔子》的英文节译本，也叫《孔子的道德》(The Morals of Confucius, a Chinese Philosopher)，由蓝登尔·泰勒(Randal Taylor)翻译。⑤ 这是中国儒学典籍英译的开始。

18 世纪中期，英国出版了由杜赫德(Jean-Baptiste du Halde，1674—1743)编著的《中国帝国全志》的英译本，该书包含了《诗经》中的《天作》《皇矣》及《抑》等八首。⑥ 18 世纪后期，英国学者威廉·琼斯爵士(William Jones，1746—1794)被誉为欧洲汉学第一人，他先后翻译了《诗经》中的《淇奥》《桃夭》和《节南山》。⑦

19 世纪之前英国的汉学研究仅靠其他国家资料的转译，甚至是道听途说来了解中国。汉学在英国作为一门专门学科而确立是在 19 世纪。1854 年英国与清政府正式建交之后，大批商人和传教士涌入中国，由于商业、文化和政治的需要，他们对中国的研究就更为迫切，一时间汉学迅速兴起，出现中国儒学英译的第一个高潮。

1809 年，英国传教士马歇曼(Joshua Marshman，1768—1837)翻译出版了《论语》。⑧ 马礼逊(Robert Morrison，1782—1834)作为传教士来到中国，不但

---

① 马祖毅、任荣珍:《汉籍外译史》，湖北教育出版社，1997，第 36 页。
② 李长林:《柏应理在欧洲早期汉学发展中的贡献》，《社会科学战线》1998 年第 1 期，第 75、76 页。
③ 马祖毅、任荣珍:《汉籍外译史》，湖北教育出版社，1997，第 37 页。
④ 杨平:《西方传教士〈论语〉翻译的基督教化评析》，《中国文化研究》2010 年冬之卷，第 206 页。
⑤ 雷亮:《结合国家图书馆馆藏分析四部中华经典著作在西方的传播》，国家图书馆青年科研项目 NLC-KY-2007-14，国家图书馆 2010 年，第 35、83 页。
⑥ 马祖毅、任荣珍:《汉籍外译史》，湖北教育出版社，1997，第 47 页。
⑦ 于俊青:《威廉·琼斯对〈诗经〉的译介》，《东方丛刊》2009 年第 4 期，第 129 页。
⑧ 杨平:《西方传教士〈论语〉翻译的基督教化评析》，《中国文化研究》2010 年冬之卷，第 208 页。

把《圣经》翻译成了中文,而且系统地学习了中国文化,于1812年翻译出版了《中国通俗文学译文集》(Horae Sinicae: Translation from the Popular Literature of the Chinese),其中包括了《三字经》和《大学》的英译本。① 马礼逊来华的另一个目的是编纂《华英字典》,以方便欧洲人学习汉语。《华英字典》分为三部,第一部名为《字典》,第二部为《五车韵府》,第三部为《英汉字典》。其中,《字典》的编译和注释基于《康熙字典》中所引用的《四书》和《五经》例句,而且书中还有对其他中国文献的参考和借鉴,总共收录了4万词条,内容包括了单字、成语和句型的英汉对照。② 《华英字典》作为一部百科全书式的工具书,内容涵盖了中国的历史、哲学、宗教、政治、地理、风俗、礼仪等领域,为西方人学习中国语言、文化提供了便利。③ 这部字典保留的西方人对中国语言、文化和社会习俗等方面的语言实证,弥补了我国近代汉语研究的缺陷。④

柯大卫(David Collie,？—1828)是英国新教牧师,来华后跟马礼逊学习汉语,并英译了《四书》(The Chinese Classical Work Commonly Called The Four Books),这是《四书》的第一个英译本。柯大卫的翻译只是他汉语教学的一个附属,他在对原文进行了再创作之后进行了翻译。他真正的目的在于传教:以基督教思想为中心,通过翻译来批判儒家思想,从而传播福音。

1846年,英国学者梅赫斯特翻译了《书经》。从1856年开始,英国汉学家理雅各(James Legge,1814—1897)把《四书》《五经》陆续翻译出版,取名为《中国经典》(The Chinese Classic):1861年理雅各翻译的《四书》出版了第一卷和第二卷;1865年理雅各和王韬合译了《书经》,出版时名为《中国经典》第三卷,在翻译的过程中,王韬首先完成了《书经》和《竹书纪年》的翻译,又收集名家注释,撰写《皇清经解勘记》,供理雅各参考;此后,二人又于1871年合作出版了《中国经典》第四卷,内容是《诗经》全本;王韬又撰写《春秋左氏传集释》和五篇相关论文,作为理雅各翻译《春秋》的参考;第五卷《中国经典》在1827年出版,书中收录了王韬的两篇论文和二人合译的《春秋》;紧接着又出版《易

---

① 王辉、叶拉美:《"直译"的政治:马礼逊〈大学〉译本析论》,《广东外语外贸大学学报》2008年第3期,第59页。
② 卓新平:《马礼逊与中国文化的对话——〈马礼逊文集〉出版感言》,《世界宗教研究》2010年第3期,第8-9页。
③ 顾卫星:《马礼逊与中西文化交流》,《外国文学研究》2002年第4期,第119页。
④ Robert Morrison: Dictionary of the Chinese Language (影印版),大象出版社,2008,第2-3页。

经》的译本为《中国经典》第六卷；1882年出版了《礼记》英译本，为《中国经典》第七卷。① 理雅各的译本以精准著称，一经出版在西方引起了轰动，使欧美人士得以全面了解中国文化以及中华民族伦理道德的根本，直到20世纪70年代还被重印。

理雅各之后，英国又出现了《诗经》两个译本，一个是传教士詹宁斯（M. A. William Jennings, 1847—1927）的全译本（*The Shi King: The "Old Poetry Classic" of the Chinese*），陆续在香港的《中国评论》上刊登。另一译本是阿连壁（Clement F. R. Allen, 1844—1920）的《诗经：中国的》（*The Book of Chinese Poetry*），于1891年出版。②

威妥玛（Thomas Francis Wade, 1818—1895）是继西方传教士后翻译《论语》的第一位西方汉学家。他的《论语》译本于1869年出版③，参考了孔安国的《论语》注释版本进行翻译，这个译本只进行了少量的印刷，也造成了目前对威妥玛版本《论语》鲜有详细评述的结果。李钢④认为，比起马歇曼和理雅各等人的译本，威妥玛的翻译采取了异化的策略，直译偏多，保留了异质的成分，并且没有强烈的基督教化倾向。

20世纪欧洲儒学翻译史上的重要人物，首推阿瑟·韦利（Arthur Waley, 1889—1966），他翻译的《诗经》首次打破了风、雅、颂的次序，创造性地以诗中所述内容为分类方式，分为17个门类。不仅如此，在理解和翻译的过程中，他还参照了许多中西注释，由于精通日语，他的研究中还吸收了许多日本的相关研究成果。另外，他还把《诗经》和欧洲文学做了比较，把翻译工作扩大到了文学研究领域。阿瑟·韦利翻译的《论语》一直是中西方都很流行的译本，其原因是他尽量保持了原文的文化风貌，注意细节的传译，文字简练，较为接近原文的风格。

翟理思（Herber A. Giles）在中国任领事一职多年，对中国传统文化多有研究，他翻译过的儒学典籍主要有《四书》《五经》《尔雅》《礼记》和《荀子》。其子翟林奈（Lionel Giles, 1875—1958）翻译过《诗经》《论语》《孟子》和《春秋

---

① 马祖毅、任荣珍：《汉籍外译史》，湖北教育出版社，1997，第54-56页。
② 同上，第56页。
③ 李钢：《威妥玛〈论语〉译本介评》，《学术论坛》2011年第2期，第102页。
④ 同上，第103页。

左氏传》。与翟林奈同时期的英国汉学家赖发洛,翻译出版了《论语》《中庸》和《孟子》。

高本汉(Klas Bernhard Johannes Karlgren,1889—1978)作为瑞典儒学的代表人物,翻译了《诗经》。他遵照"读经必先识字"的古训,对《诗经》研究中涉及的文字、音韵和训诂做了深入的研究,于1946年出版了《〈诗经〉注释》一书,引起了强烈的反响,1950年他又完成了《尚书译注》。① 在翻译这本书的时候,采用古文经学的研究方法,对理解上有歧义的字和句子,从音、形、意三方面入手,本着忠于原文的原则,阐明了许多意义含混的词语,并参照了中国历代学者关于《尚书》的研究成果,采用了逐字翻译的方式。此外,他还把前人研究中的不同理解和语法分析放在书的附录中,供读者参考。

苏慧廉(William Edward Soothill,1861—1935),1882年作为英国传教士被派往中国,在华30余年,英译了多部佛教经典和儒学典籍。他于1906年英译了《论语:孔子与其弟子及其他人的谈话》(The Analects of Confucius),并于1910年在日本出版。② 他对儒家经典的主要贡献在于提供了孔子的历史背景并辨别了中国古代的地理名词,但是他对孔子的评价却有失偏颇。

修中诚(E. R. Hughes,1883—1956)在编写《古典时期的中国哲学》(Chinese Philosophy in Classical Times)一书时节译了《论语》的部分章节,并安排在8个不同的主题中。他先用20页的篇幅帮助读者了解孔子和他的哲学,这种译介的方式非常成功。

道森(Raymond Dawson)翻译的《论语》(The Analects)简洁明了、朴实自然,保留了原作的风貌,只有在必要的时候才会添加上注释,并且简洁准确。在翻译的过程中,他看重的是跨文化的交流,并不是向了解并信奉儒家文化的人传道,而是最大限度地对译语文化中的读者介绍儒家文化。③

2.1.2 美国儒学典籍英译历史

美国的儒学翻译虽然起步较晚,但是大有后来居上之势。

裨治文(Elijah Coleman Bridgman,1801—1861)是美国第一个来华传教

---

① 马祖毅、任荣珍:《汉籍外译史》,湖北教育出版社,1997,第57页。
② 李新德:《苏慧廉与中国宗教文化的西传》,《池州学院学报》2011年第2期,第54页。
③ Raymond Dawson: *Confucius*: *The Analects*(New York: Oxford University Press, 1993), p. xxvii.

士,他于 1835 年在《中国丛报》(Chinese Repository)上翻译发表了《孝经》(Heaou King, or Filial Duty: author and age of the work; its character and object; a translation with explanatory notes)的译文,这是《孝经》的一个英文译本。① 他在《中国丛报》的发刊词中说道:"认识中国,了解中国,向海外报道中国各方面情况以及她发生的变化,变化给中国带来的影响"。② 从后来对《中国丛报》的研究中来看,"大致而言,他们的态度认真,持论亦甚正确"③。裨治文提供的客观的《孝经》译本,满足了美国学者对中国传统思想文化的需要。《孝经》被列为十三经之一,全面继承和发展了孔子、曾子和孟子等古代先贤的孝道思想,是传载儒家思想极其重要的经典,这也是裨治文选择该文本英译的重要原因之一。

《四书》的译本,传入美国的时间较晚,大约在 18 世纪和 19 世纪初,才有六七种译本,包括法文译本、拉丁文译本和英译本。④ 1835 年,美国出版了《凤凰:古代奇文拾遗集》(The Phenix: A Collection of Old and Rare Fragments),编者不详。此书只是集合了世界各国经典著作的译本,而不是新译。此书以"中国哲学家孔子遗训"为首章,是在美国出现得最早的《论语》译本。⑤ 该书收录了由英国人蓝登尔·泰勒(Randal Taylor)根据柏应理的《中国之哲人孔子》(Confucius Sinarum Philosophus, 1687)和法国人皮埃尔·萨夫亥(Pierre Savouret)的法文版《孔子的道德》(La Morale de Confucius, Philosophe de la Chine)译成的英文版的《孔子的道德》(The Morals of Confucius, A Chinese Philosopher),其内容包括了《大学》《中庸》和《论语》的英译。

1900 年,埃皮法尼乌斯编辑的《中国文学》分别在伦敦和纽约出版,书中收录了詹宁斯(William Jennings)的《论语》英译本和理雅各的《孟子》和《诗经》英译本。

贝恩斯(Cary F. Bayness, 1882—1943),虽然没有从中文直接英译过儒学

---

① 曾春霞、张红霞:《裨治文、理雅各〈孝经〉英译比较》,《西南民族大学学报》(人文社会科学版)2010 年第 S1 期,第 191 页。
② 仇华飞:《论美国早期汉学研究》,《史学月刊》2000 年第 1 期,第 96 页。
③ 王树槐:《卫三畏与〈中华丛刊〉》,载林治平主编《近代中国与基督教论文集》,宇宙光出版社,1995,第 180 页。
④ 马祖毅、任荣珍:《汉籍外译史》,湖北教育出版社,1997,第 41、42 页。
⑤ 同上,第 43 页。

典籍,但是他根据卫礼贤的《易经》德文译本转译为英文,书名为 The I Ching or Book of Changes。此书于 1950 年在美国出版,之后多次修订再版,产生了广泛的影响。①

庞德(Ezra Pond,1885—1972)的儒学翻译和研究对他的政治、经济、历史和诗学观念产生了重要影响。他译有《中庸》《大学》《论语》和《诗经》。他的《诗经》译本名为《孔子歌颂集》,于 1955 年出版。他认为,《诗经》既然由孔子删定,那就应该是他的思想结晶,他把儒家思想当成拯救西方社会的良方,认为孔子提倡的社会才是应有的世界秩序。② 庞德的翻译具有强烈的诗人气质,他运用拆字法解析中国汉字,英语译文简洁且生动活泼,但却不够准确。

亨克(F. G. Henke,1876—1963)原为美国在华传教士,后任教于南京金陵大学哲学系,先后在 1913 年和 1914 年发表了《王阳明生平与哲学研究》(A Study in the Life and Philosophy of Wang Yangming)和《王阳明:一位中国的理想主义者》(Wang Yangming, a Chinese Idealist)两篇文章,除了介绍王阳明的生平,还从人性、心学、格物等方面研讨了阳明学,成为阳明学西方研究第一人。此后,在金陵大学同学的帮助下,亨克翻译了《王阳明全集》的部分章节,并于 1916 年出版,名为《王阳明全集》(The Philosophy of Wang Yangming),内容包括王阳明传记、阳明语录(节译)、《大学问》、《传习录》和阳明学书信。由于是《王阳明》全集的节译,亨克把全书分为四章,而且并没有按照原书的顺序进行编排。

詹姆斯·威尔(James Ware,1901—1977),曾任哈佛大学历史系教授。他翻译的《论语》(The Best of Confucius)于 1950 年出版。陈荣捷指出他的翻译有时候妙笔生花,非常接近原句的意思,又形象地表述了作者的深意,但有时候却在一些字词的意义上相去甚远,让人不知所云。③ 总体上看,这个译本不是站在一个批判性、历史性的角度来研究文本④,但是译者让孔子的思想变得有趣,充满活力,更加贴近西方读者。全文没有注释,非常通俗易懂,比较适合

---

① 吴钧:《论〈易经〉的英译与世界传播》,《周易研究》2011 年第 1 期,第 90 页。
② Ezra Pound, "Immediate Need of Confucius," in N. Stock(ed.) *Impact: Essays on Ignorance and the Decline of American Civilization*(Henry Rognery Co., 1960), p. 203.
③ Chan, W-T, "Review: The Best of Confucius," *Philosophy East and West*, no. 2(1951):71.
④ Chan, W-T, "Chinese Philosophy, a Bibliographical Essay," *Philosophy East and West*, no. 4(1954):357.

初学者。他用简洁易懂的现代英语来翻译《论语》,让孔子的话好像就是出自现代人之口。此外,他在书中对儒学思想的发展做出了展望:"孔子总有一天会再次被当成象征社会稳定和民族礼仪的表率,《论语》的教义将会再次在中国的全体公民中树立行为规范和社会和谐的理想"。①

华兹生(Burton Watson,1925—2017),20 世纪 60 年代任教于美国哥伦比亚大学。1963 年他选译了《荀子》中的若干章节,由哥伦比亚大学出版社出版了《荀子入门》(Hsun Tzu:Basic Writings)一书,该书被列入哥伦比亚大学东方学经典翻译系列丛书(Translations from Oriental Classics Series)。他用流畅的现代英语翻译《荀子》,译文通俗易懂并且忠于原著,又不失其学术性。此外,他还出版了《墨子入门》(Mo Tzu:Basic Writings)、《韩非子入门》(Han Fei Tzu:Basic Writings)和《庄子入门》(Chuang Tzu:Basic Writings)等其他先秦学派的英译著作。1989 年他又节译《左传》(The Tso Chuan:Selections from China's Oldest Narrative History)的若干章节,由哥伦比亚大学出版,成为最早向普通读者全面介绍《左传》的汉学家。他选取了《左传》中最具叙事特色的篇章进行翻译,译本面向那些想了解中国哲学的普通读者。为了保证可读性,他在整体上对《左传》其书和成书年代做了介绍,并且在一些西方读者难以理解的地方加了脚注。② 他不但对原文进行了删减,添加了许多背景知识,还简化术语,使译文读起来流畅自然,平易优雅。③

大卫·亨顿(David Hinton,1945—),是 20 世纪第一个独自译出《道德经》《庄子》《论语》和《孟子》四部中国哲学经典的西方翻译家。④ 他又是一名作家,翻译过不少中国诗歌。他翻译的《论语》避免了生硬的说教式腔调,用生动简洁的语言把读者带入文中当时的情境,对于原文中一些有争议的词句,他还列举了其他译者的译文,供读者参考。他的翻译,一方面和多数译者一样,展现了孔子作为圣人的伟大功绩;另一方面,他使读者看到了孔子作为一个普

---

① James R. Ware, *The Sayings of Confucius*(New York:New American Library, 1955), p.17.
② Ronald C. Egan, "Review:The Tso Chuan:Selections from China's Oldest Narrative History," *The Journal of Asian Studies*, no.1(1990):145.
③ 李秀英:《华兹生的汉学研究与译介》,《国外社会科学》2008 年第 4 期,第 68 页。
④ 金学勤:《论美国汉学家白氏夫妇的《论语》"层累论"成书说》,《四川大学学报》(哲学社会科学版)2009 年第 2 期,第 19 页。

通人,善良、大度、富有同情心和幽默的一面。① 总体上讲,他的翻译清晰准确地传达了孔子的哲学思想和伦理观念。

安乐哲(Roger T. Ames,1947—)是美国当代哲学家、翻译家。他与罗思文合译的《论语》,是用哲学的视角来诠释,通过分析孔子所处时代的人物和语言,使西方读者对儒道有更深刻的理解。② 此外,安乐哲还和多名学者合作翻译儒学典籍:与郝大维合译的《中庸》和与罗思文合译的《孝经》于2010年出版,2011年出版了与杜维明合译的《切中伦常:〈中庸〉的新诠与新译》。

汤玛斯·柯丽瑞(Thomas Cleary,1949—)翻译的《论语》采取了《易经》64卦的形式,按照孔子对《易经》卦象的评论,把《论语》各章按照卦象的主题重新编排。他的译文通俗易懂,删减了许多可能会给西方读者带来困惑的文化因素。这种取舍虽然不能完全重现中国儒学的原貌,但是从译介的角度看,这种做法简洁明了、通俗易懂。此外,他还全译了《易经》(*I Ching: the Book of Change*),他认为《易经》作为占卜之术,流传了3000多年,不同的层面上会出现不同的解释,翻译的目的就是把先儒的智慧运用到现如今的日常生活中。

白牧之和白妙子(E. Bruce Brooks, A. Tacko Brooks)夫妇主要研究先秦哲学。他们英译的《论语》(*The Original Analects*)打破了原有的顺序,每一篇译文都按照主题加上了标题,并在每篇译文的前后都附上"导言"和"思考"部分。在翻译时,更是对每段话都附上了详细的译注。

森舸澜(Edward Slingerland,1968—)主要研究中国哲学和古汉语,尤其精通先秦时期各种哲学思想。他的著作有《无为:早期中国的精神理念》(*Effortless Action: Wu-wei as a Spiritual Ideal in Early China*)、《中国古代哲学思想》(*Readings in Classical Chinese Philosophy*)等。他在翻译的《论语》(*Confucius Analects with Selections from Traditional Commentaries*)中附上了历代各家对《论语》的注释。他的目标读者为普通的西方民众,他把《论语》当作一个有机整体来解读,是一个连贯的文本,试图回答政府的本质、学问的意义和人生理想等问题。③ 在他的译文中,每章译文前面都有一个主题思想的介绍,每章译文

---

① David Soles, "Book Review: The Analects of Confucius," *Asian Philosophy*, no. 1(2000):268.
② 安乐哲、罗思文:《〈论语〉的哲学诠释:比较哲学的视域》,余瑾译,中国社会科学出版社,2003,第2页。
③ 王勇:《E·斯林格伦德〈论语〉译本介评》,《中国科技翻译》2007年第1期,第61页。

之后又会附上中外学者对本章的注疏,这样就避免了读者局限于某一家对《论语》的解读。

约翰·诺布洛克(John Knoblock),是美国迈阿密大学的哲学教授。他翻译的三卷本《荀子全译和研究》(Xunzi: a Translation and Study of the Complete Works)旨在面向专业学者,探讨荀子思想的内涵。在对成书背景的考证和时代思潮的介绍上,诺布洛克在《荀子全译本》中做了大量细致的工作,因通晓中、英、日三种语言,他选取了王先谦的《荀子集解》与日本学者久保爱中的《荀子增注》为翻译的底本,并在译本中附上了东西方相关的研究资料为读者做参考。正如他在书中所述,"我尽量悉数查阅了用中文和日文撰写的批评文章和著作,且注意到了中国和西方研究中国哲学的最新动态。我的目的是拿出一个面向有文化教养的人的英译本,借以充分传达荀子哲学论点的含义"①。

2.1.3 海内外华人学者儒学典籍英译历史

从19世纪末期开始,中国学者陆续开始向西方介绍中国文化,翻译许多中国儒学经典。

辜鸿铭(?—1928),是晚清学者,他的一生可以概括为:"生在南洋,学在西洋,婚在东洋,仕在北洋"②。他接受过系统的西方教育,并对中国文化有深入研究。辜鸿铭一生完整地翻译过三部儒家经典,它们是《论语》(The Discourse and Sayings of Confucius: A New Special Translation, Illustrated with Quotations from Goethe and Other Writers)、《中庸》(The Universal Order or Conduct of Life)和《大学》(Higher Education),但是英译《大学》并没有正式出版。辜鸿铭所处的正是"西学东渐"和"东学西渐"同时发生的年代,也是中国思想文化从近现代向现代转换的时期,他是第一个把儒家经典《论语》《中庸》和《大学》翻译为英语的中国人,对中国文化的传播做出了巨大贡献。

林语堂(1895—1976),当代著名学者,他的研究领域涉及文学、哲学、语言学和翻译。他旅居美国30余年,在美期间,他出版的《孔子的智慧》(Wisdom

---

① 蒋坚松:《文本与文化——评诺布洛克英译本〈荀子〉》,《外语与外语教学》(大连外国语学院学报) 1999年第1期,第40页。
② 严光辉:《辜鸿铭传》,海南出版社,1996,第1页。

of Confucius)、《老子的智慧》(Wisdom of Laotse)、《中国和印度的智慧》(Wisdom of China and India)三部智慧丛书产生了广泛影响。其中,《孔子的智慧》在学界和普通民众当中都广受好评。该书是一部编译本,在第一章中,他先对孔子的思想和翻译方式做了一个简要的介绍。第二章介绍孔子生平,并首次把《史记》中的《孔子世家》翻译成英文。林语堂从《礼记》中选出《中庸》《大学》《哀公问》《礼运》《学记》和《乐记》几篇,并从《论语》中挑选出代表孔子关于人生、政治、音乐、教育等思想的语句进行翻译和讨论,作为第三章到第十章的内容。第十一章,林语堂英译了《孟子·告子》篇。这种编译方法和按主题排序的方式,更适合西方读者的阅读习惯,没有采用说教式的叙述,而是用优美流畅的英文,向西方读者充分展示了孔子的哲学思想。内容上,搜集与孔子生平有关的资料来弥补《论语》的不足,向读者展现孔子思想和性格的多样性,改变孔子以往的圣人形象,把他变成了通俗生活中可爱的睿智老头①。

与林语堂同时期的学者中,梅贻宝(Y. P. Mei, 1900—1997)英译的儒家作品为儒学典籍的传播做出了杰出贡献。他翻译过《荀子·正名》(Hsün-tzu on Terminology)篇,并在两篇论述荀子思想的文章中附上了《荀子》的译文,分别是《荀子的教育思想,附英译荀子第一篇劝学》(Hsün Tzu's Theory of Education: With an English Translation of the Hsün Tzu, Chapter I, An Exhortation to Learning)以及《荀子的政治思想,附英译第九篇王制》(Hsün Tzu's Theory of Government: With an English Translation of the Hsün Tzu, Chapter IX, Kingly Government)。

陈荣捷(Chan Wing-Tsit, 1901—1994),是美国著名华人学者,他一生中撰写了大量中英文著述,对国外的中国哲学研究有着巨大贡献,共有27部中英文著作,论文160余篇,研究涉及中国哲学的各个方面,特别是对宋明理学的研究最为深入。陈荣捷从1936年开始在美国大学执教,直到1984年退休,成为有史以来在海外讲授中国哲学和从事中国哲学专业研究时间最长的华人学者,同时也是最早在美国推动新儒学研究的华人学者。20世纪80年代美国学界兴起的"朱熹热"就跟陈荣捷有很大的关系。

他编译的《中国哲学资料书》(A Source Book in Chinese Philosophy)是欧美

---

① 儒风:《论语的文化翻译策略研究》,《中国翻译》2008年第5期,第53页。

第一本系统介绍中国哲学思想发展的资料汇编。全书分为四十三章,从先秦哲学开始,一直讲到中国哲学在现代中国的发展,书中对历史上的哲学家和现代中国的哲学家生平及其学术思想都有详细的介绍。书中陈荣捷英译了许多儒家经典,包括全译和节译,涵盖了先秦直到清代的儒学名篇。陈荣捷的英译著作不单单是英译原文,为了向欧美读者介绍中国文化,他的译著中都有大量相关的背景知识,以辅助读者对经典全面解读。在编译《中国哲学资料书》时,他自定了七条原则:"一、尽量参读多种经典注疏;二、所有的中国哲学名词需加以解释;三、有的专有名词如'五常'等都必须详举其内容;四、所有引用书籍或论文均译其意为英文;五、所有地名或人名,均加考证或解说;六、所有原典之号引文尽量溯其出处;七、对经典若干重要章句均指出它在中间哲学史上的重要性。"①这七条原则对典籍翻译工作有极高的借鉴价值。

不仅如此,陈荣捷还英译了新儒学三大典籍:《传习录》(*Instructions for Practical Living*)、《近思录》》(*Reflections on Things at Hand*)和《北溪字义》(*Neo-Confucian Terms Explained*)。他还与其他学者一道,编译、编辑了《中国传统资源》(*Sources of Chinese Tradition*)和《中国哲学词典大全》(*An Outline and an Annotated Bibliography of Chinese Philosophy*)等英文文献。

在上述陈荣捷出版的刊物中,值得一提的是《中国哲学词典大全》和《北溪字义》这两本书。《中国哲学词典大全》是一部先秦到1950年有关中国哲学的外文文献索引,资料翔实,并且都是由欧洲语言写成,大部分为英文写成。全书一共有250余条参考书目,包括著作和文章,并对照相应的哲学条目②。陈荣捷英译《北溪字义》的初衷是认为此书是介绍朱熹理学的最佳读本③,除了原著中的内容,他还翻译了大量有关此书的背景资料,并在必要处附上了翔实的文中注释和相关资料用来说明对原著的理解。

秦家懿(Julia Ching,1934—2001)是和陈荣捷同时代的学者,她对儒学在美国的传播也做出了杰出贡献。她曾翻译出版了《王阳明书信》(*The Philo-*

---

① 马祖毅、任荣珍:《汉籍外译史》,湖北教育出版社,2007,第93页。
② Paul H. Clyde, "Wing-tsit Chan, An Outline and a Bibliography of Chinese Philosophy(Book Review)," *Far Eastern Quarterly*, no.4(1955):576.
③ John Berthrong, "Reviewed Work: Neo-Confucian Terms Explained (The Pei-hsi Tzu-i)," *The Journal of Asian Studies*, no.1(1988):249.

sophical Letters of Wang Yangming)和《明儒学案》(The Records of Ming Scholars)两部儒家著作。《王阳明书信》是秦家懿选取王阳明和其友人与弟子讨论哲学的多封书信英译成册,此前有传教士亨克(Frederick Henke)做过类似的翻译,但是"亨克的译本译文质量较差"①。秦家懿选取了 67 封书信,虽然在数量上没有亨克的丰富,但是译文通俗流畅,可读性很强。刘殿爵评价这本书虽然在一些地方存在误译和有意省略,但不失为一个通俗易懂且又在学生中广受欢迎的译本。②

秦家懿编译的《明儒学案》是在原著基础上的选译,包括 200 篇名家自传中的 42 篇,以及原著中大部分刘宗周的注释和对其他学派的介绍。全书分为三个部分,第一部分介绍王阳明和刘宗周的生平和思想,以及所属学派的特点,还与《宋元学案》做了对比;第二部分是对原著的选译,译者治学严谨,译文非常值得细细研读;第三部分编者总结了翻译的心得和对原著的理解。作为《明儒学案》的第一个英语译本,所选译的内容涉及明代思想的各个方面,包括当时的儒家思想、佛教思想、文学、政治思想和社会道德观等等。秦家懿的翻译非常忠于原著,不仅可读性很高,还加入了许多汉语、日语和英语的研究资料便于读者借鉴,无论对于专业学者还是一般的学习者,它都是一本值得阅读的译作。对于一些具有争议的术语,编译时也进行了取舍,总体上满足了译文读者的需求,对术语的翻译准确地传达了基本的儒学思想。秦家懿的研究不但向世界展示了中国哲学的丰富性和多样性,也为其他学者的研究提供了宝贵的材料和经验,更为以后的研究打开了新的思路——可以专门研究中国哲学的某一分支或是从诠释学角度解读中国哲学某一学派。

除此之外,她还出版了多部专论:《获智之道:王阳明》(To Acquire Wisdom: The Way of Wang Yangming)被安乐哲誉为"第一本研究王阳明思想的英文著作,不但指出了西方社会对中国历史的无知,更彰显了秦家懿研究的重要性"③,杜维明也发文肯定了秦家懿的贡献,"此书以一种不同寻常的研究方式

---

① D. C. Lau, "Review: The Philosophy of Wang Yang-ming," *Bulletin of the School of Oriental and African Studies*, no. 2(1974):492.
② Ibid.:492.
③ R. T. Ames, "Review: To Acquire Wisdom: The Way of Wang Yang-ming," *Bulletin of the School of Oriental and African Studies*, no. 2(1977):419.

对阳明学的研究提出了许多令人深思的问题……与书中提到的西方思想家比较,让王阳明的思想显得似乎简单易懂,实际上又自相矛盾"①。对《儒与耶:一个比较研究》(Confucianism and Christianity: a Comparative Study),陈荣捷评价此书有多个"第一":当代第一次在儒学思想视角下的基督学研究,第一次在思想平等的基调下对两种思想的研究,第一次对两个宗教的关系和当时它们政治地位的研究,第一次在作者精通两种宗教的写作和教义的基础上进行的研究。②《中国宗教与基督教》(Christianity and Chinese Religions)和《王者与天人合一》(Mysticism and Kingship in China: The Heart of Chinese Wisdom)也得到了西方学者的高度评价。

刘殿爵(D. C. Lau,1921—2010)1950年开始执教于伦敦大学亚非学院,由于丰硕的学术成果,他成为亚非学院中文部的领军人物并很快便晋升为中文教授。③ 在三十多年的教学生涯中,他不但为中国哲学的传播做出了杰出贡献,而且培养了优秀的研究学者,如对中国哲学颇有建树的安乐哲。随后他返回香港,任职于香港中文大学,成为汉语语言和文学教授,并于1979—1995年任《中文研究》月刊(Chinese Studies)的主编一职,于1979—2007年任该校中文研究中心主任(Director of the T. T. Ng Chinese Language Research Centre)一职。他在香港中文大学退休后,专注于中国古籍研究工作,编纂了《香港中文大学中国文化研究所古籍逐字索引丛刊》,领衔建立了中国古籍研究中心(后更名为"刘殿爵中国古籍研究中心"),隶属于香港中文大学。他主持建立的"汉达文库"包含了甲骨文、金文、竹简帛书、先秦两汉、魏晋南北朝,书类和词类电脑化资料库,不但极大地丰富了国学研究的文献资料,并且成为汉学家从事研究的必备资源。

刘殿爵不但精通古汉语,而且对外语的掌握也优于许多西方学者。为了能更好地从事研究,除了英语,他还掌握了德语、希腊语和拉丁语。他翻译了《老子》(Lao Yzu)、《论语》(Confucius: The Analects)和《孟子》(Mencius),并和

---

① Tu Wei-Ming, "Review: To Acquire Wisdom: The Way of Wang Yang-ming," *Harvard Journal of Asiatic Studies*, no. 2(1977):452.
② Chan, W-T, "Review: Confucianism and Christianity," *The Journal of Asian Studies*, no. 1(1978):173.
③ Roger T. Ames, "The Remarkable Scholarship of Professor D. C. Lau(1921—2010)," *Early China*, vol. 32(2009):vi.

安乐哲合作翻译了《孙膑兵法》(Sun Pin: The Art of Warfare)和《淮南子·原道》(Huainanzi)。

安乐哲[①]指出刘殿爵翻译的《老子》《孟子》和《论语》无论在销量上还是在被引用量上其他译本都无法企及。刘殿爵翻译的《孟子》除了优美的译文外，还附上了大量的背景材料，包括对孟子生平和思想的介绍、五篇附录和文中出现过的人名和地名。在对孟子的介绍中，刘殿爵展开了自己对孟子人性论的理解、对孟子其他哲学思想和伦理道德的认识和对荀子思想的对比。在五篇附录中，刘殿爵先是讨论了《孟子》中文章的顺序，又翻译了《韩诗外传》和《列女传》中一些关于孟子生平的记述，又讨论了有关《孟子》作者的问题，又将《孟子》中有关历史的内容搜集在一起，按年代划分，目的是让读者对当时孟子所处的社会有整体的了解，最后一篇附录是刘殿爵题为《孟子在辩论中对譬喻的运用》的重印。刘殿爵英译的《孟子》充分反映了他的严谨认真和对普通读者接受力的关注，运用大量背景材料和注释帮助读者理解。为了尽量避免误解，他没有在英语中找出相应或相似的词，而是用汉语拼音代替，但是他"非不得已时是不用音译的"[②]。他的译文简洁，通俗易懂，"有学者指出刘教授受了牛津日常语言学派哲学家 Gilbert Ryle(1900—1976)的影响，力求使用精确的语言，表达清晰的概念。Ryle 的个人风格精练澄澈。刘教授的译笔，正是秋水文章不染尘，自然成为西方读者认识中国哲学经典的基础"[③]。

黄继忠(1923—2001)是美籍华裔学者，于 1983 年开始在美国大学教授《论语》，在美国执教的数十年中英译了《论语》，1997 年由牛津大学出版社出版。在翻译《论语》时，他参阅了理雅各(James Legge)、阿瑟·韦利(Arthur Waley)、刘殿爵(D. C. Lau)、詹姆士·威尔(James Ware)以及雷蒙·道森(Raymond Dawson)的译本。他发现，出于汉学和宗教视角或是由于意义翻译策略的限制，以往的译本对于原文无法做到完整的传达，所以黄继忠采取直译

[①] Roger T. Ames, "The Remarkable Scholarship of Professor D. C. Lau(1921—2010)," *Early China*, vol. 32(2009):vi.

[②] 刘殿爵:《孟子在辩论中运用譬喻的方法探讨》，陈胜长译，转引自《采掇英华》编辑委员会《采掇英华:刘殿爵教授论著中译集》，香港中文大学出版社，2004，第 151 页。

[③] 邓仕樑:《前言》，转引自《采掇英华》编辑委员会《采掇英华:刘殿爵教授论著中译集》，香港中文大学出版社，2004，第 ix 页。

的方法就是为了让西方读者体会到中国哲学的特别之处。① 黄氏的翻译力求直译,牺牲了文学美观而忠于原文的句法和词序,导致了一些不够通顺和地道的译文。② 但是,黄继忠的这种选择体现了多元文化体系中对本族文化身份的坚守,寻求文化认同,避免中国哲学成为西方哲学的附庸。

许渊冲(1921—)是中国当代著名学者,在从事翻译的六十多年中,在翻译实践和理论方面都取得了很高的成就,著作等身。古代经典方面,他翻译出版了《诗经》(1993)、《楚辞》(1994)、《唐诗三百首》(2001)、《宋词三百首》(1996)、《汉魏六朝诗一百五十首》(1996)、《元明清诗一百五十首》(1997)、《西厢记》(1997)、《论语》(2005)和《道德经》(2003)。在翻译《论语》时,许渊冲参考了理雅各的译本,与理雅各典雅的风格不同,许试图尽量表现原著口语化的风格。对于诗歌的翻译,许渊冲认为诗歌应该再现原诗的意美、音美和形美,并将"三美"运用到了自己的《诗经》翻译中。在对原著的理解和诠释中,许渊冲对传统儒家的注释进行了取舍,只保留了合理的道德诠释,在翻译的过程中注重传达原作的"三美",而不是像早期外国译者那样牺牲了原诗的音美,在这一点上,与旧译有很大的不同。

汪榕培(1942—2017)是中国当代著名学者,英译了多本哲学典籍,儒学译本有《易经》和《诗经》。汪榕培和任秀桦合译的《英译易经》于1993年在上海外语教学出版社出版,后又于2007年、2009年再版,这是新中国成立后首次中国人自己翻译的《易经》英译本。③《诗经》于1995年由辽宁教育出版社出版,1999年再版。在《诗经》的翻译中,汪榕培秉承"传神达意"的精神,尽量保持原诗的风貌:诗节的行数、诗行的长短、节奏和韵律都能相同或相似,达意就是要做到字词达意和比喻达意。

除上述所列的儒学英译成果,现当代的中国学者和海外学者的儒学英译著作多是对先秦儒家的英译,对后世儒家的英译很少。现当代学者的儒学典籍翻译概括如下:

有关《孝经》的英译,除前文提到的裨治文、理雅各、安乐哲和罗思文的译

---

① 屠国元、许雷:《译在家国之外——黄继忠〈论语〉英译的策略选择》,《中南大学学报》(社会科学版)2013年第4期,第217页。
② 杨平:《〈论语〉的英译研究——总结与评价》,《东方丛刊》2008年第2期,第142页。
③ 吴均:《论〈易经〉的英译与世界传播》,《周易研究》2011年第1期,第91页。

本外,1908年,华裔汉学家程艾凡(Evan Chen)英译的《孝经》(*The Book of Filial Piety*)在伦敦出版发行。1998年,刘瑞祥、林之鹤英译的《孝经》(*The Classic of Filial Piety*)在山东友谊出版社出版。

《论语》的英译本包括:1986年台湾学者程石泉的英译本由台湾黎明文化事业股份有限公司出版;1991年,李天辰等四人英译的《论语》由山东大学出版社出版;丘文明译本,最早于1991年在菲律宾出版,后于1997年由世界知识出版社引进在中国出版;老安译本,1992年由山东友谊出版社出版;梅仁毅译本,于1992年由中国和平出版社出版;潘富恩、温少霞译本,于1993年由济南齐鲁书社出版;赖波、夏玉和译本,于1994年由北京华语教学出版社出版;王福林译本,于1997年由上海世界图书出版公司出版;王福林译本,于1997年由上海世界图书出版公司出版;丁往道节译的《孔子语录一百则》于1999年由中国对外翻译出版公司出版(王勇,2011);林戊荪译本,于2010年由外文出版社出版,"在国内本土文化为本位的对外翻译大行其道的时候,林译很强的对外读者意识是难能可贵的"①。

《易经》的英译本有:罗志野的译本《易经新译》,于1995年由青岛出版社发行;傅惠生英译的《易经》,表达准确、体例新颖。

在海外出版的《易经》英译本有:2008年,在美国和英国出版发行了科姆·法耐尔(Kim Famel)的《简版易经》(*Simply I Ching*);玛丽·克拉克(Mary Clark)在美国和英国出版的 *I Ching*;Alfred Huang1998年在美国出版的《易经》*The Complete I Ching: the Definitive Translation*;黄克孙(Kerson Huang,1928—)在新加坡和美国出版的 *I Ching, the Oracle*;加拿大华裔汉学家林理彰(Richard John Lynn,1940—)1994年在美国出版的 *The Classic of Changes: a New Translation of the I Ching as Interpreted by Wang Bi*,在书的导论中,他用大量篇幅论述了《易经》的价值和自己的翻译原则,是一部理论和实践相结合的翻译著作;倪清和(Hua Ching Ni,1931—)1990年在美国出版的 *The Book of Changes and the Unchanging Truth*;夏含夷(Edward L. Shaughnessy,1952—)1997年在美国出版的 *I Ching: The Classic of Changes*;克里·沃尔瑟姆(Clae Waltham)

---

① 王宏印:《译品双璧,译事典范——林戊荪先生典籍英译探究侧记》,《中国翻译》2011年第6期,第11页。

1969 年在美国出版的 *Yi Jing: the Chinese Book of Changes*,他的译本以理雅各的英译本为原本,转化成现代英语,目的是满足普通读者。

2.2　儒学典籍英译研究评述

如前所述,西方对中国的研究始于儒家经典《四书》和《五经》,随后才发展成为一门独立的学科——汉学,而在汉学研究中,儒学典籍翻译作为一项重要的学术活动贯穿始终。有学者指出汉学经历了从初创期的"传教士汉学"到确立期的"传统汉学",再向繁荣期"现代汉学"转化的三个阶段。[①] 作为汉学中贯穿始终的儒学典籍翻译,也经历了三个与此相似的阶段。

2.2.1　传教士儒学典籍英译评述

在欧美传教士的儒学典籍翻译活动中可以看到,他们的目的并不在于弘扬儒家文化,而是通过翻译从典籍中找到基督教真理的证据,用基督教文化代替儒家文化,用耶稣代替儒家的先哲,把翻译当成工具,使中国人皈依基督教。"传教士们用基督教经院哲学穿凿附会的方式诠释中国经典,力图从中找出天主创造世界、灵魂不灭、天堂和地狱的存在并非虚构的依据。"[②]传教士通过这种方式,找出基督教义与儒学思想的异同,从而有的放矢地向中国人民传播基督教。

马礼逊作为第一个来华的新教传教士,虽然国内学者肯定了他在传播中西方文化方面所做的贡献,但是在儒学典籍的翻译上,马礼逊并不像自己所说的那样,"既忠于原文,又译出了原文的风格(style and manner)"[③]。由于参考的范围有限和对儒学的理解不深入,马礼逊的译文容易产生误解。如他将"大学"翻译成 the great science,就是明显受了耶稣会士的影响:《孔子的道德学说》(*The Morals of Confucius*)是由"Confucius Sinarum Philosophus"的法语节译本转译而来,所以"大学"一词经历了由拉丁语(sciendi)到法语,再到英语

[①]　何寅、许光华:《国外汉学史》,上海外语教育出版社,2002,第 42、340 页。
[②]　马祖毅、任荣珍:《汉籍外译史》,湖北教育出版社,1997,第 34 页。
[③]　R. Robert Morrison, *Horae Sinicae*: *Translations from the Popular Literature of the Chinese*(London: Printed for Black and Parry, 1812), p. 19.

(science)的转译过程。拉丁文 sciendi 是"知识""学问"的意思,但是在马礼逊所处的时代,science 多指自然科学,所以说把"大学"译成 science 属于误译。从全书的主旨来看,《大学》"论学成之事,能治其国,章明其德与天下"①,讲的是修身治国的理念,跟自然科学无关。从译文的风格来看,马礼逊并没有一直奉行自己宣称的直译原则,并且除了风格上的变动,马礼逊在译文的前后逻辑关联上也存在偏差。②

以理雅各为例,他在翻译典籍和诠释儒学的时候,尤其是早期,带有明显的传教士价值取向。他认为,儒家《四书》阐述的道德理念与基督教《福音书》的教义相似,孔子是上帝的一个信使。他把儒学看成中国的古代宗教,认为理解儒学与理解旧约和新约是一样的。③ 所以,"《中国经典》第一卷前言的大半部分都是通过间接地比较耶稣的传记来审视孔子"④。《论语》中关于人与人和人与自然、社会关系的论述缺乏神学信仰和宗教内涵,这造成了中国人对基督教的冷漠。因此,他的翻译就有意地使儒学典籍和基督教教义相关联,他把孔子的"仁"译作 perfect virture 是因为"在基督教的概念系统中,the perfect 多少带有凡人所不能企及之意"⑤,仁就相当于《圣经》中基督颁布的"金律"。把"恕"译成 reciprocity 而不是更常见的 pardon 和 forgiveness,或许是因为 reciprocity 所含互惠互利、相互关联之意,更能使人联想到基督教中的一段著名的祈祷文:"给予才能获取,宽恕才能被宽恕",这样儒学术语才能在基督教的语境中得以链接。⑥

因此他曾断言,中国肯定要与基督教文明强国发生冲突,其结果一定是中国被打败,因为中国的先哲并没有留下来什么遗产来挽救这种命运,所以中国人的希望在于抛弃先哲而转向上帝。⑦ 除此之外,理雅各对其他经典也颇有微词:他认为《大学》的论证"前提与结论之间缺乏充分的联系……与其说是

---

① 郑玄、孔颖达:《礼记正义》,北京大学出版社,1999,第 1592 页。
② 王辉、叶拉美:《"直译"的政治:马礼逊〈大学〉译本析论》,《广东外语外贸大学学报》2008 年第 3 期,第 61 页。
③ James Legge, *The Chinese Classics* (Vol. 1)(Taipei: SMC Publishing Inc, 1992), p. 109.
④ 杨平:《西方传教士〈论语〉翻译的基督教化评析》,《中国文化研究》2010 年冬之卷,第 208 页。
⑤ 杨慧林:《中西"经文辨读"的可能性以及价值》,《国际汉学》2012 年第 2 期,第 195 页。
⑥ 同上,第 195 页。
⑦ James Legge, *The Chinese Classics*(Vol. 1)(Hongkong: At the Author's, 1861), p. 109.

逻辑思维的结果不如说是语言修辞的游戏……论证过程和其初衷不相协调";认为《中庸》是"凭知觉而不是凭逻辑说理";《春秋》"有许多不实之处",并指出如果他对《春秋》的研究可以使中国人信服,把视线从孔子身上移开,他一生的成就就达成了。①

因此,传教士研究中国古代经典,不仅是为了更好把握儒家思想,积累与中国文人交往的资本,也是为了证明他们在中西方礼仪论战中的立场和观点的正确性,从而更加顺利地向中国人输出基督教教义。因此在翻译过程中,他们或是有意对原文做出对自己有利的诠释,或是附会一些原文中没有的内容,这就使得译文不能准确地传达原文的思想。总的来说,传教士时期的儒学典籍英译秉承的理念就是儒学"神学化"的诠释,类似佛经翻译中的格义,就是以西方基督教义来诠释儒学,目的是让人们觉得只有皈依了基督,才能实现儒学先哲孜孜以求的理想。这种现象也在儒学术语的翻译中屡见不鲜:儒学中所讲的天、上帝、圣人、道等观念为中国哲学所独有,但是传教士翻译家就把这些词语译成 Heaven、God、Saint、the Way 这种充满了基督教意味的词语,这样一来就把"天国、造物主、来世、原罪"等基督教意象强加于中国文化之中。不仅如此,他们也会把儒学中的范畴概念拿来与基督教义做对比,如"仁"在先秦儒家中有多方面的意义,但在诠释孔子"仁"的论述中,只突出了"爱人"这一方面,并且和天主教的"爱"来类比,目的就是弱化儒学术语的哲学内涵,从而增添其神学意义。

值得一提的是,在这些传教士的译本中,不只有那种穿凿附会的译本。英国传教士马歇曼和马礼逊的译本,就在一定程度上为儒家文化的传播做出了贡献。马歇曼试图如实地展现中国先哲的风采和传播中国礼仪,让外国人更好地认识中国和儒家思想,展现中国礼仪之邦的风范,而不是落后的宗教国家。马礼逊在其《大学》译文的导言中,明确提出了他的翻译方式是本文的直译,是为了既译出原文的意义,又译出其风格与方式,这实际上就是与耶稣会士的翻译划清界限,不再是那种释义的翻译。②

---

① 岳峰:《架设东西方的桥梁——英国汉学家理雅各研究》,博士学位论文,福建师范大学,2003,第141-145页。
② 王辉、叶拉美:《"直译"的政治:马礼逊〈大学〉译本析论》,《广东外语外贸大学学报》2008年第3期,第60页。

然而从马礼逊对术语的翻译中可以看出,由于参考的范围有限和对儒学的理解不深入,马礼逊的译文容易产生误解。如他将"大学"翻译成 the great science,就是明显受了耶稣会士的影响:《孔子的道德学说》(*The Morals of Confucius*)是由 *Confucius Sinarum Philosophus* 的法语节译本转译而来,所以"大学"一词经历了由拉丁语(sciendi)到法语,再到英语(science)的转译过程。拉丁文 sciendi 是"知识""学问"的意思,从英语 science 的词源上看,中古之前的英语有这种词源上的宽泛含义,但是对身处 19 世纪的读者,science 多指自然科学,所以说把"大学"译成 science 属于误译。从全书的主旨来看,《大学》跟自然科学毫无联系,讲的是修身治国的理念。

因此,由于早期传教士大多旨在通过英译儒经来传播基督教文化,所以他们在翻译时,或是没有从理解原文开始,而是借由其他语种的译文转译而成,或是没有从儒学自身出发,而是一开始就通过"经文辩读"的形式,即通过对基督教经典与儒学经典的平行比较,找到两种不同文化之间的联系,再用基督教的口吻复述出来。这样的翻译方式,完全抹杀了儒学经典的哲学特性和文化内涵。

但是从译文的传播价值上来看,传教士儒学文本的英译对儒家文化在西方的传播有着重要和积极的意义,儒学的译介使欧洲学术界产生了中国热。处于神学向理性过渡期的欧洲,逐渐积聚自然和理性的力量以反对教会:欧洲的哲学家们从儒学典籍中汲取营养,借用儒学中对于"天""上帝"和自然法则的论述来批判宗教神学,并且受到中国政治制度中宗教政策的影响,提出限制教会特权、强化世俗和理性权威的主张。

自此,基督教传教士继续向西方译介儒学,并进一步在基督教和西方哲学的框架下诠释儒家思想。对儒学的研究和推介,在 19 和 20 世纪也持续影响着欧美的政治、思想和文化界,在此过程中不少新教传教士被中国哲学所征服,致使他们改变立场,回到西方后成为所谓的中国传教士。传教士的翻译不仅传播了儒家思想,也在"东学西渐"和"西学东渐"的进程中做出了杰出贡献,推动了早期中西文化的交流与融合。

2.2.2　外国汉学家儒学典籍英译评述

19 世纪汉学已经发展成为一个公认的学科。从汉学的发展来看,传教士依然是一支不可忽视的群体,随着汉学影响力的提高,他们在世界上一些主要国家组成了更加专业的队伍,有些传教士实际上已经向职业的汉学家转变,成了名义上的传教士、实际上的汉学家。经历了汉学的初创时期,19世纪儒学的发展已经改变了过去那种仅仅以介绍、感受、体悟为主的方式,新时期儒学的发展综合了社会科学、语言学、历史学、人种学等各种学科的视角,从而更加丰富了科学内涵。

19世纪以来欧洲的儒学研究还多少带有殖民主义的色彩,对中国领土的侵略也伴随着文化入侵,但是经过两次世界大战的冲击,欧洲各国的学术思想为之一变,由从前对理性王国美好蓝图的憧憬,转变为对欧洲中心论的怀疑和否定。欧洲学者从此意识到,世界的历史再也不仅限于西方国家的文化圈,不能自以为是地把亚洲世界作为永远停滞不前的民族排除在外,世界文化的范围是包括全世界的。① 英国的儒学典籍翻译事业从19世纪开始,到20世纪初才逐渐走上真正确立和发展的道路,这是由于英国自身的文化心理和学术传统的一个鲜明的特点所致:重实用而轻理论,重功利而轻玄思。这阻碍了英国的儒学发展,较之同时期的德、法等国在儒学上取得的成就,英国儒学的发展明显滞后于欧洲其他国家。美国的儒学在19世纪中期到20世纪初期处于起步和发展的阶段,无论从儒学译本的数量和质量,还是从译者和作品的影响力来看,儒学研究的成就还是集中于欧洲。两次世界大战之后,汉学中心转向美国,20世纪60年代和90年代,美国出现了两次儒学典籍翻译的高潮:无论是翻译的形式,还是译者的职业身份都出现了多样化的趋势,随着对儒家文化认识的不断深入,译本的目标读者群体也从一开始的文化精英扩大到了普通民众。②

从此,欧美儒学研究结束了传教士时代的宗教化儒学,也告别了启蒙运动中把儒学作为新秩序建立的参照体系,也不再是19世纪以欧洲中心论的立场来批判儒学的局面。两次世界大战暴露了西方文化的巨大危机,使得欧美学者无法以欧洲文化中心论做出合理的解释,他们开始审视自己的文化,世界文化多元化也越来越得到广泛的承认。儒学研究进入了平等的对话阶段,从欧

---

① 何寅、许光华:《国外汉学史》,上海外语教育出版社,2002,第199页。
② 杨静:《美国二十世纪的中国儒学典籍英译史论》,博士学位论文,河南大学,2014,第23页。

美陆续涌现出的优秀汉学家到华裔学者,西方儒学研究在20世纪呈现出一种不同于17—19世纪的发展道路。

纵观这一时期的儒学翻译,由于西方的学者试图从儒家思想中寻找精神寄托和救世良方,在他们的翻译中可以看到基督教思想成分表面上消失了,但欧洲思想背景的假设观念或预设却还常常存在。西方译者必然会受到固有的价值观念和思维方式的影响,这样他们的翻译会不可避免地出现谬误,比如有时候会不加分析地使用西方哲学的语言,使他们笔下的儒学思想出现不属于儒学体系本身的内容。另一方面,也有一些学者用平等的眼光审视东西文化差异,以理解和尊敬的态度看待儒家文化,他们的翻译更加注重文化差异,尽量避免用西方的哲学术语来表达儒学思想。道森认为,译者不应该只对那些已经皈依者传道,应该努力译出一个跨文化的译本,使《论语》可以最大限度地为西方读者所接受。① 安乐哲和罗思文也指出,现存的翻译模式是建立在使用标准英汉词典和对这个现存翻译模式必然正确的假定基础上,但这套模式已经将一个文本从其历史和人文背景中剥离出来,移植到一片哲学水土完全不同的土地中。② 只有注意到积淀于中国人生活方式和思维模式中的那些非同寻常的理念时,才能避免文化简化论。

在谈论儒学术语翻译的时候,安乐哲和罗思文指出,西方学者在使用儒学典籍的西文译本时,很少有语音、韵律和语法的障碍,所遇到的多是关于词汇的③:一方面关键的哲学词汇的语义重要性没有得到足够的关注;另一方面译者不经分析地使用西方哲学的术语,造成了对儒学中核心术语的生硬直译,从而附加了一种原文中没有的形而上学。反思一下如下翻译:天作 Heaven,道作 the Way,性作 human nature,仁作 benevolence,命作 fate,理作 principle,气作 primal substance,一作 unity, the One。这其中很多译文沿袭了传教士时期的翻译,比如把天译为"Heaven",无论是否大写,都会让读者联想到超越一切的造物主、记忆精神、原罪和来世等观念,这和儒家"敬鬼神而远之"和"子不语怪、力、乱、神"的观念背道而驰。把命译为"fate",则是把基督教的教义强加于儒

---

① Raymond Dawson: *Confucius: The Analects* (Oxford: Oxford University Press, 1993), p. xxvii.
② 安乐哲、罗思文:《和而不同:中西比较会通》,温海明译,北京大学出版社,2002,第8页。
③ 安乐哲、罗思文:《〈论语〉的哲学诠释:比较哲学的视域》,余瑾译,中国社会科学出版社,2003,第192页。

学,把儒学中的"命"赋予基督教中不可变更、困境、悲惨之状和目的论的意义。这种现象反映了西方翻译家在进行翻译工作时,不假思索地假设人类具有共同的心理体验或者担心过多的不同会影响对原文的理解,从而忽视了中国儒家文化与西方文化和价值观的巨大差异。

这个时期的西方汉学家大多是专业学者,他们对中国有着浓厚的兴趣,致力于中国文化的翻译和推介,并且所处的视角也比传教士时期的译者更为客观和公正。他们的研究不仅涉及儒家文化的方方面面,而且根据研究内容结合当时中国的社会、文化、历史背景对儒学思想进行整体的考察,以求对儒家文化既有整体上的把握,也有细节上的认识。在这些学者的译作中,不仅包含了译文,而且为了更好地使读者理解儒学,更是附上了名家注释、前人研究综述以及译者的评论,另外还在书中加入导言、介绍、附录、索引等诸多背景材料。自此,西方汉学家开启了一种有别于传教士的研究方式,他们对儒学的思考更为深刻,这种研究方法不仅仅是对儒学典籍的简单翻译,也是对儒学的理论研究。

2.2.3 华人汉学家儒学典籍英译评述

与此同时,中国学者也意识到,从儒学开始传入欧美时,西方文化就已经有了自己坚实的文化基础,无论是最初的断章取义,有意地美化或丑化,还是后来哲学家的贬损,儒学在欧美的传播始终伴随着与西方文化中心主义的斗争。西方人对待儒学的态度,不是像古代东方人把它当成先进的理论加以接受,而是作为一种文化现象进行评判。从儒学研究从属于汉学研究这一点也可以看出,有不少学者对儒学的态度还是处在文字层面的语义解释,对儒学的根本精神和内在价值并没有真正理解,加之儒学研究在欧美仅是一种纯文化的研究,所有的讨论都在理论层面进行,并没有深入人们的现实社会生活和社会文化心理,所以这种研究带有表面性和外在性。

随着儒学文化圈的不断扩大、儒学研究的不断深入,越来越多的学者参与其中,其中海内外华人学者为儒学的腾飞做出了杰出贡献。在这些华人学者中,有一类是在海外出生并成长,现依然活跃于海外或港台学术界的华人学者,有一类是长期在外学习或生活,现已返回大陆的学者,这两种学者都有较高的中英文水平,译作的读者群体广泛,在学术界也积累了一定的名望。还有一类是内地土生土长的中国学者,他们对中国传统文化有深刻的了解,但是由于对读者群体不够熟悉或是学术资源缺乏,他们的译本往往发行量很少,影响也很有限。

  海内外华人学者的儒学典籍英译给中国文化的传播事业注入了新的活力,从辜鸿铭到林语堂、陈荣捷和刘殿爵,再到当代的学者,华人译者的出现打破了长期以来西方传教士和汉学家的垄断局面,为还原中国哲学的本来面貌做出了杰出贡献。相比外国学者,华人学者阅读原著时能够从自身的文化环境里认识和体验儒家文化,也就更能在译作中如实地展现儒学思想。一方面,华人学者注重中西方文化的差异,在翻译的过程中根据自己的翻译目的和时代背景,相应地调整翻译策略。例如,辜鸿铭在翻译《论语》时选择了归化式的翻译,是因为他意识到了英美文化与中国文化间的不平等关系,归化式的翻译可以提高译文的可接受性。为了最大限度地消除英语读者对中国传统文化的陌生和古怪感,他尽可能多地删除了造成这种感觉的术语。辜鸿铭在译文中采用了意译法和规划法的翻译策略,又引用了许多西方文学作品中的名言警句,虽然这种策略不利于展现原汁原味的儒学经典,但是在当时的时代背景下,他的做法使译本具有较高的可接受性,因而很大程度上促进了儒学在西方的推介。作为第一个独立英译儒经的中国人,辜鸿铭为华人学者的研究开辟了道路,也引发了关于如何翻译儒学典籍的更深层次的思考。

  辜鸿铭之后的华人学者,在其研究中不仅注重儒学典籍的语义考察,也开始有意地向西方传播儒学思想。林语堂认为,儒学思想代表的是"一个理性的社会秩序,以伦理为法,以个人修养为本,以道德为施政之基础,以个人正心修身为政治修明之根柢"①。所以,在林语堂的译著中,他不但注重对原文的翻译,还添加了大量的背景知识。在《孔子的智慧》一书中,林语堂不仅翻译了《论语》,还翻译了《史记》中关于孔子的介绍。在林语堂的笔下,孔子不再是过去那种神化了的圣人形象,而是像平常人一样展现在西方读者眼前,这不仅激起了读者们更强烈的兴趣,也展现出了孔子教育中的社会和人文的一面。②

  陈荣捷并不是第一个向西方传播中国传统文化的学者,在他之前有辜鸿

---

① 林语堂:《左手孔子,右手老子》,陕西师范大学出版社,2007,第12页。
② Chan, W-T, "Review: The Wisdom of Confucius, Translated and Edited," *Pacific Affairs*, no.4(1940): 485.

铭、林语堂等人,与他同时代的也有许多中外学者译介中国传统文化,但是对比以往的翻译活动,陈荣捷发现了以往对中国儒家经典的翻译都集中在先秦儒家经典,很少有人译介宋明理学,所以在他的《中国哲学文献选编》(*A Source Book in Chinese Philosophy*)一书中,他节译了宋明理学家如周敦颐、张载、"二程"、陆九渊、朱熹和王阳明等人的作品,填补了儒学翻译的空白。关于宋明理学的研究,陈荣捷还翻译了朱熹、吕祖谦编著的《近思录》和王阳明的《传习录》。至此,由于陈荣捷的贡献,儒学发展的两个重要时期先秦和宋明的主要经典才有了英语的全译本。陈荣捷的著作有很高的学术性,在翻译《近思录》的过程中,他做到了"有词必释、有名必传、有引必溯其源"[1],这对儒学术语的翻译有很大的启示作用。所谓有词必释,就是说中国哲学名词释义众多,不同朝代的释义不尽相同,针对儒学术语的这个特点,陈荣捷在书中都一一给出了注释;有名必传是指,对于书中出现的人名都注上生卒年月和生平事迹;有引必溯其源,是全书最为耗费时力的一项工作,当时的网络资源尚不发达,许多资料都需要手工完成,除了找出引语的出处,他还在注释中罗列了前人注释和国外学者的评论,为其研究搜罗了最翔实的背景资料。在译文的特色上,陈荣捷注意到了许多学者采取的是以西释中的归化翻译法。与这种方法不同,陈荣捷在译作中自觉地保持中国哲学的独特性,以凸显中国哲学与西方哲学的差异。所以,陈荣捷的译文不仅流畅,可读性强,而且能够准确传达原文的哲学意义。

  刘殿爵是一位学贯中西的华人学者,虽然他的译作数量不多,但是质量很高,享誉西方汉学界。在他的译作中,译本前后都附上引言和附录,对作者生平、作品的版本和文本的思想都做了详细的考证和论述。不仅如此,译作中也提供了许多背景材料,详细介绍了原作的来龙去脉和作者的其人其事,还原了当时的社会政治文化思想面貌,从多个角度去探析儒家思想,对正确理解儒家思想的思想来源、思想内涵和意义都很有帮助。中国学者对于儒家经典的研究有着悠久的历史,历代大家对经典的注释也不胜枚举,但为现代人提出的解读,要求学者既要熟知文本涉及的文化思想背景,又要求对文本的语言有彻底

---

[1] 刘敬国、项东:《中哲西传,一代宗师——陈荣捷先生的翻译事业》,《中国翻译》2012年第1期,第48页。

的了解,而刘殿爵的翻译策略就是"知人论世"在翻译中的具体应用。在对文本选择、语义认知和修辞方法的转化上,刘殿爵严谨认真,他对中国典籍的独到了解植根于深厚的学养,这使他的译本非常忠实。

总体来看,海内外华人学者的儒学翻译带有强烈的使命感。他们不仅推崇传统文化,而且对翻译作品中体现的西方文化中心主义深感忧虑。在翻译的过程中,他们一方面保持中西文化的差异,还原儒家经典的本来面貌,另一方面也指出了以往翻译中的误译和歪曲,因此他们是带着传播中国传统文化的使命感从事翻译事业的。他们不满足于以往那种简单的汉英对照译本,而是在译著中添加了翔实的背景资料和研究成果,如序言、简介、评论、注释、索引,及译本的相关研究论文和著作等,这使得他们的研究都附有极高的研究价值和学术价值。欧美儒学经历了三个多世纪,到 20 世纪六七十年代后,其重心从西方学者移至华人学者。研究重心的转移说明了儒学在西方已完成了介绍、研究阶段而进入了当代发展,成为世界性的文化现象。① 这个阶段的学者有着高度的民族责任感和强烈的文化使命感。

对儒家经典的翻译经历了四百多年,在中外文化交流上起着不可忽视的作用,不仅传播了中国文化,也影响着西方文明。从传教士,到汉学家,再到华人学者,越来越多的人加入了儒学典籍外译的队伍中来,对儒家思想的输出和中西方文化的交流做出了杰出的贡献。儒学典籍的翻译从一开始的基督教化到后来的西方哲学化再到今天的本原化,也是中西方文化在交流碰撞中的一个缩影。儒学的发展,从原典儒学、经学儒学、理学儒学、新学儒学发展到现代新儒学,说明儒学经历了两千多年的艰难曲折发展,一方面表现出固守孔孟传统、千古圣贤一道相传的稳定性和一贯性,另一方面也体现出了它吸收各种有益的思想充实自身。从汉儒的广纳百川、宋儒的出入佛老到今儒的融会西学,儒学是一个开放的系统,能不断随时代的发展而更新,这也是儒学的生命力所在。② 所以,新时期的儒学典籍英译,既要如实地反映出传统儒学的本原性,也要结合实际,体现出文本的现实意义;既要秉承原文的思想内涵,也要考虑到中西方在语言和思想上的差异;既要传达出儒学的思想精髓,也要尽量保持

---

① 张立文、李甦平:《中外儒学比较研究》,东方出版社,1998,第 355 页。
② 张立文、李甦平:《中外儒学比较研究》,东方出版社,1998,第 365-374 页。

原文语言和结构上的特点。今后,会有更多的中西方学者加入儒学翻译的队伍中来,使儒家思想在国外发扬光大。

2.3 儒学术语英译研究的概况

儒学术语英译研究是综合了儒学、翻译学、术语学和哲学的综合性研究,在以往的研究中,多是对译本和译者及其翻译策略的研究,专门针对术语的研究究相对较少。

白玉杰在其博士论文中,对中国哲学典籍英译在 21 世纪以来取得的研究成果进行分类,总结为十一类[1],分别为:(1)对汉民族哲学典籍英译进行的研究;(2)对少数民族哲学典籍英译进行的研究;(3)对典籍英译理论体系构建的探索,这类研究是从宏观层面探讨典籍翻译,所占比重较小;(4)用某一理论对中国哲学典籍英译进行分析的研究,这类研究较多,在其所举的例子中,这类研究多是关于某一理论在某一特定文本中的适用性研究;(5)对某一或某一类中国哲学典籍文本的英译进行的研究,这类研究的数量在全部类型研究中所占比重最大,并且多是对《论语》《道德经》《孟子》《易经》《春秋左传》《尚书》等先秦典籍的研究;(6)对翻译方法或策略进行的研究,这类研究是宏观上对典籍翻译策略进行的研究;(7)对译者进行的研究,这类研究是根据中国哲学典籍英译研究的特点,对译者所应具备的素养进行的多方面探讨;(8)对翻译批评进行的研究,这类研究是从宏观理论建构的角度对中国哲学典籍英译批评进行研究,从其所列举的例子来看,可以把翻译批评类研究归于前文(4)或(5)类型的研究;(9)对典籍英译教学以及教材进行的研究;(10)对计算机辅助的中国哲学典籍英译进行的研究;(11)以中国哲学典籍英译为语料对中国哲学及中国哲学研究进行的研究,从事这类研究的多为跨领域研究的学者。

在对研究类型的分类过程中,针对每一个类型,白玉杰都给出了例证,涵盖了新世纪以来典籍英译的所有研究成果,其中包含期刊论文、博士学位论文、国家社科基金项目和教育部项目。从上述的分类上来看,(1)和(2)是关

---

[1] 白玉杰:《中国哲学典籍英译语境本体性研究》,博士学位论文,河南大学,2014,第 21-28 页。

于文本内容的分类,并不是研究方法的分类。(3)和(6)的区别在于,一个是在宏观层面上对典籍英译理论体系整体构建的探索,一个是对典籍英译理论体系中的某一个方面的探索,如翻译方法或翻译策略。题为"(8)对翻译批评进行的研究"的分类,在实际内容上,与(4)和(5)有重叠,所举的例子可以划分到这两个目录下。

综上所述,除去对文本内容的划分和研究方法分类中重叠的内容,21世纪以来典籍英译的研究方法可分为八大类,涉及理论和实践两方面,由于计算机和哲学相关科学交叉,典籍英译已经成为一门跨领域研究。在这些成果当中,只有一项是关于典籍术语研究的成果,即大连理工大学李秀英博士的博士学位论文《基于历史典籍双语平行语料库的术语对齐研究》。由此可见,针对典籍术语的研究还很欠缺,而且在李秀英博士的研究中,研究的主体还是停留在文本的层面,并不是具有针对性的专门术语研究。

在前文有关儒学典籍英译状况和哲学典籍英译研究的论述中可以发现,国内外有关直接研究儒学术语英译的文献寥寥无几。因此,笔者扩大了资料收集的范围,检索的范围不局限于儒学术语,而是扩大到中国哲学术语,目的是从中国哲学术语的研究中找出对儒学有借鉴意义的相关研究。但是从笔者搜集的有关中国哲学术语研究的资料中来看,国内外针对中国哲学术语的研究也较为匮乏,现简述如下。

首先来看国内部分。

专著方面,笔者使用超星数据库,在不限定出版年份的条件下进行精确搜索,结果显示在所出版的著作中,只有赖登(Edmund Ryden)英译的张岱年教授编写的《中国古典哲学概念范畴要论》(*Key Concepts in Chinese Philosophy*)[①]和郭尚兴教授编著的《汉英中国哲学辞典》[②]两部工具书型的著作,余下的出版物中都是有关法律术语、科技术语和术语学等学科的著作,无一专门研究中国哲学术语英译理论问题的专著。

博士论文方面,使用中国知网数据库,在精确搜索的条件下,不限定搜索年份和学科专业,设定"术语翻译"为主题搜索词,结果显示在所出版的博士

[①] Zhang Dainian, *Key Concepts in Chinese Philosophy*, trans. Edmund Ryden (New Haven: Yale University Press, 2002).

[②] 郭尚兴:《汉英中国哲学辞典》,河南大学出版社,2002。

论文中,有 20 篇直接研究术语的论文,其中 5 篇是有关术语英译的论文①,但无一是关于中国传统哲学术语或儒学术语英译的论文。

期刊论文方面,同样在知网数据库中,不限定搜索年份,检索范围为全部期刊,在主题检索词设为"中国哲学""翻译""典籍英译""典籍"和"术语翻译"的多次检索下,在对搜索结果的多次交叉对比中发现,只有区区 20 余篇直接或间接研究中国哲学术语英译。

再来看国外部分。

专著方面,在读秀学术搜索中,设定"philosophical term"为搜索词,在全部类别中(包括图书、期刊、学位论文等)显示出的 81 部著作中,有两部著作直接研究中国哲学术语,即陈荣捷 1986 年编译的《北溪字义》(Neo-Confucian Terms Explained)②和吴怡 1986 年编著的 Chinese Philosophical Terms③。除此之外,还有陈荣捷编写的《中国哲学纲要与注释书目》(An Outline and an Annotated Bibliography of Chinese Philosophy)④和金安平英译的《孟子字义疏证》(Tai Chen on Mencius: Explorations in Words and Meaning)⑤。

博士论文方面,在 ProQuest 学位论文全文检索平台,设定"Chinese philosophical term"为搜索词,在全文搜索的条件下,不限定出版时间,英语博士论文中,无关于直接研究中国哲学术语的论文;设定"Chinese philosophy"为搜索词,在全文搜索的条件下,不限定出版时间,显示出的 11 篇英语博士论文中,

---

① 洪梅:《近 30 年中医名词术语英译标准化的历程》,博士学位论文,中国中医科学院,2008;李秀英:《基于历史典籍双语平行语料库的术语对齐研究》,博士学位论文,大连理工大学,2010;刘宁:《中医藏象学说基本术语英译标准的对比研究》,博士学位论文,辽宁中医药大学,2012;夏晶:《晚清科技术语的翻译》,博士学位论文,武汉大学,2012;于洋:《在搭配中学习科技英语次专业术语的实证研究》,博士学位论文,上海外国语大学,2009。
② Chan, W-T trans., Neo-Confucian Terms Explained by Chun Chen (New York: Columbia University Press, 1987).
③ Wu Yi, Chinese Philosophical Terms (Boston: University Press of America, 1986).
④ Chan, W-T, An Outline and an Annotated Bibliography of Chinese Philosophy (New Haven: Far Eastern Publications, Yale University, 1961).
⑤ Chan, Ann-ping and Freeman Mansfield: Tai Chen on Mencius: Explorations in Words and Meaning (New Haven: Yale University, 1990).

有4篇关于中国哲学的论文①。

期刊论文方面，在EBSCOhost检索平台上，运用Academic Search Premier和ERIC(Education Resource Information Center)数据库，设定"Chinese philosophical term"为搜索词，在全文搜索的条件下，不限定出版时间，无关于直接研究中国哲学术语的期刊论文；设定"Chinese philosophy"为搜索词，选择布尔运算符为检索模式，在1973年至2013年的出版物中，在显示的193篇英语学术期刊论文中，除去涉及工程技术、音乐、医学、金融、法律学科的论文，有79篇是关于中国哲学的期刊论文，涉及学科为美学、政治学、伦理学、语言学、哲学，但无一以中国哲学术语翻译为研究主题。

2.4 儒学术语英译研究评述

以上搜索显示，到目前为止，国内出版的哲学辞书绝大多数关于西方哲学术语，且由于实用性翻译的引导，造成了注重实用而忽视理论研究的局面。科技术语研究成果颇丰，而社科术语研究成果，特别是典籍术语英译的成果非常少。在有关中国哲学术语英译研究的著作中，只有三部用英语写作的中国哲学术语性工具书著作和一部英译的中国哲学术语理论著作，有不少中国哲学典籍被翻译成英文，其中有一些被多次复译，另外还有一些介绍中国哲学的著作，如冯友兰先生的两卷本《中国哲学史》等被译成英文。它们为中国传统哲学和文化的传播做出了积极的贡献。但该领域系统的理论性研究极为薄弱，为数不多的论文主要是就事论事地予以探讨，不具有普遍的意义。

同时必须指出，国内外相当多的有关中国传统哲学的英语译著存在着大量的术语翻译错误。原因主要是，首先某些译者对中国传统哲学基本不懂，以

---

① Chong Chaehyun, "Abstraction and Theories of Lei (Classification, Kinds): A Response to Chad Hansen's Mereological Interpretation of Ancient Chinese Philosophy" (PhD diss., University of Hawai'i at Manoa, 1997); Lo Yuet Keung, "The Destiny of the 'Shen' (Soul) and the Genesis of Early Medieval Confucian Metaphysics (221-587 A. D.)" (PhD diss., University of Michigan, 1991); Trowbridge John, "Skepticism and Pluralism: Ways of Lving a Life of Awareness as Recommended by the 'Zhuangzi'" (PhD diss., University of Hawai'i at Manoa, 2004); Wen Haiming, "Ars Contextualis: Confucian Pragmatism as the Art of Contextualizing Personal Experience and World" (PhD diss., University of Hawai'i at Manoa, 2006).

自己有限的知识和理解去翻译,单从词汇和语法的层面上去理解文本的意思,以为自己通晓两种语言,就理所当然地可以翻译好。如马歇曼在翻译《大学》时,把"在明明德"译成"restoring reason to its pristine lustre"①,把"明德"译成 reason,原文的意思就变成了"使理性重现其最初的光辉"。《大学》为《礼记》中第四十二篇,《礼记》成书于西汉。"德"在《说文解字》中:"悳(德古字),外得于人,内得于己也……内得于己,谓身心所自得也。外得于人,谓惠泽使人得之也"②。据张岱年③考证,"德"在《诗经》《尚书》中,已经有了现代汉语中伦理道德的含义,在春秋时"德"也是指善良的品行和高尚的品德。从《易传》和《荀子》开始,道德并举,属于同义连文,依然指伦理道德。在《礼记正义》中"明明德"谓"显明其至德也"④,意思就是使人的明德格外光明起来。"德"的内涵自始至终没有超过伦理道德的范畴,而马歇曼把"德"翻译成 reason,让读者认为《大学》宣扬的是西方所谓的理性,而不是德性,实属误译。

其次,一部分西方译者以西方文化中心主义和汉学主义的态度对待中国传统哲学,有意把中国传统哲学的基本概念归化到西方哲学的体系上去,有一些则只是把中国传统哲学作为西方哲学的补充,以衬托西方哲学的正统或伟大,完全用西方的哲学体系和理念解释中国哲学概念。简单地说,就是给中国传统哲学强加了许多西方式的假设,将翻译的文本从原来历史人文的语境中剥离出来,移植到一个完全不同的哲学话语体系中,篡改了典籍的内核,使之完全西化。有些哲学家试图用西方哲学体系来解释中国哲学的某一学说,争论的焦点如这一学说的思想是唯物主义还是唯心主义,学说中的某一术语指的是物质实体还是绝对精神。

应该注意的是,中国传统哲学不是在西方哲学的理论框架中产生的哲学,而是在中国古代语境下产生的,它凝聚了中华民族特有的民族心理、社会心理、价值观念、思维方式、认知结构,反映了历史上各个阶段中华民族对宇宙、社会、人与人之间的关系的思辨,也是中华民族几千年来文学、艺术、美学、民

---

① Joshua Marshman, *Elements of Chinese Grammar, with a Preliminary Dissertation on the Characters, and the Colloquial Medium of the Chinese, and an Appendix Containing the TaHyoh of Confucius with a Translation* (Serampore: Printed at the Mission Press, 1814), Appendix, p. 6.
② 许慎、段玉裁:《说文解字注》(下),凤凰出版社,2012,第 876 页。
③ 张岱年:《张岱年全集》(卷四),河北人民出版社,2007,第 611 页。
④ 郑玄、孔颖达:《礼记正义》,北京大学出版社,1999,第 1592 页。

俗、社会政治、行为准则乃至科学理念等方面的理论基础,是构成中华民族文化身份的精神源泉和不可或缺的首要元素。中国传统哲学反映的是天、地、人、物、我之间的相互通感、动态圆融和整体和谐,它与西方哲学有较大差异。所以,对中国传统哲学研究不能用西方现成的对立二分的哲学概念简单地对应和说明中国传统哲学术语,而是要思考如何在中国传统哲学的体系下去研究。

以"天"为例,"天"是中国哲学的重要范畴之一。儒学各家对"天"的理解都不一样,冯友兰认为"天"主要有五义①:"物质之天",即与地相对的天;"主宰之天",指皇天上帝,有人格的天、帝;"命运之天",指人生中不受人控制的因素,如《孟子》中所说的"若夫成功则天也",又如俗语中的"谋事在人,成事在天";"自然之天",指自然规律,如《荀子》中《天论篇》所描述的天;"义理之天",指宇宙中的最高原理,含有本体论的意味,如《中庸》中所说的"天命之为性"的天。张立文则把冯友兰对"天"的认识进一步概括,认为"天"主要有三义:"纳自然(天空之天、天地之天、天然之天)、神(皇天之天、天命之天)、义理(天道之天、天理之天)"②。

许多译者疏于对天的含义进行甄别,把天统统译成 Heaven 或 God,如《中庸》中的"天命之谓性"。郑玄认为"天命,谓天所命生人者也,是谓性命"③。孔颖达曰"天本无体,亦无言语之,但人感自然而生,有贤愚吉凶,若天之付命遣使之然,故云'天命'"④。朱熹认为"天以阴阳五行化生万物,气以成形,而理亦赋焉,犹命令也"⑤。这三种注释都没有对"天"有一个明确的界定,但可以肯定的是,此句的"天"并不具备神性。劳思光认为,从先秦到宋,儒家对天的认识是一种"形上天"观念,即"以'天'作为'形上学意义的实体'的观念"⑥。

对这一句的英译,理雅各译为"What Heaven has conferred is called THE

---

① 冯友兰:《中国哲学史》(上),华东师范大学出版社,2011,第 27 页。
② 张立文:《中国哲学范畴发展史》(天道篇),中国人民大学出版社,1995,第 66 页。
③ 郑玄、孔颖达:《礼记正义》,北京大学出版社,1999,第 1422 页。
④ 同上,第 1423 页。
⑤ 蒋伯潜:《四书读本》,新世界出版社,2010,第 33 页。
⑥ 劳思光:《新编中国哲学史》(第一卷),桂林大学出版社,2005,第 61 页。

NATURE"①,陈荣捷译为"What Heaven(T'ien,Nature) imparts to man is called human nature"②,辜鸿铭译为"THE ordinance of God is what we call the law of our being(性)"③。

陈荣捷译成 Heaven,但标注上汉语拼音 T'ien 和英文 Nature,说明他认为这里的天等同于自然。理雅各译作 Heaven,虽不像辜鸿铭译作 God 那么直接,但是两人的英译都体现出了基督教的神学意味,因为理雅各在文中的注释中讲道"道德本性是拜神所赐,又展现在圣人的教诲中"④。安乐哲和郝大伟认为,Heaven 这个词在基督教文化中经常指代《圣经》中的 God。⑤ 辜鸿铭之所以用基督教文化附会儒学典籍是由于,他认为若使西方人读懂中国经典,译者应当"努力按照一个受过教育的英国人表达同样思想的方式"⑥来表达。

无论是把此句中的"天"理解成"主宰之天"还是"义理之天",它们在本质上都与基督教文化体系有着根本的不同,因为"天"和"上帝"分属于不同的哲学体系,"上帝"是西方人格化了的、超越一切的宗教形象,而中国古代的"主宰之天"是人间最高权力的来源,它是"天地人"这个系统中的内在的一个因子,简单地用 Heaven 或者 God 来翻译"主宰之天"模糊两个哲学体系的根本差别,把中国儒学术语完全西化了。义理之天,儒学家认为它是"宇宙之最高原理"⑦,即"指理而言,有以理为事物的客观规律"⑧,这与基督教的 God 相去甚远。

又如,把此句中的"性"翻译成 Nature,乍看之下似乎合情合理,但是西方传统的自然观强调"从基督教神学家奥古斯丁到科学家胡克,都认为自然是由神意指挥,井然有序,人虽犯了原罪,天性向善,可靠神爱得救"⑨。这与儒家

---

① James Legge, *The Chinese Classics* (Vol. 1)(Taipei: SMC Publishing Inc, 1992), p. 383.
② Chan, W-T, *A Source Book in Chinese Philosophy* (New Jersey: Princeton University Press, 1969), p. 98.
③ 辜鸿铭:《辜鸿铭文集》,海南出版社,1996,第 526 页。
④ James Legge, *The Chinese Classics* (Vol. 1)(Taipei: SMC Publishing Inc, 1992), p. 383. 译者注:本书中出现的翻译,如不特殊注明,均为自译。
⑤ Roger T. Ames, David L. Hall, *Focusing the Familiar: A Translation and Philosophical Interpretation of the Zhongyong* (Honolulu: University of Hawaii Press, 2001), p. 6.
⑥ 辜鸿铭:《辜鸿铭文集》,海南出版社,1996,第 346 页。
⑦ 冯友兰:《中国哲学史》(上),华东师范大学出版社,2011,第 27 页。
⑧ 张立文:《中国哲学范畴发展史》(天道篇),中国人民大学出版社,1995,第 65 页。
⑨ 裘克安:《文学翻译要尽量传译外国文化背景》,《杭州大学学报》1998 年第 1 期,第 63-64 页。

强调"性"乃是人的自然属性的思想显然不同,是西方超验神学义理观的表现。

Heaven,God,Nature 这些术语在西方神学的二元论中,代表一个超越现实的神的观念,这个神创造了世界,是一种超时间、超空间、纯精神、纯意识的存在。① 但是这种神的观念并不存在于中国哲学之中,所以这种附会式的翻译遮蔽了儒学的本来面貌,致使西方读者对儒家文化有种似曾相识的错觉。由于对儒学术语的错误认识,中国哲学被改造成为西方学者所熟悉的东西,并以西方的标准为评价基础,最终导致了"中国哲学不是真正的哲学"这种观点的出现。

再次,有些学者对中国哲学有所了解,但不够透彻,不熟悉中国哲学的发展轨迹和特点,不明白中国哲学概念和范畴在共时和历时条件下的变化和演绎,对中国古代哲学思想没有整体性的认识,没有对典籍术语产生的历史、文化、政治背景有一个全面的考察,不能真正理解中国哲学的发展逻辑,不能置该概念于其自身的逻辑系统中,往往以偏概全,或在译者当下所处的视域中去理解古代的文本。例如,关于"仁"这一儒家核心术语的翻译,现阶段对"仁"的英译有 20 余种,如 virtue,perfect virtue,virtues proper to humanity,virtuous manners,benevolence,benevolent action,goodness,love,humanity,the principle of humanity,humaneness,magnanimity,human heartedness,kindness 等。

绝大部分研究只是综述,只是摆出译文,列出这 20 种译文,然后脱离文本的具体语境中该术语的功能,并没有通过具体的实例来说明"仁"在不同文本和时代中的不同含义,而且即使在同一个文本中,"仁"的含义也不是固定的。以《论语》为例,孔子并没有给"仁"下一个确切的定义,而是在与不同对象的多次对话中逐渐丰富了仁的内涵。孔子并不是要通过对"仁"的描述来形成一个完整的理论体系,而是根据不同对象的性格特点因材施教,达到教育的目的。因此有关"仁"的论述,不同的对话之间并没有内在的逻辑联系,想要弄清楚"仁"的确切含义,最终是要返回到具体篇章中去,在语用和语境因素的参与下,确定某一处"仁"的含义。

例如在"樊迟问仁,子曰'爱人'"②一句中,孔子就是继承了《国语》中"爱

---

① 安乐哲、罗思文:《和而不同:中西比较会通》,温海明译,北京大学出版社,2002,第 116 页。
② 《论语·颜渊》。

人能仁"的思想,延续了三代典籍中"仁"的含义,把"仁"看作众德中的一个条目。更多时候,孔子把"仁"作为统摄诸德的"全德",如"夫仁者,己欲而立人。己欲达而达人。能近取譬,可谓仁之方也已"①。"全德"高于诸德并统摄诸德,而诸德是"仁"在不同方面的体现。冯友兰则认为作为全德之名的仁,是一种人生境界,对于"仁"作为诸德之一的讨论属于伦理学的范围,而对于全德之名的仁,则是哲学的范围。②

后世儒家继承和发展了孔子的仁学,使"仁"的内涵得到了不断的丰富。李承贵把儒家的"仁"归纳为五类,即"本体之仁、境界之仁、人文之仁、生态之仁和贯通之仁"③。无论是冯友兰有关"仁"道德属性和精神境界的诠释,还是李承贵对"仁"五种类型的归纳,都说明了"仁"作为儒学的一种重要术语在认知过程中的困难和复杂程度,而他们的这种诠释还只是在宏观的层面上进行的归纳总结。从微观上讲,不同时代,不同义理流派对"仁"的诠释也各有不同,在对其进行诠释时,除了要考虑到语境和语用的变化,还要注意到哲学家之间的不同认识。

学界有种观点认为,对于比较复杂而且代表中国哲学特有思想的术语,最好用音译的形式,以保留其精神实质,同时还可以保持这个术语在同一文本中的统一。但是儒学与西方哲学是两种不同内涵、不同心理的哲学,可以说儒学中的核心术语都是儒家文化中的特有成分。这些术语所代表的概念在西方哲学中并不存在,如果都用这样的方式去处理术语英译,那么译者对于术语意义的认知就变得毫无意义了,因为只要为这些术语加上拼音就高枕无忧了。虽然在"仁"这个例子中,任何一个英语单词都不能表达"仁"在儒学中的所有内涵,但并不是说对于核心术语的翻译就无计可施。作为译者应做的是,从当下的语言和文化语境分析,即结合术语所处文本的时代背景、文化体系、义理流派和作者的意识形态进行分析,从而确定该句中的"仁"究竟是最初伦理性的"仁",还是代表精神境界的"仁",是指泛爱的"仁",还是指慈善的"仁",是先秦儒家的"仁",还是宋明理学的"仁",是朱熹的"仁",还是王阳明的"仁"。

---

① 《论语·雍也》。
② 冯友兰:《对于孔子所讲的仁的进一步理解和体会》,《孔子研究》1989 年第 3 期,第 3 页。
③ 李承贵、张理峰:《仁的五种诠释》,《江南大学学报》(人文社会科学版)2008 年第 7 卷第 6 期,第 17 页。

因此,对术语的翻译不仅要对宏观的文化语境有一个整体的认识,还要在微观上厘清不同义理流派以及不同哲学家的特点。

2.5 小结

本章通过对儒学典籍英译的历史与现状的回顾与评述,指出了以往研究取得的成绩和不足。总体上讲,儒学典籍的英译数量巨大,译作主要集中在对先秦儒家和宋明理学的翻译,其中先秦儒家为重点研究对象,对宋明理学的英译稍微不足。较有影响的译文中,不乏严肃认真的译者和优秀的译文,但同时也存在大量问题。从近代以来的英译儒学典籍可以看出,无论是西方汉学家,还是海内外的华人学者,都有意无意地用西学比附儒学,也就导致了在翻译时采用具有强烈西方文化和宗教色彩的词汇翻译中国儒学的核心术语。究其原因,除了对儒学缺乏深入的理解而导致的认识上的偏差,就是对中国儒学术语英译缺乏理论上的系统研究,尤其是对其性质、原则、标准、认识论和方法论缺乏有说服力的研究,致使无所遵循,各行其是,影响了中国文化原生态地向世界传播。所以,这一现状也充分说明中国儒学术语英译的理论研究极其必要,刻不容缓。

第3章
儒学术语英译的客观诠释学认知

术语英译是儒学典籍英译活动中的一个重要环节:对术语的理解,不仅决定了译文整体的准确性,而且决定了译文是否能如实地反映原文的精神风貌,是否传达了儒学思想的精髓。翻译与诠释在本质上都是对文本的理解,并且它们之间也有着密不可分的联系。

3.1 儒学术语意义认知的客观诠释学理论

"认知即经验的习得和范畴化(categorization),这个习得过程牵涉到感觉、感知、模式识别、视觉表象、注意力、记忆力、知识构造、问题解决等认知心理机制"[①]。从定义来看,认知包含两部分的内容:经验的习得肯定了认知过程中的主体性作用,而范畴化则是认知的客观性要求。所以,认知是一个主客观因素相结合的学习过程,而诠释学中也存在着主体间性和客观性要求这两方面的要求。

3.1.1 诠释学的定义及其形态

诠释学,英文为 Hermeneutics,德语为 Hermeneutik,希腊文为 Hermeneutike。对 Hermeneutics 的译名学界尚未统一,哲学界将其译成诠释学、解释学、释义学等,文学界多是将其称为阐释学。潘德荣对"诠释学"这种译法给出了

---

① 张维鼎:《意义和认知范畴化》,四川大学出版社,2007,第61页。

两方面的说明①：一是"诠"字自古以来就有真理的意义，二是"诠"与中国哲学中的"道"相联系，《说文解字注》写道："诠，就也。就万物之指以言其徵。事之所谓，道之所依也。故曰诠言。"诠释所涵盖的是真理的整体。洪汉鼎认为，"诠释就是以对被表述东西的本义之理解为前提，从而把被表述东西的真正意蕴阐发出来"②。所以诠释就包含了理解与解释，"诠释学"比"解释学"一词涵盖的内容更加广泛，意蕴更加深厚。

诠释学的起源是多方面的，如"柏拉图是将诠释学说成一种特殊记忆的第一个人"③；从思想史的角度看，亚里士多德是首次使用"诠释学"这个词的人④；笛卡尔在其 1637 年发表的《谈谈方法》和 1641 年发表的《关于第一哲学的沉思》著作中也提出了诠释学的概念；丹豪尔于 1654 年出版的《圣经诠释学或圣经文献学解释方法》是西方首次以诠释学命名的著作。古代最早出现的诠释学是神学诠释学和法学诠释学，前者以《圣经》为诠释对象，亦即是对神的旨意的诠释，后者以《罗马法》为诠释对象，两者都具有理解真理和服从旨意的作用。

因此，从诠释学作用的对象上可以看出，在诠释过程中不仅包含了理解与解释，也包含了应用。这是因为，法律的应用建立在人们对法律理解与解释的基础之上，并且对《圣经》的理解与解释也不仅仅停留在理论的层面，而是对神圣文本的理解与解释，最终转化成为人们的信仰，这也是应用的一种表现形式。所以，无论是法律条例的实施，还是《圣经》教义的推而行之，都离不开对文本的理解、解释与应用。所以，诠释学在实际发展中，除了理解和解释的统一，也包含了理解与应用的统一。这就是说，应用不是附加在理解之后的一种行为，而是诠释过程的内在要求，理解应当是应用的理解或是理解的应用。应用就是理解的文本和解释者当前境况的结合，正如伽达默尔所说："诠释学的基本功绩就是将一种意义关联从另一世界转换到自己的生活世界。"⑤

帕尔默认为"诠释"一词有三种意义，即言说（express）、说明（explain）和

---

① 潘德荣：《西方诠释学史》，北京大学出版社，2013，第 2 页。
② 洪汉鼎：《当代西方哲学两大思潮》（上册），商务印书馆，2010，第 440 页。
③ Maurizio Ferraris, *History of Hermeneutics*, trans. Somigli Luca (New Jersey: Humanities Press International, 1996), p. 3.
④ 潘德荣：《西方诠释学史》，北京大学出版社，2013，第 21 页。
⑤ 伽达默尔：《真理与方法》，洪汉鼎译，上海译文出版社，1999，第 714 页。

翻译(translate)。三种意义分别表达了三种不同的诠释内容：口头的表述、合理的解释和对另一种语言的翻译。虽然诠释的内容不同，但是在这三种情况中都存在着"某种在时空或经验中被分割开来的异质的、陌生的东西，成为熟悉的、当下的和可以理解的东西；对某些需要陈述、解释或翻译的东西，在不经意间产生理解"①，也就是被诠释。

3.1.1.1 诠释学六种性质的转变

无论是理解、解释和应用的统一，还是言说、说明和翻译三个向度的结合，诠释学都是关于文本理解的理论。诠释学一开始只是神学和法学的辅助学科，没有提升为一门系统科学。在经历了德国的宗教改革后，诠释学研究的范围不仅限于神圣文本，而是转向了一般的世俗文本。因此，除了独断性诠释学，也出现了语文学诠释学，诠释学作为一种理解与解释的技艺为人们熟知。直到19世纪，经过施莱尔马赫的改造，诠释学才以理论的形式确立下来，成为理解与解释文本的方法论。后又经过狄尔泰、海德格尔和伽达默尔等人的不断努力，诠释学上升到了实践哲学的层面，从方法论上升到了本体论。所以，纵观诠释学的历史，其大体上经历了六种性质的演变②。

第一，作为《圣经》诠释理论的诠释学。诠释学最为古老和广泛的用法，应当是对《圣经》的诠释，直到17世纪第一次作为书名出现的诠释学也是"圣经诠释学"。基督教内部认为，《圣经》是永恒的神向人说的话，所以释经居于首要地位，读经、布道、制定教义都离不开它。不仅如此，基督教众还相信，因为《圣经》的信息来自上帝，所以它是准确无误的，而《圣经》的文字表达则是人为的，受个人因素的制约，因此可能有误。所以，从一开始圣经诠释学的任务就是消除误解，把握上帝的原意。圣经诠释学从原始社会开始，经历了父权制的社会、中古时期对《圣经》的四种解释以及路德的宗教改革，再到18世纪批判——历史方法的兴起、施莱尔马赫的贡献、辩证神学的兴起和新解经学的出现。可以看出，神学的发展伴随着诠释学的进步，神学为日后诠释学成为一门独立学科提供了重要的实践和理论基础。值得一提的是，从路德的宗教改革开始，圣经诠释学告别了教会的独断式诠释，开始转向一种人文主义关怀，

---

① 帕尔默著：《诠释学》，潘德荣译，商务印书馆，2012，第26页。
② 洪汉鼎：《理解与解释——诠释学经典文选》，东方出版社，2001，第20页。

呈现出了多元化的局面。

第二，作为语文学方法论的诠释学。18世纪出现的语文学试图从语言学和文献学的角度对古典文本进行分析和疏解。新学科的兴起促使对《圣经》的研究由圣经学转向圣经文字的研究。《圣经》虽然是"上帝之书"，但是它仍然可以被视为一部古典文学作品，可以从语文学的角度来解读。语文学摆脱了过去主观地作为上帝信使的解经方法，它作为反映语言客观意义的辅助手段，将理解的侧重点引向对语言文字本身的思考。语文诠释学侧重于文献的历史性，认为古代文献是传统得以形成的源泉，回归源泉就是回到本源的、未经歪曲的真理，只有从文本本身出发，文本的意义才能被理解[①]。

第三，作为理解和解释科学或艺术的诠释学。19世纪起，诠释学的范围不仅局限于经过挑选的古典的、权威性的神学著作，而且扩大到了所有的文本和精神作品，由施莱尔马赫所创立的"一般诠释学"或称为"普遍诠释学"通常被视为现代诠释学形成的标志。这样，诠释学从神学的辅助学科变成了作为一种普遍的理解和解释的理论，从而摆脱了一切教义学的和偶然性的因素。

第四，作为人文科学普遍方法论的诠释学。19世纪中叶，面对自然科学的挑战，人文科学需要为自己的科学性和有效性进行辩护。狄尔泰认为，自然科学与人文科学都是真正的科学，"……各种精神科学确实囊括了各种自然事实，并且是以有关自然界的知识为基础的"[②]，人文科学与自然科学的区别在于认知世界的方式上。狄尔泰对诠释学最大的贡献在于他引入了"体验"的概念，他指出，"如果理解中产生了自己体验到的精神关系，可将此称为从本己的自我向某种生命表现之总体的转移"[③]。如此，已经预示了海德格尔后来本体论的转向。

第五，作为此在和存在理解现象学的诠释学。20世纪20年代末，在海德格尔关于本体论的演讲和《存在与时间》中，他对诠释学进行了全新的界定，不但对狄尔泰从生命本身理解生命的主张大加赞赏，还试图在本体论的语境中运用诠释学。他认为，诠释学不再是要达到对文本的认识，而是要达到对在

[①] 潘德荣：《西方诠释学史》，北京大学出版社，2013，第51-52页。
[②] 狄尔泰：《精神科学引论》，艾彦译，译林出版社，2012，第25页。
[③] 狄尔泰：《对他人及其生命表现的理解》，载洪汉鼎主编《理解与解释——诠释学经典文选》，东方出版社，2006，第103页。

时间中存在的自我之理解的认识。① 至此,在本体论诠释学中理解不再是主体的行为方式,而是此在本身的存在方式,因此诠释学既不是对理解和解释的技艺,也不是人文学科的普遍方法论,而是人本身的存在方式,诠释学成了对人存在本身的现象学诠释。

第六,作为实践哲学的诠释学。伽达默尔认为,"解释学是哲学,而且是实践哲学"②。它是作为理论和实践双重任务的哲学,与以往的实践哲学不同,它并不只是一种科学的方法,或是标明某类特定的科学,它首先指的是人的自然能力,即理解的艺术并非仅仅以文本为研究对象,它同样存在于人际交往之中。伽达默尔的诠释学以亚里士多德的实践智慧为其核心,他认为诠释学把所有科学所能认识的东西都包括进我们出身于其中的理解关联之中。诠释学的普遍性就在于,综合整理所有的科学,认识所有科学方法应用于对象的认知机会,并尽其可能地利用它们。

3.1.1.2 诠释学的三次转向及两种倾向

诠释学经历了六种形式的变化,在此过程中,由于研究方式的多元化和研究对象及范围的扩大,诠释学从最早的独断型诠释学,发展到后来的多元化多领域的普遍诠释学,再到后来以实践智慧为核心的本体论哲学,诠释学不但经历了从古典到现代的转变,从针对神圣文本到涵盖一般世俗文本的转变,还经历了从方法论哲学到本体论哲学的转变。无论是狄尔泰或伽达默尔对诠释学在古典与现代转变问题上的争议③,还是哲学家们对诠释学在性质上各种各样的分类,从诠释学发展的整体过程上来看,诠释学经历了三次重大的转向。

第一次是圣经诠释学向普遍诠释学的转变。从施莱尔马赫开始,诠释学的研究对象从过去的神圣文本转变为一般世俗文本,诠释方法也由教会独断的解释转向了一种普遍的理解和解释,从对真理内容的理解转向对作者意图的探寻。所以,诠释学第一个转向是指,从圣经诠释学到普遍诠释学的转向,

---

① 帕尔默:《海德格尔的本体论和伽达默尔的哲学诠释学》,《安徽师范大学学报》2002 年第 3 期,第 267 页。
② 伽达默尔:《科学时代的理性》,薛华等译,国际文化出版公司,1998,第 98 页。
③ 狄尔泰认为古典诠释学与现代诠释学的分界是施莱尔马赫的普遍诠释学,而伽达默尔则认为现代诠释学始于狄尔泰,完成于海德格尔和伽达默尔。因为狄尔泰所处的时候尚未出现海德格尔的本体论诠释学,而且伽达默尔认为诠释学应该立足新的时代背景和语境,只有这样才能更加深刻地体会诠释学从方法论哲学向本体论的转向。

另一方面也是指从个别片段解释规则的收集到作为解释科学和艺术的解释规则体系的转向。一般诠释学具有开放的精神,包含了深刻的辩证法思想,不存在一个预设的理想界限,也不会像教会那样强调解释的统一性。

第二次转向是指,狄尔泰以诠释学为精神科学奠定认识论基础的尝试,他的主要贡献就是使诠释学成为人文科学的普遍方法论。但是,海德格尔认为,诠释的主体不再单单是文本或人的其他精神化物,而是人的此在本身,理解是对人存在方式的解释。所以,诠释学不再被认为是对作者心理意向的探究,而是转为对文本所展示的存在世界的诠释。这次转向完成于伽达默尔,代表性理论就是他的"历史视域"和"效果历史"。

诠释学在20世纪已经超出了存在论的范畴,成为一种存在性的实践智慧。所以说,诠释学的第三次转向不但完成了从本体论哲学向实践哲学的转变,而且实现了存在论诠释学向存在性实践诠释学的转变,成为作为理论和实践双重任务的诠释学。通过第三次转向,诠释学所包含的内容进一步扩大,实现了与分析哲学、道德哲学、现象学和美学的广泛结合。通过这一过程,诠释学成为解释社会科学的一种重要理论,此后出现了诠释学的多种流派,如以贝蒂、利科尔和赫施为代表的方法论诠释学,以阿佩尔和哈贝马斯为代表的基于"交往"的诠释学,以德里达和罗蒂为代表的后现代主义诠释学。

在这种趋势下,诠释学内部的对立也越来越明显,那就是诠释的客观性要求与诠释过程中的主体性作用之间的对立。潘德荣从研究方向上把诠释学分成了三类研究,即探求作者原义、分析文本原义和强调读者所悟之义(潘德荣,2011:4)。[①] 作者在这里把作者原义和分析文本原义的诠释学称为客观诠释学,把强调读者所悟之义称为主观诠释学。客观诠释学旨在揭示诠释对象的客观本质,而主观诠释者则致力于发展诠释的主体间性。

在诠释学的第一次转向中,施莱尔马赫一反《圣经》诠释学的传统,认为诠释不应借用外在权威和超自然的能力。他继承了德国古典哲学知识论中追求实证性的理性精神,认为要坚持诠释的客观性就需要"心理移情",即还原作者在创作时的境遇,与作者的思想保持一致。施莱尔马赫明确地把辩证法引入了诠释学理论中,伽达默尔对此的评价是"施莱尔马赫把理解辩证地规定

[①] 潘德荣:《西方诠释学史》,北京大学出版社,2013,第4页。

为主观性和客观性、个体性和同一性的内在的相互作用"①。

在诠释学的第二次转向中,狄尔泰试图通过建立精神科学方法论体系,来赋予精神科学实证意义。狄尔泰把握人类精神世界的客观知识的方法就是理解,他发展了施莱尔马赫的"心理移情",认为理解就是通过自身的体验去进入他人的生命,他人生命的表现就是他人的精神世界,只有通过体验才能进入他人的精神世界。因此,精神科学的目的就是理解生命以及生命的表现。狄尔泰认为,"精神世界是由'客观精神'和个人力量共同构成的。客观精神乃是客观化于感觉世界中的个人之共同性,其范围包括人们在其生活共同体中所建立的生活方式、交往形式以及道德、法律、宗教、艺术等各种客观化了的精神的形式"②。由此可见,客观精神表现的就是作者与外部世界的联系,所以客观精神也成为作者与读者之间链接的纽带,读者只有通过对作者客观精神的了解才能进入作者的整个生命,进而将自己置身于作者的境遇当中。所以,读者通过对作者客观生命的理解,完成了对作者生命及其生命表现的理解,形成读者与作者间的主体共鸣,只有这样读者才能理解作者的作品。

在诠释学的第三次转向中,以伽达默尔为代表的哲学诠释学家,反证普遍诠释学时期以来的客观主义传统,他认为诠释的目的不再是理解和解释客观精神化物,而是发掘真理的思想,即反对"在心理上重构过去的思想,把过去的思想融合在我们自己的思想当中"③。伽达默尔把理解视为历史视域与读者视域的融合。同时,他还认为所有以文字形式确定下来的历史流传物已经和原作者以及原文本无关,因为"客观的历史视域"并不存在,它只是读者基于自身视域对历史流传物中的历史视域的一个重构,任何视域都不能独立于读者而存在。所以理解完全是关于两种读者视域的融合,理解就成为读者的自我理解,是一种不断扩大和深化的自我理解。

赫施作为伽达默尔的一个著名批评者,继承了施莱尔马赫与狄尔泰的客观主义传统,认为伽达默尔的理论具有主观主义和相对主义倾向,把对文本的客观性揭示与诠释主体的创造性诠释混为一谈,导致了诠释的随意性。他指

---

① 伽达默尔:《诠释学Ⅱ:真理与方法》(修订译本),洪汉鼎译,商务印书馆,2013,第537页。
② 潘德荣:《认知与诠释》,《中国社会科学》2005年第4期,第65页。
③ 伽达默尔:《科学时代的理性》,薛华等译,国际文化出版公司,1998,第34页。

出诠释的目的就是要捍卫文本的客观性和作者创作时的本义。在赫施这里，诠释学就不是一套主观的、随意的解释理论，而是一套行之有效的逻辑规则，任何理性的诠释者不仅可以通过这套规则厘清文本客观含义与创造性诠释的区别，还可以由此发掘出文本的客观含义。所以赫施的观点既强化了施莱尔马赫与狄尔泰以来的客观主义传统，也没有忽视诠释者的主观局限。

因此，主客观诠释学的分野就在于诠释主客体的关系问题：施莱尔马赫、狄尔泰以及赫施认为，诠释谈论的是诠释中主客体的关系问题，诠释旨在揭示文本的客观含义；伽达默尔则否认了历史流传物的客观性，认为诠释就是关于主体间的内在联系，是一种与原文本无关的且不断的自我解释。

3.1.2　诠释学视角下的翻译认知

无论在古典诠释学阶段，还是在现代，诠释学都是一门关于理解、解释与应用的学科，而所有的诠释学理论都指向"意义"。由此观之，"意义"是诠释学的核心概念，对"意义"的追寻是诠释各流派各理论体系共同的出发点。

同样，翻译也是对意义的追寻，或是对文本信息的获取，而"翻译即解释"这一命题在西方已有 400 多年的历史——16 世纪牛津大学神学教授 L. 汉弗雷(Humphery)在其《诠释方法》一书中就把希腊文 Hermeneutik 解释为"翻译"。17 世纪，法国学者休特(P. D. Huet)《论解释卷二》中，进一步论述了"翻译即解释"这一命题，他不仅肯定了汉弗雷的观点，而且将翻译与诠释、译者与解释者并列起来进行讨论。休特认为，翻译者(解释者)在进行翻译——诠释时，既不能对作者在作品中所体现出来的个性特征有所减损，也不可增益，应该完全忠实地描绘出作者的性格。[1]

美国学者帕尔默也认为翻译是诠释学的应有之义，他说，"翻译是'产生理解'的基本诠释过程的一种特殊形式。在这种形式下，人们将异质的、陌生的或难以理解的东西携入自己语言的媒介中……翻译行为并非一种寻找同义词的单纯机械性的事情"[2]。关于翻译与诠释的关系，中国学者也提出了许多真知灼见。洪汉鼎认为，诠释学主要指的是翻译，也可以说它是翻译的另一个

---

[1]　洪汉鼎：《诠释学——它的历史和当代的发展》，人民出版社，2001，第 43 页。
[2]　帕尔默：《诠释学》，潘德荣译，商务印书馆，2012，第 43 页。

名词,而且和诠释学一样,翻译活动的两个首要条件就是理解与解释。① 除此之外,诠释学作为翻译,并不是为了翻译而翻译,也不是简单地传递信息,而是让人们理解真理和服从旨意,所以和理解与解释一样,应用是诠释的内在要求,理解是应用性的理解。应用就是文本和解释者或原作者当时境遇的结合,在翻译中的表现就是文本与作者或是翻译者的语境相结合。

3.1.2.1 "翻译即解释"在圣经诠释学时期的含义

诠释学是一门关于文本解读的学科,在其漫长的发展历程中,诠释学经历了由圣经诠释学到普遍诠释学的转变,以及从普遍诠释学到哲学诠释学的升华。在这一过程中,不仅诠释对象由单一的神圣文本变得更加丰富,诠释方法也呈多元发展。

如前所述,最初的诠释学是以《圣经》为诠释对象,《圣经》的解读不仅包含书中传达的具体内容,而且作为上帝的书,它具有超出其文本内容的真理诉求,而宗教的第一要义就是对神的信仰,信徒们必须完全相信并接受神圣文本中的所有文字,因为那是神的话语。然而对文本的解读,无论是神圣文本还是普通文本,首先都是基于理性的认知,所以《圣经》的诠释是在理性的层面上进行的,出现了理性与信仰并存的局面。当时只有教会才拥有诠释《圣经》的权威,所以最初的圣经诠释学是一门独断性、特殊性学科。教会中的学者和理论家,通过对《圣经》系统化和理论化的改造,制定出一系列的基本教义和神学理论。释经的目的是传教和布道,信仰通过启示从上帝那里获得,所以即便是基于理性的《圣经》诠释,信仰在其中依然大于理性,所以理性与信仰并存的诠释学依旧是神学的奴仆。

16世纪的文艺复兴运动,使人文主义兴起,进而否定神权,主张人人平等的思想从世俗社会延伸到了宗教社会,罗马教廷在教义和教宗上的专制受到了宗教改革家的猛烈抨击,他们认为不能把《圣经》仅视为一部宗教经典,因为它同时也是一部古典文化文本。也就是说,《圣经》不能仅局限于宗教信仰,作为理性的反思,它包含了人类的文化现象。这种理性的反思,并不代表在中世纪存在世俗文化与宗教文化的对立,只是说明此时的《圣经》诠释是从两个方面展开的,即神学与语文学。随着路德对《圣经》翻译和诠释活动的进

---

① 洪汉鼎:《当代西方哲学两大思潮》(上),商务印书馆,2010,第434-436页。

行,诠释学由宗教内部独断式的诠释方式,开始转向具有人文主义精神的诠释。这时的神学家和宗教改革家虽然在诠释的侧重点和理解向度上有所不同,但根本旨趣却是一致的,这是因为宗教改革家在用语文学的方法解读古典文学时的精神视域,依然处在《圣经》的精神视域。宗教改革家虽然强调《圣经》自解原则,但并不是反对独断式的教义解释,而是认为文本理解不要教条,只需要对解释原则系统运用。神学没有摆脱独断式的诠释,而是预设了新教派的信仰形式是理解《圣经》的唯一指南。正如芬拉里斯所说:

> 中世纪圣经诠释学中的诠释倾向,实际上是它在教父时期的延续,特别是这些倾向之中,关于历史的文字意义和神秘的精神意义共存的假设。神秘的精神意义包含了寓言性的意义、道德的意义和奥义的意义。字面意义说明事实,寓言意义说明信仰,道德意义指导行动,奥义意义指明了终极理想。①

伽达默尔曾经说过,宗教改革派虽然认为诠释的一般原则应是从上下文语境和从整体的目的中理解,但是在实际的应用过程中,宗教改革派的诠释学也是独断论的,它排除了对《圣经》任何可能考虑到的文本的上下文关系、目的和组织结构的正当的个别解释。② 这种情形说明了宗教改革派的诠释方法也不彻底,虽然他们认为的一般诠释原则实际上有利于宗教的传统改革,并且这种一般诠释原则实际上就是坚持了《圣经》自解原则,但是宗教改革派的目的是要求教众以新教派的信仰形式作为理解《圣经》的唯一准则,所以说宗教改革派的诠释学依然是独断论诠释学。

虽然在宗教改革运动中,诠释者把《圣经》看成是一部古典文学作品,但是《圣经》在语文学角度下的诠释依然具有丰富的宗教色彩。不过,正是有了神学和语文学在诠释过程中的契合,诠释学才能发展成为具有人文精神的宗教诠释学。

直到17世纪,在斯宾诺莎(Spinoza,1687—1677)所处的时代,伴随着自然科学的蓬勃发展以及以理性为主导的方法论的兴起,诠释原则才有了较大的改观。

斯宾诺莎认为,《圣经》的诠释方法与解释自然的方法是一致的,解释自

---

① Maurizio Ferraris, *History of Hermeneutics*, trans. Luca Somigli (New Jersey: Humanities Press International, 1996), p.16.
② 伽达默尔:《诠释学 I:真理与方法》(修订译本),洪汉鼎译,商务印书馆,2013,第254-255页。

然在于解释自然的来历,且从此根据某些不变的公理推出自然现象的意义,解释《圣经》要根据其中的原理来推断出适当的结论,作为作者的原义。① 也就是说,解释《圣经》要理解作者的思想,然后用作者的思想解释其中晦涩不明和难以理解的部分。不仅如此,斯宾诺莎还认为,解释《圣经》不要把某一段的意义和它所包含的真理相混淆,应该联系上下文,完全按照文字的含义,只根据《圣经》来解释《圣经》。

从斯宾诺莎的诠释方法中可以看出,《圣经》是可以自解的,而且不能以先入为主的意见或者其他书籍来解释,《圣经》的全部解释必须且只能求助于本书,而且其真理意义必须与文字意义区别开,除去不言自明和可以理解的部分,针对书中意义晦涩不明和语义模糊的部分,必须通过上下文语境和书中的某些原理推断出适当的解释。在斯宾诺莎诠释方法的指引下,"翻译即解释"可以理解为:翻译就是对源语文本中晦涩不明或者语焉不详的地方进行解释。纽马克认为,"如果文中的一部分对理解作者的意图很重要,但在语义上又不能充分确定,这时候翻译者必须对其进行解释"②。更重要的是,斯宾诺莎认为,所有的东西都可以理解,只要诠释者抛开以往的偏见,并且避免"以他经解本经"的诠释方法,历史地理解作者,即从整个著作去理解作者的意思,诠释者就"可以讨论非理解力所能理解的以及理智所能知的事物"③。

斯宾诺莎推动了诠释学世俗化的发展,奠定了诠释学由圣经诠释学到普遍诠释学的转向基础,促进了哲学诠释学的诞生。一方面,他对自然现象和神圣著作解释方法的说明,从事实上取消了诠释学对象的"特殊"与"普遍"的区别,诠释对象的范围得到了扩大。另一方面,斯宾诺莎解释《圣经》的目的在于探求"作者的原义",这与普遍诠释学关于理解在于重构作者思想的观点是一脉相承的。

3.1.2.2 "翻译即解释"在普遍诠释学时期的含义

18世纪之前,诠释学作为神学的辅助学科,其主要用途就是帮助神职人员理解和解释《圣经》,以处理文本与教义上的冲突,并且在诠释对象上仅限

---

① 斯宾诺莎:《神学政治论》,温锡增译,商务印书馆,1963,第108页。
② Peter Newmark, *Approaches to Translation* (Shanghai: Shanghai Foreign Language Education Press, 2001), p.142.
③ 斯宾诺莎:《神学政治论》,温锡增译,商务印书馆,1963,第108页。

于《圣经》和《罗马法》这样的神圣文本。施莱尔马赫在继承了前人研究成果的基础上,看到了以往的研究仅限于个别孤立的见解上,缺乏在系统方法论上的反思,于是他致力于建立一种对理解与解释及其关系整体把握的学说,也就是后来被世人所熟知的普遍诠释学。所以,"只有到了施莱尔马赫才使诠释学作为一种普遍的理解和解释的理论而摆脱了一切独断论的和偶然的因素"①。

斯宾诺莎认为理解可以不通过解释而直接理解,解释只有在文本或理解的有效性不再是自明的时候才需要,解释对于理解不是根本性的,而是辅助性的。然而施莱尔马赫则认为,正确的理解不是直接的,而是必须通过解释,理解与解释是同一的,解释是理解的表现形式,理解与解释的目的是重构作者的意图。在圣经诠释学时期,学者们认为,直接理解是正常情况,误解是偶尔的异常情况,所以解释相对于理解是辅助性的。与此形成鲜明对比的是,施莱尔马赫认为,诠释学的出发点是误解,而这种误解是普遍的,不是个别的。② 解释是为了避免那种由于无视规则的理解尝试而产生的误解,所以解释是理解的必要手段。

施莱尔马赫在长期《圣经》注释的实践中,发现了教义的解释与语义的解释之间的矛盾:《圣经》在不同时代由不同作者写成,如果仅从语义出发,这些不同时代的语言所撰写成的文本之间就会有很多语义上的矛盾之处,从而形成不了一个整体的观念,现有的基督教共同信仰就会被破坏;如果仅从教义出发,虽然基督教信仰得以保全,但却与语义解释相抵触,《圣经》文本显得不可信。所以,施莱尔马赫通过区别理解过程与理解的对象来区别作者个人意图的理解与对作品真理内容的理解。他认为理解对象独立于理解者,人们应当把理解对象置于他们赖以形成的那个历史语境中,使之与现在的理解过程相分离,我们需要理解的不是作品的真理内容,而是作者个人的个别生命。

然而,关于《圣经》版本的特殊性以及语义与教义的矛盾,并不是施莱尔马赫的首创,普遍诠释学的基本特征早在斯宾诺莎的《圣经》诠释理论中就初见端倪。斯宾诺莎认为诠释《圣经》的方法就是"要把《圣经》仔细研究一番,

---

① 伽达默尔:《诠释学Ⅱ:真理与方法》(修订译本),洪汉鼎译,商务印书馆,2013,第121-122页。
② 施莱尔马赫:《诠释学演讲》,洪汉鼎译,载洪汉鼎主编《理解与解释——诠释学经典文选》,东方出版社,2001,第59页。

然后根据其中根本的原理以推出适当的结论来,作为作者的原意"①。也就是前面提到的,诠释《圣经》必须仅限于《圣经》本身的内容,抛开任何预设的观念和以往的偏见,从整个著作去理解作者的意思。施莱尔马赫与斯宾诺莎的区别就在于,他的诠释学建立在斯宾诺莎诠释思想的基础之上,阐明了文本的意义就是作者的意向或思想,理解和解释就是重新表述或重构作者的意向或思想。

施莱尔马赫普遍诠释学的方法论原则包含两个方面,即"语法理解"和"心理学解释",也被称为"客观的重构"和"主观的重构"。语法理解就是对文本语法进行分析,求得文本的字面意思,由于字面意思本身可能引起歧义,因此还需要心理学的分析,就是要从作者生活的年代、作者的自身经历及当时的语言系统出发,再现作者创作时的心理状态,并"设身处地"在多义的文本中确定符合作者原义的解释。施莱尔马赫说,"理解的首要任务不是要按照现代思想去理解古代文本,而是要重新认识作者和他的听众之间的原始关系"②,然而他认为诠释者着眼于原著中的文字问题和时间距离问题,只是和原著读者处于同一层次,这个步骤的目的只是为真正的理解行为做准备,因为"真正的理解行为并非把自己放在与原来的读者同样的层次,而是要放在与作者同样的层次,只有通过这种理解行为,文本才会以作者生命的一种独特表现形式而得到展现"③。

因此,从普遍诠释学的角度出发,"解释即翻译"指的是,在翻译过程中,译者应当努力消除源语和目标语之间因时间距离和语言差异所造成的误解,从而达到对作者思想的准确理解与解释。译者要避免翻译的主观性和相对性,超越自己本身的历史境域,全身心地投入作者写作时的心理状态,与作者处于同一层次上思考问题。作者的原意是整个翻译活动的中心,比起语言的重构,作者心理状态的重构更为重要,只有重构了作者创作时的心理状态,才算是诠释了作者的文本。

狄尔泰是继施莱尔马赫之后,诠释学研究中的另一位重要人物。狄尔泰

---

① 斯宾诺莎:《神学政治论》,温锡增译,商务印书馆,1963,第108页。
② 施莱尔马赫:《诠释学演讲》,洪汉鼎译,载洪汉鼎主编《理解与解释——诠释学经典文选》,东方出版社,2001,第56页。
③ 伽达默尔:《诠释学Ⅱ:真理与方法》(修订译本),洪汉鼎译,商务印书馆,2013,第121-275页。

认为,理解和解释是人文科学所普遍使用的方法,这种方法中汇集了各种功能,包含了所有人文科学的真理。在其著作中,狄尔泰对理解的内涵有过几段论述:"我们把我们由外在感官所给予的符号而去认识内在思想的过程称之为理解"①,以及"我们把我们由感性上所给予的符号而认识一种心理状态——符号就是心理状态的表现的过程称之为理解"②。所以,狄尔泰所认为的理解就是通过外在符号进入人的内心的一种过程。理解的对象是人们所说、所写和所做的东西,理解就是对语言、文字和行为的领会。理解是对意义的把握,即对一般表达所包含的观念或思想的领会。理解跟人们的体验有关,人们对事物的理解程度也有高低之分。狄尔泰认为:

    理解的程度,首先取决于人们对事物的兴趣。很多次,当人们面对长篇大论时,很少有兴趣认认真真地听完,大家只会关注自己觉得重要的地方,然后再从这之中提炼出自己需要的部分;如果是人们对一件事非常感兴趣,那么他们就会竭尽所能地通过每一句话和每个表情,了解说话人的内心世界。即使对最受关注的事情的理解也可以发展成为一个受规则指引的过程,通过这个过程能够达到一定程度的客观,生命客观性的表现只有在这种一定程度的客观中才能被固定,所以人们才能一次次地回到这种生命客观性的表现之中。③

狄尔泰认为人们的理解与对事物的兴趣有关,但是他只是表明两者之间具有相关性,并没有说这种相关性的具体呈现方式(正相关或者负相关)。只举例说明兴趣的多寡造成了理解的程度,但是程度这个词非常模糊而且相当主观,并不说明理解的客观性。所以他进一步说明,由兴趣引发的理解在一定规则的引导下,可以发展成为具有一定客观性意义的过程,而理解的客观性(原文中为生命客观性的表现)之所以被证明,就是因为它囿于规则引导下的客观性之中。这之中规则不但起了引导作用,而且有限制的作用,所以他才说"生命客观性的表现……才能被固定"。因此,只有当理解的客观性(生命客观性的表现)被规则引导且同时被限制时,它才能不断地被人证明。这个整体

---

① 狄尔泰:《诠释学的起源》,洪汉鼎译,载洪汉鼎主编《理解与解释——诠释学经典文选》,东方出版社,2001,第76页。
② 同上。
③ Wilhelm Dilthey, "The Rise of Hermeneutics," trans. Fredric R. Jameson and Rudolf A. Makkreel, in *Hermeneutics and the Study of History*, eds. Rudolf A. Makkreel and F. Rodi (New Jersey: Princeton University Press, 1996), p.237.

的过程就是诠释过程,而在这个过程中起引导和限制作用的规则就是诠释方法。

所以,关于理解和解释的关系,狄尔泰给出了这样的定义:"我们把这种在规则引导下的、被固定且形式相对恒定的生命客观性的表现,称之为解释或诠释。"① 以狄尔泰为先驱的生命哲学认为,无论是语言文字的内涵,还是表达式的思想观念,还是他人的心灵或精神,都可以用"生命"一词来表述,因为人们的客观精神化物都可以用"生命客观性表现"来代替。

狄尔泰认为,"只有在语言中,人类才能找关于他们内在生命的最完整的、彻底的和客观的表达。也就是为什么对艺术的理解,集中于对文字中的人类此在留存物的诠释和解释"②。这里的人类此在留存物就是人类精神的客观化物,没有这些精神的客观化物,无法接近他人精神,有了精神客观化物做中介,个别的孤立意识才能成为可以接近的东西。所以,解释就是对人类精神化物的合乎艺术的理解。这也就是说,理解与解释同一,所谓艺术的,也就是科学的、合乎一定程序的。

因此,解释就是一种科学的合乎一定程序的理解,诠释学就是一种对生命表现解释的技艺学,也是对文字中人类此在解释的精神科学。正因为生命的普遍性和共同性,以及思想的相似性和普遍性,精神科学(人文科学)才能对生命有所了解,所以理解可以被认为是对他人生命表现的模仿、复制或是再体验。伽达默尔曾对狄尔泰的生命观念做出评述:"由于生命客观化于意义构成中,因而一切对意义的理解,就是'一种返回',既有生命的客观化物返回到它们由之产生的富有生气的生命性中。所以体验构成了对客体的一切知识的认识论基础","凡是能被称之为体验的东西,都是在回忆中建立起来的"。③

综上所述,通过斯宾诺莎、施莱尔马赫和狄尔泰对理解和解释的分析,可以看出,他们在处理作者、文本和诠释者的关系上,都采取了"作者中心论"的观点。现代诠释学成立之初的宗旨也是探寻作者原意,而对诠释者对文本的

---

① Wilhelm Dilthey, "The Rise of Hermeneutics," trans. Fredric R. Jameson and Rudolf A. Makkreel, in *Hermeneutics and the Study of History*, eds. Rudolf A. Makkreel and F. Rodi (New Jersey: Princeton University Press, 1996), p. 237.

② Ibid.

③ 伽达默尔:《诠释学 I:真理与方法》(修订译本),洪汉鼎译,商务印书馆,2013,第 99、101 页。

解读,也是要把握作者原意,作者原意成为支配整个诠释活动的中心,最终目的就是要比作者理解他自己还要好地理解作者。为此,诠释者要竭力避免诠释的主观性和相对性,超越理解者本身的历史境域,把握文本背后作者的原意。

翻译研究中的语文学派主张译文应当忠实原文,这点与诠释学中的"作者中心论"十分契合。翻译研究中的语文学派受逻各斯中心主义的二元对立思想影响,将作者和原著置于绝对统治的地位,认为译者的任务就是追求再现作者原意,译者要尽量克制自己,用目标语中与源语相同或相似的语言形式或意蕴忠实地传达作者的意图。无论是中国支谦的"因循本旨,不加文饰",道安的"案本",严复的"信、达、雅",傅雷的"神似",钱钟书的"化境",还是西方的"等值"理论,都强调译本与原作的全方位契合。

但是,必须看到的是,无论是斯宾诺莎的《圣经》诠释学理论,施莱尔马赫的"语法理解"和"心理学解释",还是狄尔泰的"体验",都带有浓厚的主观色彩,因为诠释者(翻译者)是否能够全身心地投入作者当时的心理状态,是否能够"设身处地"站在作者的立场上思考问题,是否"心理学解释"和"体验"的诠释方法得出的就是单一的、符合作者原意的解释,都无法给予肯定回答。但是,普遍诠释学的价值就在于,"其淡化了翻译过程中译者和读者的历史性与主体性,着重将作者的意图贯穿在文本理解和解释的整个过程中"①。

3.1.2.3 "翻译即解释"在哲学诠释学时期的含义

理解对施莱尔马赫来说意味着"心理移情",要与作者的思想保持一致。狄尔泰发展了施莱尔马赫的观点,他认为理解不同于说明,它是要深入个体内心深处,是把握生命的表现,是对精神客观化物的体验。但是,在海德格尔看来,理解并不是进入他人特殊境域的能力,也不是体验生命表现的能力,而是此在存在的一种基本方式。从海德格尔这里,开始了由认识论诠释学向本体论诠释学的转换:"他不再将理解视为一种心灵的、而是一种本体论的过程,不是将其视为对意识和无意识过程的研究,而是解释那种对人来说真实的东西。"②海德格尔开启的此在诠释学表明了,认识论诠释学向本体论诠释学的

---

① 陆涓:《诠释学不同流派对翻译学发展的影响》,《宁夏大学学报》(人文社会科学版)2012年第5期,第177页。
② 潘德荣:《西方诠释学史》,北京大学出版社,2013,第294-295页。

转变。伽达默尔师从海德格尔,他认为自己的首要任务就是把方法论的解释理论转变成为哲学的诠释学。

施莱尔马赫认为,理解是对作者意图的重构,而不涉及作品真理的内容,而伽达默尔则认为理解首先指的是相互理解,是相互达成一致意见,而且是对双方统统关注的东西达成一致。伽达默尔认为,施莱尔马赫和狄尔泰所说的"设身处地"的心理分析只是一种极限情况,如果只从这种极限情况出发,人与人之间的理解就不会发生,因为这种极限情况只出现在,只有当理解说话者或文本的所有可能性都穷尽了,人们才会试图进入文本或所说的话中隐含的他人的心理和行为方式的联系。

因此伽达默尔认为,当人们试图理解某个文本时,并不需要"心理移情"或"体验",但如果非要把自己置入作者的内心,坚持所有的理解必须从自身置入开始,那就是试图承认作者所言之事的客观正确性,并且为了完成理解这一步骤,人们还会力求加强作者的论证,这时的人们已经进入了一种意义的领域,在这个领域中所有的内容本身都是自明的,那么对这些内容的理解就不需要返回到作者的主观中。因此,如果按照施莱尔马赫和狄尔泰的观点进行诠释,那么诠释的前提就是承认了作者所言之事的客观正确性和意义的有效性,然而"理解不是心灵之间的神秘交流,而是对共同意义的分有"①,而且"理解首先意味着对某种事情的理解,其次才是分辨并理解他人的见解"②。

伽达默尔认为,思想一旦固定成为文字,那么它所包含的作者思想就已经不是原先的思想了。他说:"通过文字固定下来的东西已经同它的起源和原作者的关联相脱离,并向新的关系积极地开放。像作者的意见或原来读者的理解这样的规范概念实际上只代表一种空位,而这空位需不断地由具体理解场合所填补。"③由此可见,在伽达默尔的哲学诠释学之中,理解的对象不是作为生命表现的思想或作者的意图,而是作为真理的思想,理解和解释的任务也不再是重构、复制原来的思想或阐明客观精神化物,而是发掘出具有真理性的思想。伽达默尔所谓的空位,实际上脱离了原作者的意见,无视文本的历史性,是与诠释者当前境遇结合的产物,不是施莱尔马赫和狄尔泰所主张的文本的

---

① 伽达默尔:《诠释学 I:真理与方法》(修订译本),洪汉鼎译,商务印书馆,2013,第413页。
② 同上,第417页。
③ 同上,第556页。

客观含义，而是诠释者透过现象所发掘的真理性思想。

伽达默尔之所以有这样的论断，是因为他指出施莱尔马赫所认为的，"理解是对原始作品的重构或复制"和"诠释者可能比作者还更好地理解作者的作品"这两个结论相互矛盾，后一结论事实上否认了前一论点。因为这说明诠释者不可能站在作者的层面上去复制作品，而是解释者与作者之间有着不可磨灭的差异，这种差异由他们之间的时间距离造成。伽达默尔说："我们必须置身于该时代的精神中，我们应当以它的概念和观念，而不是以我们自己的概念和观念进行思考，并从而能够确保历史的客观性。"[①]诠释者与作者之间的时间距离使得积极的创造性理解成为可能，所以施莱尔马赫的这种重构必然会使诠释者发掘出许多原作者没有意识到的东西。

因此，在对"诠释者可能比作者还更好地理解作者的作品"这个结论的理解上，伽达默尔认为诠释者区别于作者的更好的理解，并不是指对文本所提及的内容的理解，而是对文本的理解，即对作者所意指的和所表现的东西的理解。之所以称之为"更好的理解"，是因为诠释者对某部分的理解包含比这个陈述的实际内容更多的认识。所以，伽达默尔认为，作者并不是自己作品理想的诠释者，因为在反思他自己的作品时，他就是自己的读者，作为反思者的作者，也并不比诠释者具有更高的权威，"解释的唯一标准就是他的作品的意蕴（Significance），即作品所'意指'的东西"[②]。而且，对于施莱尔马赫"设身处地"的心理诠释，伽达默尔认为时间距离并不是一定要消灭的障碍，而是认为它是理解和解释成为可能的基础，所以他把理解和解释看成是过去视域和现在视域相互融合的过程。简言之，伽达默尔所认为的更好的理解，并不是对文本直接谈到的内容的理解，而是诠释者在时间距离这种客观上无法消除的差异下，所发掘出的合理的、原作者没有意识到的创造性解释。

所以，对于施莱尔马赫的这个结论，伽达默尔认为它取消了诠释者与作者之间的差异，使两者处于同一层次。在与作者处于同一层次的理解活动中，文本被理解成为作者生命的特有表现，但是这时诠释的重点并不是关于文本的历史性的诠释，而是关于作者"你"的诠释。在理解的问题上，伽达默尔认为，

---

① 伽达默尔：《诠释学I：真理与方法》（修订译本），洪汉鼎译，商务印书馆，2013，第421页。
② 同上，第277页。

当作者创造文本时,他根本就不理解自己,并且在对自己的作品进行反思时,他也不比诠释者具有更高的权威。所以在"更好的理解"这句话中,应当被理解的东西并不是作者反思性的自我解释,而是作者的无意识的意见。这就是伽达默尔对施莱尔马赫那句"诠释者可能比作者还更好地理解作者的作品"最全面的理解。

综上所述,"翻译即解释"在伽达默尔的诠释学中的体现就是,翻译就是在跨文化的历史语境中,译者对文本进行解释,形成新视域,并用目的语文化的语言将新视域重新固定下来,形成新文本。因此,在新文本固定的过程中,通过理解和解释,源语文本就经历了两次融合,即译者视域与源语视域的融合,和新视域与目的语文化视域的融合。然而,通过这两次融合,目的语文化的读者最终接收到的并不是保持源于文化特征的信息,而是加工处理过的适应目的语文化的信息,这种信息的接受度较高,但也给源语文本带来了异质成分。

3.1.2.4 "翻译即解释"在赫施方法论诠释学中的含义

以海德格尔和伽达默尔为代表的哲学诠释学,受到了当代诠释学家赫施(Eric Donald Hirsch Jr., 1928—)的批评。他认为海德格尔和伽达默尔的诠释学是认识论上相对主义的历史主义,并且指出了伽达默尔对于意义和真理的认识具有强烈的主观主义和相对主义倾向。[①] 赫施认为,以海德格尔和伽达默尔为代表的主观主义诠释学,舍弃了正确理解的目标与达到此目的的方法,打开了诠释的随意性大门。同时,赫施也不认可利科尔等人的文本本体论,认为把文本的含义当作独立于作者的意志而存在的这种观点,否定了绝对正确和标准性解释存在的可能。[②]

赫施的诠释学跟随传统诠释学的方法论方向,力图回到施莱尔马赫的作者中心论。他主张恢复客观主义精神,认为理解的真正目的就是重建作者意图,把握作者通过文本想要表达的含义,文本的含义就是作者在创作时的意图,这个含义乃是衡量诠释是否有效的客观标准。重建作者意图首先要保卫作者,为此他在著作中列举了诠释学理论中常见的五种错误。

---

① 潘德荣:《西方诠释史》,北京大学出版社,2013,第399页。
② 同上,第399页。

第一,"对作者的消除"①,即文本的含义独立于作者。文本的含义就是作者创作中想要表达的含义,但是当作者被剥夺了他所创作文本含义的决定权时,也就不存在任何一个可以评判解释有效性的原则。这时候,文本的含义就是文本对某一个评论者来说意味着什么。评论者从自己的主观出发,可以不顾作者在创作时的想法,随意地解释。这样,作者被消除了,评论者被保留了下来,他比作者具有更大的权威,文本唯一的规范性解释不复存在,文本的含义也就不复存在。

第二,"对作者来说,文本含义是处于变换中的"②。极端历史主义认为,文本的含义一代一代发生变化,而心理学的观点则认为,文本含义由一次次的阅读而发生变化。若文本含义是变化的,那就没有必要去探讨解释的规范性和正确性。赫施认为,文本的含义与人们对文本的"反应"是有区别的。作者在重读自己作品的时候,会产生不同的"反应",这时的作者是他自己作品的读者。重读,是作者作为自己作品的读者,对作品的重新审视,在这个过程中作者处于一种自我批判的状态,他对作品有了与创作时不同的感受。所以是作品对于作者的意义(significance)发生了变化,而不是作品本身的含义(meaning)。

第三,"作者想要表达什么并不重要,唯一重要的是他的文本表达了什么"③。如果这个原则正确的话,那么所有读者对文本的每一种解释都正确。这里混淆了"正确的解释",即解释文本含义和"创造性的解释",即文本对于作者的意义两者之间的概念。

第四,"作者的含义无法揭示"④。这个论断所涉及的一个重要问题就是,作者意指的含义(intended meaning)是否确切可知。但是对于这个问题,在实际中又无法考证,因为这种可知论的问题属于自说自话:解释者永远不可能确切地知道作者意指的含义,因为他不可能进到作者的脑子里,去比较他所理解的意指是与否和作者的意指相同。但是确切理解的不可能性和理解的不可能性是两回事,不能因为无法达成确切理解,就说理解也是不可能的,这样就否

---

① Eric Donald Hirsh, *Validity in Interpretation* (New Haven: Yale University Press, 1967), p. 1.
② Ibid., p. 6.
③ Ibid., p. 10.
④ Ibid., p. 14.

定了解释存在的必要性。所以,赫施认为"由于解释的完全确切性是无法达成的,而对解释原则的目标的认识又必须达成一致,所以基于对现有知识的分析得出关于此认识的结论就是,正确的理解大致上可以达成"①。这就是说,在一定解释原则指导的基础上是可以达成正确的理解的,这种正确的理解可以无限接近作者写作时意指的含义,也就是所谓的确切的理解,但这种正确的理解又无法做到与作者意指的含义完全一样(因为无法考证),所以才说是"大致上可以达成"。

施莱尔马赫"心理移情"与狄尔泰"体验"的观点一经提出,就有学者质疑其理论的可操作性,因为无论是"心理移情"还是"体验",都具有个人独特性:按照普遍诠释学所提供的方法,如何确定作者在创作时的原义,即赫施所说的含义?诠释者是否可以全身心地进入作者创作时的心理状态,并且怎么去检验诠释者是否可以达成这一状态?心理移情和体验得出的答案是否就是单一的符合作者原义的解释,会不会有含义之上的自由发挥,以及如何辨别这种异质的成分?赫施不但继承了普遍诠释学中以文本与作者为中心的观点,同时又解释了诠释学在客观上无法回避的实际问题。赫施认为,无法用一种行之有效的方法复制作者最初创作时的含义,无论是诠释者还是原作者都无法做到这一点,因为没有任何东西可以唤回对最初含义的体验。值得注意的是,"含义体验的不可复制性"和"含义的不可复制性"不同,含义的体验具有个人特点,它并不代表含义本身。"作者的含义无法揭示"这种说法把"确切理解的不可能性"和"理解的不可能性"混淆,把认识和确定性相提并论在逻辑上是错误的。赫施认为,许多科学的原则并没有提出有关确定性的要求,而且越是成熟的原则制定方法,越是不可能以知识的确定性为其目标。②

第五,"作者本人并不清楚,他要表达怎么样的含义"③。康德在《纯粹理性批判》中讲到他对柏拉图著作的一些理解,甚至比柏拉图本人还要出色。康德对柏拉图著作中相关问题的理解,或许解释得比柏拉图更加丰富详细,但这里要弄清楚康德所理解的对象是什么。首先可以肯定的是,柏拉图非常了解自己的著作中的理念(his theory of ideas),也就是说,柏拉图对自己在著作中

---

① Eric Donald Hirsh, *Validity in Interpretation* (New Haven: Yale University Press, 1967), p. 17.
② Ibid., p. 17.
③ Ibid., p. 19.

谈论的事物有一个清晰的认识。康德所说的"他比柏拉图理解得更好"的这个对象就是柏拉图著作中的理念(theory of ideas),并且康德认为这些理念,相对于柏拉图著作中的解释,可以具有更多且不同的暗示(implication),或者说可以有不同的解释。康德所说的"更好的理解"就是对理念的不同解释,赫施把这种对理念的不同分析称为对含义对象(subject matter)的进一步分析,所以"更好的理解"就成了对含义对象的进一步分析,而不是对含义(meaning)的理解。在这里赫施又提出了含义对象和含义之分。作者决定含义的内容,含义对象只是含义的一个方面或一种体现,而不是含义的全部内容。康德所说的"更好的理解",只是诠释者在理解的过程中对含义的某一方面的创造性解释超过了作者,而这种解释与作者的含义无关,是一种主观上的自由发挥。因此,"更好的理解"就是康德对柏拉图含义对象的进一步分析,也就是康德所说的对于理念的不同暗示或解释,这也暗指了柏拉图对含义对象理解的不充分,所以也可以说柏拉图对本文含义的理解不充分,于是就有了康德的"比柏拉图本人更好的理解"这一结论。但是应该知道,康德的这种做法是一种完全主观的行为,与作者创作时的本义或者说与文本含义无关。

可见,赫施对以往诠释学中错误论断的总结,反映了他对哲学诠释学的质疑。在赫施看来,如伽达默尔认为的理解历史地发生变化,即读者与作者的视域融合,并不是文本的含义(meaning)发生了变化,而是文本的意义(significance)发生了变化。他指出,"毫无疑问,对于作者来说,原作的意义发生了巨大的变化,而原作的含义一点也没有改变"①。"文本的含义保持不变,而文本的意义发生了转移"②。含义和意义的区别在于:

含义由其所处的文本代表,文本就是作者所使用的一系列符号,含义就是由这些符号所代表。另一方面,意义是指含义与一个人、一个概念、一种情况或任何一种可以想象到的事物之间的一种关系。作者和其他人一样,随着时间的推移,会改变自己的态度、感受、观点、价值标准,而且随着时间的推移,作者势必会在不同的语境下审视自己的作品。显而易见的是,对作者来说改变的不是作品的含义,而是他们与含义之间的关系。意义总是隐含着一种关系,

---

① Eric Donald Hirsh, *Validity in Interpretation* (New Haven: Yale University Press, 1967), p. 8.
② Ibid., p. 213.

而这种关系中持久的不变的一方就是含义。①

赫施进一步指出,语言规范(linguistic norms)总能限制词语的含义(verbal meaning),而且语言规范的这种限制适用于所有的语言媒介。尽管索绪尔证明了语言的可能性在任何时候都受到限制,但这种语言限制(linguistic limitations)无法事先确定。② 赫施的意思是,对语言含义的解释受到语言规范的限制,不是毫无根据的盲目解释,否则含义就有无数的可能。另一方面,在语言规范作用下,被语言限制的具体内容无法事先得知,只有在含义产生之后才能得出。也就是说,语言的含义不由语言的内在特性决定,而是由语言规范决定,含义就是字词句在语言规范的限制下所产生的具体内容,所以语言限制的具体内容只有在含义产生之后才能被分析出来。

所以当某人运用了一个特定的词序时,这段话的词义就不能任由他的意志所改变。这个极其普通的限定对于解释者来说相当重要,因为他们时常面对一些特定的语言符号序列,而且这个限定也证明了含义是固定的。语言限制与含义相辅相成,含义只在有语言限制的情况下才能产生,而且在含义形成过程中发生作用的语言限制无法事先得知,只有在含义产生之后,语言限制的具体内容才能被分析出来。

如果看不到含义与意义的区别,就会像伽达默尔一样否定作者的含义,那么文本的含义就不可能被确定,而是一直处于历史的变化中。之所以出现含义的不确定性和不可复制性这种论断,一方面是因为主观诠释学家误把"对含义体验的不可复制性"当成了"含义的不可复制性";对含义的体验属于精神活动,人之间的精神活动大相径庭,但是不同的精神活动可以面对共同的精神客体,那就是文本的含义;另一方面主观诠释学家误把"确切理解的不可能性"当成了"理解的不可能性",人们对文本的正确理解不等于对文本的确切理解,把正确认识和确定性相提并论这种做法不客观,"既然确切理解是不可能的,那么诠释学的正确解释的目标,只能是大致地被达到"③。

赫施认为,"所有书面形式的解释和所有超越个人经验的解释目标都必须

---

① Eric Donald Hirsh, *Validity in Interpretation* (New Haven: Yale University Press, 1967), p. 8.
② Ibid., p. 30.
③ Ibid., p. 17.

满足一个前提,那就是作者含义是固定的同时也是可复制的"①,而且他进一步指出"一个文本只能代表作者或者说话人的言语,换句话说,含义不能独立于作者而存在"②,所以说文本含义就是作者的含义这一点毋庸置疑。

词语的含义(verbal meaning)的可复制性使得解释成为可能,否则含义就不能被人们重现,理解和解释也就无从谈起。如前文所述,词语的含义由语言规范所限制,而且一段话的词序一经固定,这段话的词语含义就不能任由作者的意志而改变,所以文本含义的确定取决于这些固定词序的词语的含义。赫施认为,词义是作者的意欲(will),它由作者用语言符号表达出来。所以词义可以被称为一种意欲类型(a willed type),它是由作者通过语言符号表达出来,并且是其他人通过这些符号也可以理解的东西。③ 强调类型这个概念很重要,因为只有通过这个概念才可以把词语的含义视为一个确定的意识个体(a determinate object of consciousness),词语的含义才能超越意识内容。类型是由两个决定性的特征组成的个体:其一,它是一个有明确从属关系,界限分明的个体;其二,它总是可以由两个或以上的实例或者是意识内容所表现。赫施又进一步解释到,包含某一话语(utterance)的整体含义的类型,传统上被称为"范型"(genre)。④ 也就是说,这种整体上决定文本含义的类型,传统上被称为范型。因此,可以得出这样的结论:词语的含义由其意欲类型所决定,文本含义由一系列固定词序的词语的含义整体所决定,而整体上决定文本含义的类型又称为范型,所以范型决定类型的含义,而且所有对词语的含义的理解都基于范型。所以赫施才说,"这种范型是一种整体含义,通过这个整体含义,解释者可以正确理解这个具有确定性整体的各个部分"⑤。

所以,范型就是一种构成并决定含义的共享类型,如果范型本身的含义不能被理解者共享,那么它代表的这个话语的意味就不能被传达,造成的后果就是,人们不可能理解新的话语类型。另一方面,理解的功能无论在何处都一样,如果理解总是由对某个话语的范型标准所决定,那么就可以说,不同类型

---

① Eric Donald Hirsh, *Validity in Interpretation* (New Haven: Yale University Press, 1967), p. 27.
② Ibid., p. 234.
③ Ibid., p. 49.
④ Ibid., p. 71.
⑤ Ibid., p. 86.

的文本需要不同类型的解释,诠释学的原则无论何时何地都是一样的:有效的解释总是由对范型正确的认定所决定。因此,即便不存在对所有文本都适用的方法和范畴,正确的范畴也总是由一个普适性的原则所决定——由对某个文本真正范型的适切性所决定。

综上所述,在赫施的诠释学中,他把文本含义的确定性限定在对词义理解上。词义是一种意欲类型,它是由更高一级的作为整体含义的范型所决定。所以,含义通过语言符号固定下来成为文本中经久不变的东西,意义是诠释者与含义之间的关系,具有个人特征,因人而异,而且同一个人也会由于时间、语境和价值观等等客观条件的变化而改变这种关系,所以意义是居于变动的。词义是一种意欲类型,同时也是一种共享类型。这正如一枚硬币的正反面,意欲类型是从作者的角度出发,是作者通过语言符号表达含义;共享类型是从读者和作者的共同体验出发,类型可以由两个或以上的实例或者是意识内容所表现,而且它的限制特性存在于该类型的所有实例或者是意识之中,所以它也可以被两个或以上的人共享和认识。因为解释就有广泛的性质,解释的对象本身范围也很广泛。

伽达默尔揭示了理解的历史性,但是他否定了文本作者的原意,这就否认共同价值判断的可能性,使文本的解释活动处于一种混乱的状态。在理解的问题上,伽达默尔和赫施的分歧在于:赫施借助于"语言的共同性",而伽达默尔则借助于"主题的一致性",赫施把含义当作一个静态的、既有的存在,而伽达默尔则把它当作一个不断发展的过程。赫施含义和意义的区分,既承认了理解的历史性,又避免了理解的非确定性和相对主义错误。

赫施关于类型和范型概念的引入,使得在对含义的谈论中,没有把含义确定性当作僵化、固化的东西。类型可以由两个或以上的实例或者是意识内容所表现,这样,对类型和范型概念的引入既证明了含义的确定性,同时也证明了文本含义的可复制性。因为,如果文本含义仅仅是作者的含义,那么就有可能不可复制,因为在具体表述中,意指的东西和实际所表达的东西有可能会发生偏离,这就造成作者意指的东西无法被复制。类型可以复制,因为在实际表述过程中,就算发生偏差,也仅仅是某种类型发生偏差,而不可能全部类型或是说范型发生偏差。此外,对类型和范型的分析,也没有忽略确定性中存在的差异。虽然分毫不差的确切理解无法达到,但是由于类型的广泛性,正确的理解可以建立在人们对广泛的类型含义的确定之上。

词义的可复制性,不仅使得解释成为可能,也使得翻译成为可能。正因如此,才会有中国典籍在英语世界中被人们各取所需,才会有对经典的多次重译,从而使某一部经典产生多个不同的译本。类型和范型的引入,说明了人们对一个文本会出现不同的理解,这是因为理解具有历史性,但是无论理解出现多么大的差异,对文本的理解总是有共同的价值判断可供遵循,这就涉及了翻译标准的必要性问题。哲学诠释学的观点否定作者的原意,这就从根本上否定了共同价值的必要性。如此,必然会使理解和翻译活动处于一种混乱的状态,解释的有效性和翻译的准确性也就无从谈起。

客观诠释学理论,不仅对文本含义的诠释有着规则性的指导意义,而且对术语意义的认知也具有同样的启发。施莱尔马赫提出的语法诠释与心理诠释,乃是基于语言的个性与共性所提出的。语法解释从含义的客观因素出发,揭示了含义的确定性和唯一性。其在术语意义认知上的反映就是,诠释术语要从语言的共性出发,从它的形式要素和内容要素的使用来分析。从术语本身来看,语言含有公共的部分,它是客观的,其用法与当时的语言规则有关,不以作者和诠释者的意志而改变。从术语的语言语境来看,虽然术语中一词多义现象普遍,但具体到某一流派、某一文本、某一篇章、某一句中的术语时,它的含义又是确定的、唯一的。

从另一个角度来讲,在某一术语的众多诠释中,有一个基础的含义,这个基础的含义对其众多的诠释具有原始直观的统一性,也就是说众多的诠释都是由此基础含义派生而来,这种统一性和客观性是术语传递信息和意义多样性的基础。

心理解释从含义的主观因素出发,主要任务是探寻作品的思想和作者的意图,揭示了含义的特殊性和个性。其在术语意义认知上的反映就是,诠释术语从作者的个性方面理解术语,如不同作者的境遇不同,他们所处的时代、流派、义理均不相同,即使同一时代、同一义理流派之中的作者,他们的语言风格和思想特征也不会完全一致。因此对同一术语的解释也千差万别,即使是在同一作品中,作者之间不同的境遇也会导致术语诠释的多样性。心理解释证明了仅仅了解术语的客观含义是不够的,还必须了解它所指涉的历史境遇,因为语言只有在使用时才有意义,而且在使用的过程中必然与现实相关联。因此,不同的境遇也是造成术语诠释多样性的原因之一。

赫施对词语的诠释也有同样的论断,他认为语言规范对词语含义有限制作用,只有这样对含义的诠释才有确定性,否则含义就有无数的可能。如前所述,含义就是字词句在语言规范的限制下所产生的具体内容。句子是一种特定的语言符号序列,而具体某一句的术语由于处于这种特定的词序,因此术语的含义就不随诠释者的意志而改变,它是一个静态的、既有的存在。

意义是诠释者与含义之间的关系,具有个人特征,因人而异,而且同一个人也会由于时间、语境和价值观等等客观条件的变化而改变这种关系,所以意义是居于变动的。如果从历时的角度审视一个术语,除了它的最初含义,历史上其他的解释都可以被称为意义。从哲学的发展和诠释多样性的角度来看,术语内涵的不断丰富也说明了术语的意义是居于变动的。赫施所说的意义的变动,是和含义的客观性和固定性相对应的。像伽达默尔所说的那样,"对一个文本或一部艺术作品里的真正意义的汲舀……是永无止境的,它实际上是一种无限的过程"①。这种论断就是混淆了含义和意义。

所以,本书立足于客观诠释学,通过保护作者,厘清含义和意义的区别,通过对词义类型和文本范型的界定,结合儒学术语的特征,运用西方客观诠释学和中国古典诠释理论的相关理论,还原儒学术语的本来面貌。

3.2 中国古典诠释方法论中的儒学术语意义认知

哲学术语都有一个提出、演变、分化、融汇的历史过程②。中国传统哲学术语可以分为三大类:一是自然哲学,传统哲学中称为"天道之名",相当于西方哲学中的宇宙论;二是人生哲学,传统哲学中称为"人道之名",相当于西方哲学的人生论;三是知识论,传统哲学中称为"为学之方",相当于西方哲学中的方法论。方法论在子学时代还没有出现,宋明时期也没有学者研究,清代的义理之学中,才开始包含方法论的思想,但清代人的方法论,不是求知识的方法,而是关于修养的方法,也不是求真的方法,而是求善的方法,类似于《大

---

① 伽达默尔:《诠释学Ⅰ:真理与方法》(修订译本),洪汉鼎译,商务印书馆,2013,第422页。
② 本书使用"术语"一词代替"概念"和"范畴",原因详见1.4。

学》中"明德新民,止于至善"的这种追求。

这三类术语不是各自独立自成体系,它们交参互涵、联系密切。有些关于天道的术语也有人道的含义,有些人道之名的术语也讲"为学之方"。在这些术语中,存在着某些流派独有的术语,但更多的情况是不同流派共同使用的术语。这与六经孕育百家有关,同一个术语,在不同的思想家和学派中,会出现不同的解释。另一个原因是中国哲学,尤其是经学的诠释性发展,流传下了丰富的典籍,这些诠释文本是众多流派、义理在不同的社会、文化背景下的产物。意义在于使用,在这些特定语境中,术语必然有特定的使用,语境不同,用法不同,意义就不同。正如维特根斯坦所言:"语言是由诸条道路组成的迷宫,从一个方向走来时,你也许知道怎么走,但从另一个方向走到同一地点时,你也许就会迷路"。①

3.2.1　中国古典诠释理学作为方法论的中国古代诠释实践

3.2.1.1　概述中国古典诠释理论的起源

既然是一种关于文本理解与解释的学问,对诠释理论的探讨就不应只存在于西方文本中。凡是探讨语言与人的存在方式问题,或是涉及语言如何理解和解释世界的问题,以及有文本需要阅读和理解的地方,就一定有诠释现象的发生,也就一定有诠释理论孕育而生。尽管诠释哲学是起源于西方的学术理论,但在中国浩瀚的典籍中,也存在着许多关于文本诠释的理论和方法。在中国有无哲学的问题上,冯友兰②和张岱年③都认为,相比西方哲学,中国哲学无形式的系统,却有实质的内容。中国古代虽无专门讨论文本诠释的理论著作,但是散见于典籍中的文本诠释理论却不容忽视。相比西方诠释学著作的系统性论述,中国经典中的诠释理论往往只是三言两语,并且分散在各种典籍之中。但需要强调的是,中国传统哲学中有关经典诠释的话题和资料非常丰富,经典诠释的历史也源远流长。

"经"有经典之意,大约出现在战国时代,指的是被奉为经典的著作和宗教书籍。由于先秦时期"百家争鸣"的自由学术氛围,出现了许多哲学流派,

---

① 维特根斯坦:《哲学研究》,汤潮、范光棣译,三联书店,1996,第122页。
② 冯友兰:《中国哲学史》(上),华东师范大学出版社,2011,第8页。
③ 张岱年:《中国哲学大纲》,中国社会科学出版社,1994,第1页。

这一时期的哲学思想在碰撞与融合中形成,各学派的原典就在这个时期产生。"经学"之名出现在汉代,是对儒学典籍进行训诫或诠释的一门学问,后又根据研究方式和见解的不同分为"古文经学"和"今文经学"。中国哲学经历了先秦的原创期,从汉代董仲舒"诸不在六艺之科,孔子之术者,皆绝其道,勿使并进"①起,哲学思想统一于儒家,后世哲学各流派,无论其学说如何发展,必须从经学中找到根据,才能为一般人接受。此后,儒学典籍的发展,也是通过对原典的注解与诠释从而产生次生经典。清代学者焦循就以经学的特点总结出了五种形式。

今学经者众矣,而著书之派有五:一曰通核(主以全经,贯以百氏,协其文辞,揆以道理);二曰据守(信古最深,谓传注之言,坚确不移,不求于心,固守其说);三曰校雠;四曰摭拾(指辑佚);五曰丛缀(丛考字句名物)。(《辨学》,《雕菰楼文集》卷八)②

可见,文字音韵、训诂考据、校勘辑佚、典章目录等学术的发展离不开古代繁荣的经学,但是并没有发展成为一门有关文本诠释的普遍性学科,其中原因固然有很多,论其根本,是由于中国古代哲学独特的学术传统与政治背景。

《左传·襄公二十四年》中所述"太上有立德,其次有立功,其次有立言",著书立说被排在了最后。中国哲学家大多都讲内圣外王之道,即使是著书立说,也是把立德放在首要位置,注重德性修养和求善成圣的内在修为,并且前文也提到,中国哲学中的方法论思想,直到清代才初见端倪,所以知识论、方法论也只能在浩瀚的典籍中寻得一鳞半爪、吉光片羽。所以在儒学史上,乃至在中国哲学史上,类似西方哲学传统中系统地论述某一种思想的哲学书比较少见。中国哲学典籍大多都是哲学家本人的书信札记以及日常语录,由其本人或门人后生集结成册。虽然可以自圆其说,但若要求像西方哲学书籍那样,列举出详细的论据和系统的思路,又显得过于简单零碎。

又如《论语》中"述而不作,信而好古",古代文人出于对先贤的敬畏之心,认为著书立说是圣人先贤的事情,后人只能是"述",即对圣人思想的解释、注释。孔子对《诗》《书》《礼》《乐》的修订,就是对经典的诠释,后世的《论语义

---

① 班固:《汉书(第四十七到第五十七卷)》,中华书局,1962,第2523页。
② 景海峰:《中国哲学的现代诠释》,人民出版社,2004,第17页。

疏》《四书章句集注》《孟子字义疏证》等等也都是后人对经典的诠释。古代中国虽没有关于诠释学方法论的专著，但是诠释的历史可以追溯到先秦时期。冯友兰①认为，孔子"述而不作"实际上是以述代作，孔子以六艺教人，时有新意，孔子讲《诗》不是只练习应对，而是看重书中的道德意义，孔子讲《易》重点不是在筮占，而是注重其中的哲学意义。因此，儒学的发展是诠释性发展，既有对前人的继承，也有对经典的重新诠释，但总体上儒学家都力图使自己的诠释符合或不断接近于先贤创作时的含义，对经典的诠释旨在重现经典的固有真理。

又如梁启超于1902年载于《新民丛刊》第2号的《保教非所以尊孔论》中所述：

> 我中国学界之光明，人物之伟大，莫胜于战国，盖思想自由之明效也。及秦始皇焚百家之语，坑方术之士，而思想一窒；及汉武帝表章六艺，罢黜百家，凡不在六艺之科者绝勿进，而思想又一窒。自汉以来，号称行孔子教者二千余年于兹矣，而皆持所谓表章某某、罢黜某某者，以为一贯之精神。

春秋战国时代学术昌明，秦朝以降，政治专制与学术一统因缘而生，自汉代起各家学问的发展必依附于儒家。直到"五四"之前，中国古代学术都没有像欧洲近代那样的革命性变革。西方诠释学在历史上经历了三次比较大的变革，由服务神学法典的专门技艺转变成了具有普遍性的文本解释理论，经过哲学家们的反复论证，逐步建立起独特的学科范式，又与时代思潮相结合使诠释学呈多元化发展。反观中国的诠释学问，自始至终都依附于经学，诠释的资料也自始至终都围绕着经典。因此，中国学术史上只有经学方法的不断发展，而无法产生独立且具有普遍性的诠释学科，诠释理论始终是经学的附庸。传统学术解体之后，在现在学科形态形成的过程中，诠释理论又被摘编重组到汉语言文学、文献学、思想史、历史学和文学史当中，分属不同学科不同专业。

所以，中国没有形式上的诠释学科，却有丰富的诠释理论，这就要求当代学者在从事自己本专业研究的同时，发掘典籍中的有关文本诠释的理论。作者也是在力所能及的范围内搜集有关文本诠释、术语诠释的理论，结合西方客观诠释学的理论来指导儒学术语英译研究。中西方诠释学理论虽然都是关于

---

① 冯友兰：《中国哲学史》(上)，华东师范大学出版社，2011，第43-44页。

文本理解与解释的理论,但是以不同的存在方式出现,并且是针对不同语言文本的诠释理论。

因此,应当注意到,中西方诠释学在同一普遍的理论原则背后有着深层次的历史背景和文化精神差异。在借鉴国外诠释学理论的同时,也应看到儒学术语自身的发展特点。所以,应当避免生搬硬套西方诠释学理论解释儒学术语时的削足适履,也应当注意到中国儒学在发展特征上的特殊性,从中国古典诠释学中得到启示,因地制宜地解决术语诠释中出现的各种问题。

3.2.1.2 中国传统哲学诠释的两种进路

诠释学在古代中国虽然没有形成独立的学科,但是两千多年的经学史就是一部诠释史,诠释方法是经学研究的重要手段。总体来讲,中国古典哲学的诠释方法包括"六经注我"和"我注六经"。这两个命题出自明代哲学家陆象山的《象山语录》:

《论语》中多有无头柄底说话,如知及之仁不能守之之类,不知所及、所守者何事。如学而时习之,不知时习者何事。非学有本领,未易读也。苟学有本领,则知之。所及者,及此也。仁之所守者,守此也。时习之,习此也。说者说此,乐者乐此,如高屋之上,建瓴水矣。学苟知本,六经皆我注脚。……或问先生何不著书?对曰:"六经注我我注六经。"……或问读六经当先看何人解注?先生云:"须先精看古注。如读左传则杜预注不可不精看。"大概先须理会文义分明,则读之其理自白,然古注惟赵岐解孟子文义多略。

"六经注我"和"我注六经"是两种截然相反的文本诠释方法,这里的"我"指解释者。"六经注我"的方法强调以"我"为中心,不关注六经原义,而是在"我"论述自己的观点时,用六经来充当例证,六经仅是起注脚的作用。"六经注我"的主要诠释思想是:意义的理解是理解者个人行为,产生的解释是个人的独创,文本只是意义产生的基本材料,文本只为意义的生成提供了一种可能,至于意义究竟为何,取决于解释者本身独有的理解。在中国经学史上,讲求微言大义的今文经学以此派为代表。在西方诠释学历史上,"六经注我"与以读者接受之义为中心的诠释方法相照应。

"我注六经"是以"六经"为中心,"我"需要竭力追求经典含义,还原作者在写作时的原意,不能偏离或附会。质言之,就是不允许创造性诠释。"我注六经"的主要诠释思想是:对作者原意(即文本含义)的解读才是唯一正确的解读,解释者需采取客观的、历史的、文本的取向,以文本为核心,对经典进行回溯性的诠释,还原文本含义。在中国经学史上,以讲求训诂字义名物、诠释典章制度的古文经学以此派为代表。在西方诠释学史上,"我注六经"与遵从文本原意以作者为中心的诠释方法相照应。"六经注我"是创造性诠释,"我注六经"是还原式的诠释。前者不拘泥于字词的含义,旨在阐发出文本中的哲学意蕴,是意义性诠释;后者是字斟句酌地一一说清文本的字面含义,是含义式的诠释。

刘笑敢教授曾说,关于"我注六经",赞同的人认为是忠于原典,治学严谨,是学者的基本素养,不赞同的人认为是食古不化,没有创新,对学问毫无用处;关于"六经注我",赞同的人认为是学术创新的体现,是文化延续和发展的需要,在水平上要高于"我注六经",不赞同的人认为是对原典的歪曲和误解,是非学术的态度。① 他进一步解释道"'我注六经'相当于客观的、历史的、文本的定向,这也就是对象性的纯学术的取向;'六经注我'相当于当下的、主观的、自我表达的定向,接近于主体性的思想建构的取向。"② 作者认为,两种进路在学术价值上是平等的,不同进路下的作品各有优劣,应该各有标准,不应该用一种标准去衡量两种诠释方法产生的文本。两种进路代表着文本诠释中的两个目的,一个是探寻经典的含义,另一个是以现代人的视角探寻经典在现代的意义,借用经典中的思想去创造符合现代价值观的理论体系。

很多学者认为采用"我注六经"的方法与"汉学"研究经典的方法比较一致,而"宋学"是采用"六经注我"的路径研究经典的必然结果。许道勋和许洪业③两位教授,把经学按照立场、观点和方法的不同分为两个层次,两个层次中总结了经学的多种分类方法。笔者这里采取《四库全书总目提要·经部总叙》中的"两派说":

国初诸家,其学徵实不诬,及其弊也琐〔如一字音训动辨数百言之类〕。要其归宿,则不过汉学、宋学两家互为胜负。夫汉学具有根柢,讲学者以浅陋轻之,不足服汉儒也。宋学具有精微,读书者以空疏薄之,亦不足服宋儒也。

又如《四库全书总目提要·卷三十五·经部三十五》中所述:

---

① 刘笑敢:《诠释与定向》,商务印书馆,2007,第76—77页。
② 刘笑敢:《诠释与定向》,商务印书馆,2007,第78页。
③ 许道勋、许洪业:《中国经学史》,上海人民出版社,2006,第84—92页。

盖考证之学,宋儒不及汉儒;义理之学,汉儒亦不及宋儒。言岂一端,要各有当……

清儒把两汉至唐代的学术称为"汉学",把宋元明时期的思想和学术主流称为"宋学"。由"两派说"可知,汉学与宋学最主要的区别在于诠释方法的不同,前者重文字考据,而后者重义理分析,即"汉儒专言训诂,宋儒专言义理"①。然而《四库全书》的这种分法,从时间上来看,"乾嘉学派的'汉学',实专指东汉古文经学,并不包括西汉今文经学在内的派别,这就截去了经学史之首"②。所以,蔡方鹿③指出汉学内容包括西汉今文经学、东汉古文经学、汉末郑玄之学、魏晋王肃之学、南北朝经学、隋唐经学等从西汉到隋唐的1100多年的经学派别及清代复兴的考据之学。宋学是一种跨越朝代限制的、庞大的学术或思想体系,它从宋代开始,一直持续到清代。宋学中占主导地位的是儒家经学的一个系统,这个系统以阐述和发挥儒经中的义理为主要特色,包括王安石新学、三苏蜀学以及凡讲义理的儒家诸学派,是中国封建社会后期持续时间最长,也是最主要的学术文化形态。

在一定程度上,诠释对象决定诠释方法,而诠释方法又决定了诠释深度:汉学以五经系统为主,因为五经时代久远,文字晦涩难懂,佶屈聱牙,又因历史遭遇,许多经书残破不堪,其中又夹杂着伪篇,致使学者不得不对考据训诂极其重视,所以汉学重训诂。宋学以四书系统为主,四书则明白易懂,便于阐发哲理,也易于向民间普及,所以宋学重义理,是经学诠释基础上的哲学诠释。但是,这并不是说"汉儒专言训诂,宋儒专言义理"(江藩:《国朝宋学渊源记》伍崇曜跋语),它们在经典诠释上有相互沟通的地方。汉学重训诂,也重微言大义,微言大义的诠释在一定程度上就是义理的诠释,而宋学大家朱熹就是一个重义理也重训诂的代表。

在诠释的方法上,汉学多通过"内在诠释"来治学,而宋学由于与哲学、史学、文学等内容部分地重叠交错在一起,则以"内在诠释"为基础,结合"外在诠释"综合地发展儒学。朱熹在完善理学体系时,以经学诠释为基础,理学诠释为核心,"内""外"结合,如"若不从文字上做工夫,又茫然不知下手处""凡

---

① 江藩:《宋学渊源记》,上海书店出版社,1983,第41页。
② 许道勋、徐洪兴:《中国经学史》,上海人民出版社,2006,第90页。
③ 蔡方鹿:《论汉学、宋学经典诠释之不同》,《哲学研究》2008年第1期,第64页。

读书,先须晓得他底言词了,然后看其说于理当否"。这说明朱熹认为理解和解释是建立在字、词以及术语认知的基础上。关于训诂基础上的义理诠释,如《朱熹文集·卷七十五》中所述:

> 本之注疏以通其训诂,参之释文以正其音读,然后会之于诸老先生之说以发其精微。一句之义系之本句之下,一章之指列之本章之左,又以平生所闻于师友而得于心思者间附见一二条焉,本末精粗、大小详略无或敢偏废也。

"通其训诂"和"正其音读"讲的是经学中的训诂方法,"发其精微"是综合训诂取得的结果进行义理诠释。不仅如此,朱熹还曾批评晋宋学者及其他人只重义理不重注释的学风,"自晋以来,解经者却改变得不同,如王弼郭象辈是也。汉儒解经,依次演绎;晋人则不然,舍经而自作文。"(《朱子语类卷六十七·易三》)在朱熹看来,义理诠释的基础是建立在对原文本义的正确理解,没有对原文本的具体的解释,义理的解释就无从谈起。因此,朱熹认为做学问需会通融合汉宋训诂与义理,如《中庸集解序》中所记:

> 然尝窃谓,秦汉以来,圣学不传,儒者惟知章句训诂之为事,而不知复求圣人之意,以明夫性命道德之归。至于近世,先知先觉之士始发明之,则学者既有以知夫前日之为陋矣,然或乃徒诵其言以为高,而又初不知深求其意,甚者遂至于脱略章句,陵籍训诂,坐谈空妙,展转相迷,而其为患反有甚于前日之为陋者。

这种既重义理又重训诂的解经方法,属于诠释进路中"外在诠释"与"内在诠释"相结合的方式。外在诠释(external hermeneutic approach)与内在诠释(internal hermeneutic approach)这两个概念是程志华[①]教授作为哲学史研究的切入点和诠释维度提出的。虽然是针对哲学史研究提出的,但是对哲学研究也有重要借鉴价值。

哲学就是哲学史,哲学是历史性的思想,哲学史是思想性的历史。[②] 哲学史作为思想性的历史,哲学史上的任何一种哲学都不是哲学家的独白,而是哲学家之间共时和历时的思想交流。思想交流的前提是了解、熟悉和研究各种

---

① 程志华:《中国哲学史研究的诠释理路》,《西南民族大学学报》(人文社科版)2008年第9期,第83-86页。
② 孙正聿:《"哲学就是哲学史"的涵义与意义》,《吉林大学社会科学学报》2011年第51卷第1期,第49页。

各样与之相关的"历史性思想"(哲学)。所以在研究某一哲学问题时,哲学史中与之相关的思想背景就是不可或缺的前提条件。如果不以哲学史为前提,所有的思想交流就都会离开思维的历史与成就,使哲学脱离了原有的生存环境,从而使哲学探讨陷入僵化、空泛的局面,这样就把哲学变成可以套在任何问题上的刻板公式。

"理论不是枯燥的条文和现成的结论,而是由历史性思想(哲学)所构成的思想性历史(哲学史)"①。所以笔者认为,虽然"外在诠释"和"内在诠释"是针对哲学史提出的,但是对哲学术语的研究亦有重要的借鉴价值。

哲学术语是积淀着全部思想性历史(哲学史)的概念,是研究哲学的基础与支点。在哲学研究中,某个术语的内涵并不是某种给定的定义,或是僵化的结论,而是历史上众多哲学家给出的不尽相同的解释,研究者需要在共时和历时的条件下比较思考。所以,以哲学的方式研究哲学术语,就不能以定义或是结论的形式出发,因为这种方法的论据是教条式的,论证是无法深入和追问的独白。脱离了思想性历史的术语研究就成了无源之水、无根之木。因此,哲学活动中"历史"与"思想"的内在关联,就如同术语发展中的"外在诠释"与"内在诠释"的两种理路。

"外在诠释"就是要求解释者跳出有关含义的语义框架,探究时代思潮对术语意义造成的影响,揭示术语意义的学派特征和时代特色。术语意义的产生立足于含义,是含义与外部世界互动的结果,外部世界的变化决定了意义的变化。"外在诠释"的目的就是,揭示外部世界对术语意义产生和变化的影响。这种诠释理论可以称为"以存在论此在",即"此在在它通常的存在方式中总是当下地存在着,从历史及时间中获得自己确定的意义,因此,它又必然是历史的存在"②。分析存在的本体论状态,目的在于构建此在的历史性。③

"外在诠释"在中国经学诠释史上曾被广泛应用,特别是儒学的发展,强调思想与现实的相互融合。从春秋到明清的儒学各派的发展均是这种进路。"外在诠释"就是研究哲学思想和时代背景的关系,也就是"社会历史阶段的

---

① 孙正聿:《"哲学就是哲学史"的涵义与意义》,《吉林大学社会科学学报》2011 年第 51 卷第 1 期,第 51 页。
② 潘德荣:《西方诠释学史》,北京大学出版社,2013,第 300 页。
③ 海德格尔:《存在与时间》,三联书店,2012,第 44 页。

演进,与思想史阶段的演进,存在着什么关系;思想史、哲学史中出现术语,与它所代表的思想,在历史的发展过程中,有怎么样的先后不同"①。

与之对应的是"内在诠释"。"内在诠释"要求解释者在术语所属的思想框架内进行诠释,在含义的语义框架内就概念谈概念,不涉及时代背景,也不过多涉及术语所代表思想的社会影响和意识形态功能。"内在诠释"旨在通过内在的理论线索推动术语的发展,认为外在因素始终需要内在因素的推动才能发挥作用。因此,它更加注重文献、文本和思想、问题的梳理,在思想框架内进行术语内涵的探讨,将术语从社会、历史、政治的语境下解放出来,在术语的语义框架内部进行术语认知的研究。

关于"内在诠释"注重文献的作用,牟宗三曾说"所以我们讲文献的途径,第一步要通句意、通段落,然后形成一个恰当的概念,由恰当的概念再进一步,看看这一概念是属于哪一个方面的问题"②。这里讲的就是理解的进程,通过对句意、段落、篇章的理解,进而上升到对思想内涵的理解。所以,读文献第一步就是读句子,只有对句子有恰当的理解,才能形成一个恰当的概念。然而对句子的理解不应仅限于训诂,训诂仅是说明字义,但在句子中的意思不一定就是字面的意思。如孔子在《论语》中所讲的仁,就没有下定义,孔子根据子弟的不同个人特点,对每个人说的仁都不一样。孔子没有用下定义和训诂的方式回答弟子问仁,所以理解孔子的仁就不能局限于字面意思上。

因此,要把术语放在句子、段落和篇章的语境下理解,单纯的训诂无法展现术语的全部意思。训诂只是识字而不是识句,如果句意不通,就无法理解文章。所以通句意是最基本的要求,只有这样才能形成恰当的概念,概念便是思想,概念与概念联结起来,便是义理:义是概念,而概念与概念之间的关联便是理。③ 所以,对术语的认识包含了概念和义理,而所有对句子、段落、篇章以及文本思想的认识,出发点和落脚点也都集中于对哲学术语的认知上。所以,"内在诠释"是"以此在论此在",即在此在的自身框架内对自身的领悟,这一领悟过程就是术语内涵的展现过程。

由此可见,"内在诠释"蕴含着一种观点:任何具有悠久历史的哲学思想,

---

① 侯外庐:《韧的追求》,三联书店,1985,第267页。
② 牟宗三:《牟宗三先生全集》(27),联经出版事业股份有限公司,2003,第342页。
③ 同上,第341页。

在发展的过程中,除了外部因素的影响,很大程度上也受到内部因素的推动,即受到哲学思想内部的自我完善和自我发展的特性所推动。这种特性的存在是因为,哲学思想的发展是由其哲学系统内的一系列亟待解决的问题所决定的。哲学就是研究人生切要的问题,而且要寻一个根本的解决,这是一个"止于至善"的过程。所以说这些问题需要不断解决,有些解决了,有些没有,而且在解决旧问题的过程中,又会衍生出不少新问题,哲学也就因此不断地发展。余英时把哲学的这种发展过程称为"内在理路",并强调"'内在理路'说不过是要展示学术思想的变迁也有它的自主性而已"[①]。所以,哲学思想的发展是内在诠释和外在诠释双重作用的结果,内在诠释不仅不排斥行之有效的外在诠释,还与外在诠释相互支援、相互配合。

综上所述,在儒学的发展进程中,无论是对文本含义的解释,还是对文本意义的发展,哲学家都把自己的理解和解释完全归于文本,对含义的解释必须是在原有文本的语言和概念基础上进行,自己的心得和创建,也必须是在原文思想框架内进行。汉代以降,历代哲学家都遵循此传统,此后的理论创新都不会超出经典文本和儒家思想体系,最初的范畴和概念一直沿用至今,但其内涵越来越丰富,造就了多义性的特征。

这种文本和思想体系框架内的学术发展,究其原因,是因为儒学的学术传统和政治背景。从汉代开始,历代封建统治者都对儒学的发展非常重视,把儒学作为自己的统治学说。所以,作为官方的意识形态,儒学的发展是寄生式的,哲学家大多不敢大张旗鼓地宣扬自己的学说,总是以诠释和发展前人的思想为主,自己的思想体系都是要靠依附于前人才能得到认同和发展,这样造就了儒学术语的同源性。这种依附于前人的发展方式,也决定了儒学的发展必然是线性的,其表现为:儒学流派是贯穿古今的,儒学家都遵循孔孟之道,没有出现与之前截然不同的流派和体系,后世所谓的创新,也只是古代思想的延续和修补。虽然出现了"新儒家"之类的名称,也只是儒家思想和时代思潮结合的复原式诠释,基本的儒学原则并没有发生革命性的变化。即便是经历了朝代的更迭,但儒学思想始终是封建社会的统治思想,是官方的意识形态,所谓的新流派、新学说只能在原有的儒学思想框架内发展。

---

① 余英时:《论戴震与章学诚》(增订本),三联书店,2005,自序第2页.

由此可见,儒学的发展主要是在维护原始理念的基础上,依靠描述的方式或是创造性的诠释进行。虽然也存在着批判,但多是在学派之间进行的,并没有对孔孟的理论进行批判。所以儒学术语发展相对稳定,最初的范畴和概念一直在使用,新出现的术语较少。但即便有种种限制,儒学的发展也不是停滞不前的。每一个有着悠久历史的思想体系,其思想体系内部都有自我发展、自我完善的诉求,思想变迁也有其自主性的一面。所以,儒学中本体论、方法论和宇宙论思想的出现,是发展的必然,是其思想的应有之义。随着儒学思想内涵的不断扩大,术语也必然承担着更多的意义,所以理论的进步也伴随着术语内涵的创新。

3.2.2 传统哲学术语三义

如前所述,由于受历史、文化和社会三方面影响,中国传统哲学呈强诠释性发展,哲学术语的意义也随着宏观和微观语境不同,表现出普遍的多义性,同形术语的意义游移和流变非常普遍。

3.2.2.1 具体的解释、义理的解释和真实的解释

张立文在分析中国传统哲学范畴(术语)解释的时候,把对范畴(术语)内涵规定性的解释分成了三个层次:具体的解释、义理的解释和真实的解释①。这三个层次的解释分别代表了术语解释的溯源性、义理性和确证性特点。

具体的解释,是按照中国思想逻辑范畴的内容或是哲学家固有的思想意识,作原原本本不加任何主观色彩的解释,力求实事求是、忠于原意。在历史上,哲学家所创立的哲学思想,在产生之初,其含义和价值往往得不到真正的发掘,总是在经历了一段时间的实践之后,出于政治、文化或是社会的多重需要,才能够显现出来。训诂学的价值就在于此,训诂就是"一种将不知其义的词语考求出其确切含义的活动,具有考辨的特色"②。尽管学者们对训诂的定义有不同的解说,但是有一点是相同的:训诂就是解释,是对古代文献中语词的解释和考证,特别是对那些疑难的、容易引起歧义的语词的解释。训诂的目的就是要原原本本地了解哲学家在文本写作时想要传达的思想。虽然在客观

---

① 张立文:《中国哲学范畴发展史》(天道篇),中国人民大学出版社,1995,第9-15页。
② 杨琳:《训诂方法新探》,商务印书馆,2011,第1页。

条件的制约下无法做到完全排他的理解,但学者们还是在力所能及的范围内对语词的理解做到了有理有据。

对哲学术语的不同解释可以从两方面分析。一方面是受训诂学者自身的特点影响,如已有观点、分析术语时的切入点和角度、自身学派所处的视角等。这种诠释者的主观倾向类似于哲学诠释学中海德格尔所说的理解的"前有"(德语为 Vorhabe),以及后来伽达默尔提出的"前判断"(德语为 Vorurteil)。"前有"是指"在此在的理解存在与它先行理解的因缘关系整体具有一种先行的占有关系"①,简言之就是,解释者在理解某物时的先行立场或视角。"前判断"是指,在解释者做出判断之前,先在地存在着的那个判断。无论是训诂过程中的主观倾向,还是诠释学中的前有和前判断,都说明在理解过程中存在着解释者与其置身的文化系统和世界观的冲突。在理论研究的过程中,理论的科学性是建立在理性的基础上,并且理性的实现取决于对主观影响的克服。

另一方面,许多古代哲学家的学术思想,在其学术生涯的不同阶段会呈现出不同的风貌。因此他们对同一术语的解释,在不同的学术时期会有鲜明的差异。再加上术语内涵的矛盾性、多层次性及流变性和游移性特征,使得众多的训诂学者在理解的过程中出现了不尽相同的解释,甚至对同一术语的理解有时也会做出截然相反的判断,因此需要更深层次的解释。

义理的解释是一种对术语的历时性的考察,是把术语放在特定的历史时期内,从这一时期的学术思潮,从整体学术思想的多重关系,从这一时期的精神面貌和文化多元结构中,进一步深入地认识术语的意义。在这一时期内,由于理论的发展和时代的要求,术语的发展必然会反映当时的社会心理、人文思想以及时代思潮,如先秦时期的百家争鸣,两汉时期的独尊儒术之思想大一统,魏晋时期有关动静、体用、自然与名教的玄学思潮,南北朝时期的佛学思潮,隋唐时期以儒释佛、以道释佛三家兼收并蓄的思潮,宋明时期宇宙论和本体论为主导的理学思潮,明清之际经世致用思潮和近代新学思潮。义理的解释,就是在特定的时代和思想框架内,对术语进行不同角度和层次的解释。时代思潮的变迁致使义理的解释具有明显的时代含义和时代特色,如"先秦诸子论道辩名,两汉诸儒宗经正纬,魏晋名士谈玄辩理,隋唐高僧译经讲义,两宋文

---

① 洪汉鼎:《当代西方哲学两大思潮》(上),商务印书馆,2010,第592页。

人谈禅说诗,元明才子批诗评文,清代学者探微索隐"①。

当哲学家提出一个理论或是假设时,未必就建构了一套完整的体系,而是通过不断发展积累,以及与其他学者交流,才使其理论的整体构架逐渐清晰。随着研究的深入,通过对理论中各术语的内容、职能和范围加以限定和规范,术语的时代思潮特征、学派特征以及在思想体系中的作用才能越发明显。

因此,哲学思想的完善和哲学体系的最终确立,是哲学家们不断努力的结果。在初创阶段,由于时代的局限或是认识条件的限制,一种哲学思想往往会因为种种外部因素而不能发挥最大作用,或弊于陷溺,或偏于成见,孔子的经历和儒学的发展就是最好的例证。哲学思想价值的发掘,固然得益于历史的进步和时代的发展,但哲学思想的超验性特征,要求哲学家从时代思潮的联结中探索出规律性的意义演变,而不是拘泥于时代的禁锢。因此,更深一层的解释就孕育而生。

真实的解释,是一种共时与历时相结合的解释方法,旨在更丰富地呈现术语的内涵。经历时代的变迁、材料的积累,哲学家通过不断的实践清除掉种种障碍。这一过程既是对术语固有资料的重新审查,也是对术语意义在一定外部条件下的重新发掘,是对术语认识的不断加深。

由于各个时代的学术背景以及历史背景都不尽相同,术语在某一时代都会被赋予显明的时代含义。因此,在哲学漫长的发展历史中,术语的内涵呈现出矛盾性、多层次性和流变性、游移性的特征,但是哲学家们透过具体的解释和众多义理的解释,在历史与逻辑的统一中反求某一时代术语真实的解释时,则更能显示出术语的真正含义。所以,真实的解释就是具体的解释与义理的解释的统一。

三种解释相互关联,相互影响,是哲学家在主客观条件不断成熟的基础上对术语认识的不断深化。三种解释又是一个递进的过程,如果把三种解释运用在某一哲学思想、体系、流派或思潮中,便表现为表层结构、深层结构和整体结构。

表层结构的具体解释,旨在揭示术语的客观含义。对术语的理解与解释,是通过对古代语言文字的分析而得出的。典籍中的语词,不是一开始就拥有

---

① 周裕锴:《中国古代阐释学研究》,人民出版社,2003,第4页。

哲学内涵,而是通过思想家和哲学家经过不断的论述,思想理论发展到一定高度之后,才转变成了对以往思想高度总结的术语。所以对表层结构的探析,就需要通过对以往哲学家的著作及其弟子的记录,作句法层面和语义层面的解释。从典籍的流传来看,特别是先秦时期的典籍,往往在转述和抄写时出现错误,这就需要对典籍进行训诂、校勘和梳理。这种训诂、校勘和梳理方式,旨在具体地解释哲学家运用术语时的客观含义。通过对众多资料的整理和分析,厘清术语所处的境遇;通过对不同文献的对比和比较,推理出最符合哲学家和学派特点的原意。

深层结构的义理解释,就是从时代思潮和义理流派的角度出发,通过对宏观的时代语境和文化语境进行分析,从整体入手解读局部。哲学经过不断的历史实践,术语内涵也更加丰富,深层结构就是把术语各个层面的语义相互联系,放在整体思想的逻辑结构中,从整体思想这个网状结构中,从不同语义和义理的相互联结、渗透和影响中,求得更深层次的解释。在哲学的发展中,哲学家思想和学派思想与时代思潮相结合,所以任何术语都是与时代结合的产物。所以深层结构就是从时代思潮的整体联系中,梳理时代思潮逻辑结构中的义理流变和相互联系,是对术语更深层次的理解。

整体结构的真实解释,是从哲学发展的角度着眼,掌握术语发展的必然趋势,从时代、历史、文化和思想的联系中,深层次地揭示术语在当下的内涵。术语通过具体的解释确立了最原始的哲学含义,这也成为后世学者以及所处学派发展其哲学思想的出发点。随后,术语经过与时代思想的结合,产生了更深层次的义理的解释。术语这种发展演变的方式,使不同时代都对其赋予了不同的含义,但是这两种结构下的解释都没有从历史的角度出发,通过对术语发展客观规律的探索,得出术语在当下的真实解释。整体结构不仅从历史的角度出发对术语意义进行认知,更从统一的角度着眼,综合分析术语在句法、语义所处的表层结构,在义理流派所处的深层结构,以及它们与其历史层面的相互联系和融合。整体结构的认识,旨在通过历史与统一的手段,发掘术语的"历史内在的逻辑",使这种逻辑与术语原初的含义相契合,从而诠释出术语在当下境遇的含义。

由此可见,研究中国传统术语,必先厘清理解的层次以及解释的方法,这既是基础也是归宿。以往由于主客观条件的各种限制,对术语的解释难免笼统、模糊、不分层次。究其原因,主要是缺乏对术语所属的学派、义理和时代思潮的考据,以及对思想家学术生涯、哲学思想和理论体系必要的了解。厘清三种解释的内容与关系,有助于明确术语的含义与意义,再通过对语境的分析,可以对术语此时此刻的应然语义有整体的认识。

3.2.2.2 中国哲学术语的原义、今义和他义特征

如前所述,普通诠释学强调任何经典文本的含义都是客观存在,文本含义在历史语境中相对固定,变化的是历史诠释和运用过程中的意义。中国传统哲学术语的产生和发展也非常符合这一描述。清代段玉裁在《广雅疏证·序》所云:"小学有形、有音、有义,三者互相求,举其一可得其二。有古形,有今形;有古音,有今音;有古义,有今义;六者互相求,举其一可得其五。"①和"凡字有本义,有引申之义,有假借之义。"②又如著名哲学家金岳霖所说:"中国哲学非常明洁,很不分明,观念彼此联结,因此它的暗示性几乎无边无涯,结果是千百年来人们不断地加以注解,加以诠释。"③

中国哲学史上,哲学家的研究多是从元典开始,对诠释中产生的分歧提出自己的见解、宗旨,驳斥别人的学说,形成自己的义理或体系。每个义理都对基本的哲学范畴赋予不同的定义,形成自己的意义结构或概念模式。相当一部分概念或术语的形并未变化。然而,由于中国哲学的强诠释性特征,这种意义结构又是"暂时的",后来的哲学家在一定意义上再次重复这一过程,产生另一体系或结构。

中国哲学的这种发展方式,从诠释学的角度来分析,可以称为"诠释的循环"。循环的形式有很多种,但最重要的是整体与部分的关系,也就是整体与部分的循环。在这种循环中,部分与整体的功能相辅相成,互为因果,从而融合唯一。部分是整体的部分,整体是部分的整体,这说明部分和整体不能割裂来看,部分的概念不再作为整体的"一般"在"量"上的扩展和例证,而是在与整体的关联中获得了自己独特的意义,并借此改变着整体。由此观之,诠释的循环是一个生产的创新的循环,旨在扩展理论框架和发掘新意义,不断丰富和深化人们的原始领悟。这样就不停地在"含义"的基础上产生新的"意义",自

---

① 段玉裁:《段玉裁遗书》(下),大华书局,1997,第1084页。
② 同上书,第1006页。
③ 金岳霖:《金岳霖集》,中国社会科学出版社,2000,第41页。

然而然地造成术语的多义性、游移性和可增生性。

按照属类划分,术语的概念意义可分为原义、他义和今义①,原义与他义、今义三者不是孤立的个体,它们之间的关系是源与流、常与变的关系。原义是指最初成为哲学术语时的含义,是一个词语由普通日常词语向哲学概念转变时,在哲学典籍中首次被赋予的哲学内涵。他义是指在原义的基础上,哲学家对术语原义的继承和创造性解释,通常包含主观愿望和客观需要两个方面,是基于某种历史的合理性和逻辑的合理性,伴随着哲学、社会和文化的发展而变化的。他义是多维度的,既可以是历时的,也可以是共时的,因而同一时期在不同因素的作用下可以产生出有别于原义的多种他义。"今义是指当今或者翻译的文本产生时期当下具有的意义。"②今义是从现代人的视角出发,是术语在其自身历史视域和诠释者视域中,所展现的不同意义相互作用的结果,不是对已有结论的重现,而是一种结合时代精神的新诠释。

"他义相对于原义而存在,是介于原义与今义之间所产生的不同于原义的意义。"③原义是他义的源头,而原义与他义是今义的重要思想来源,今义是对原义和他义的继承与发展。历史上的"今义"会随着时间的迁移转变成为今天或当下的"他义"。原义和他义可能是今义的共同源头,也可能分别是今义的源头。原义与他义、今义是常与变、源与流和本与末的关系,并且他义与今义也可能是这样的关系。

若用赫施诠释学的理论分析这三义:原义就是含义,原义随原文本的产生而产生;他义是对原义的创造性诠释;今义也是一种创造性的诠释,它可能是对原义与他义两者共同的创造性解释,也可能是两者中的某一个。所以,他义和今义都是诠释者结合所处时代的主客观条件所产生的意义。由此可见,他义相对于原义,今义相对于他义与原义,不是简单的再现和复写,而是富有时代感的重新诠释,所以它们三者之间的关系既密切又相异,相异的程度大小、深浅和范围根据意义产生时的主客观实际不同而变化。三义虽然相异,但决不对立,也决不能割裂开来。三者的内容和之间的区别,必须经过仔细考证和

---

① 郭尚兴:《宏观相契与微观相切:中国传统哲学典籍英译的方法论研究》,载《典籍英译研究》(第七辑),2015,第45页。
② 同上。
③ 同上。

分析才能确定。在分析术语时，必须由表及里，在历史境域中探求该术语的发展演变轨迹，通过对经典结论的分析归纳，把潜在的逻辑结构和关系蕴含的思想体系呈现出来，进行原义、他义和今义的比较分析，以确定其在该文本中的今义。

在中国传统哲学中，术语的含义和意义不断地发生变化。在介绍赫施诠释学的时候，已经说明含义是不变的，改变的只是意义。在此要解释一下，为什么说在中国传统哲学中，术语的含义也不断发生变化。与西方哲学概念单向性不同，中国哲学中的一些基本术语是各个流派共有，区别在于各流派的解释不尽相同，而且同一术语在同一流派的不同时期，解释也有出入。前面也提到，一些哲学家在学术生涯的不同时期，也会出现对同一术语的解释大相径庭的情况。这就说明，中国传统哲学术语的含义是多相性的。所谓"多相"，一般指术语在体系中的功能地位不同，一个术语要有多种判定来规范。许多流派的基本术语，例如道、气、仁、义、理、心、信、良知、良能、克己复礼等等，在不同时期、不同流派、不同义理中功能和含义均不相同，有时属本体层面，有时属认识论层面，有时又属方法论层面。这就造成了相当多的译者，尤其是国外的译者，包括一些汉学家，在翻译这些术语时，认识不到这些游移性和流变性的历史条件和自身逻辑，造成很多错误。

"仁"是儒家思想的核心与精髓，"仁"的思想极其丰富，寓意广泛。作者在收集资料时，曾对仁的内涵进行过总结：孔子之前，"仁"表示众德目的一科，如《左传·成公九年》中"不背本，仁也"。在《论语》中，"仁"既可以表示众德之一，也可以表示作为统摄诸德的"全德"，并且孔子所讲的"仁"以不同的形式出现，所以"仁"的确切含义要根据效用和语境来判断。在《孟子》《荀子》和《周易》中，"仁"还有人生最高道德原则和人生理想的意思。在宋明理学中，"仁"又成为宇宙本体论中的最高范畴，人的根本存在，同时又是绝对的道德理性或道德本体。这些他义已经使"仁"从最初的伦理道德范畴转到了宇宙论和本体论理论上来，意义发生了极大的变化。凡此种种，不一而足。李成贵教授把"仁"的诠释归为五类，即本体之仁、境界之仁、人文之仁、生态之仁和贯通之仁。①

另一方面,国内外译者对于"仁"的理解不尽相同,关于"仁"的英译,一共有二十多种,至于何时何义,需要考虑多种因素。这就要求典籍译者,不仅要有过硬的双语掌控能力,也要具备相关的专业素质。在翻译儒学术语时,不仅要对该术语所处的文本有一定的了解,也要对该术语的发展历程做一番调查。这就要求译者既要对该术语的最初含义和发展历史中意义的流变做历时性的考证,又要对同时代学者的思想理论体系和时代文化背景做共时性的研究。这样才能区别出该术语与其他流派术语的不同,只有通过对术语多角度全方位的分析归纳,才能对术语的含义和意义有正确客观的认识。

可以看出,无论哪种三义,在其系统内部,它们之间的关系都是一个源与流、常与变的关系。三义旨在认识术语在不同层面上的内涵,三义均不是绝对的,它们相互关联,相互影响,而且在一定条件下可以相互转化。三义虽是针对术语内涵意义提出的分类方式,但术语的认识离不开对哲学思想、学派和时代思潮的认识,所以如果把对三义的分析看成对术语所处的哲学思想、流派或者时代思潮的分析,那么三义代表的就是三层结构,即表层结构、深层结构和综合结构。

表层结构是具体解释和古义所代表的结构,旨在客观地再现术语的含义,是词语由普通概念转化为哲学概念首次以术语身份出现在哲学典籍中的含义。对表层结构的分析,要求解释者对典籍做句法层面结构、语义结构和文化层面的解释。解释者通过校勘字句,梳理语法,从庞杂的材料中澄清哲学家思想中混乱和矛盾的部分,还原哲学家赋予术语的最初含义。这也是在纷繁复杂的思想体系中厘清各个学派思想的关系,辨明各学派思想的异同,找出他们秉承的共同传统,通过语义追索和名物考证,追溯术语在最初条件下的应然语义。

深层结构是义理解释和原义所处的结构,旨在展现术语的时代意义。经过对术语最初含义的再现,术语在表层结构中的历史应然语义已经确立,对表层结构的分析是研究术语或其所处的思潮、所属的思想家的基础。深层结果

---

① 李承贵、张理峰:《"仁"的五种诠释》,《江南大学学报》(人文社会科学版)2008年第6期,第17–22页。

就是要通过历时的方法,再现哲学家思想逻辑结构中的义理内涵,通过与同时代不尽相同的多种思想的交流与碰撞,使术语含义与时代思潮交织在一起,从而在新的历史背景下赋予术语时代的精神,从而产生出更深一层的意义。

综合结构是真实解释和今义所处的结构,旨在展现术语意义规律性的演变,是时代与历史、历史与语义的多重统一,是从共时和历时的双重角度对术语的综合分析。表层结构与深层结构是它的共同源头。

从时代和历史层面出发,深层结构从义理解释的角度确立了术语在某一时代的意义,然而随着历史的前进与哲学的发展,在新的历史条件和新的时代思潮下,术语会不断地产生新的义理解释。综合结构就是在此基础上,通过术语意义在历史中的发展演变,总结出其规律性的认识。

从历史和语义层面出发,综合结构要求规律性的认识和语义的考据相互吸收、相互借鉴,从而达到对哲学思想的全方位认识。历史和语义层面的联结不仅突显了术语不同层面的系统结构,也蕴含着术语背后的整体思想逻辑结构。张立文表示,今人若要理解某一术语的含义与意义,除了要做足训诂的功课,更需要与当时的文人产生一种共同的认识,这种共同认识基于时代思潮以及对语义层面、时代层面背后的内在体验。①

正如狄尔泰所说,由于解释者的个人体验,文本或是其他所发生的事物变成了"被体验物",当发生的事物沉没在时间长河中,它作为"被体验物"却被储存在个人体验中,构成了解释者体验中经久不衰的内涵。这种向"被体验物"的转化,使解释者体验的内涵具有永久的意义,这种内涵与解释者的体验融为一体,也因此获得了整体性意义。

生命对于狄尔泰来说,完全意味着创造性,生命客观化于意义构成物中。因此一切对意义的理解就是对生命的返回,"即由生命的客观化物返回到它们由之产生的富有生气的生命性中"②。返回就是追溯其最初的形态,即生命意义之源,也就是意识中所有物的原始统一体,它基于人类生命的共同性,不存在陌生的和需要理解的东西,是历史流传物所承载的生命体验与理解者体验的直接统一,这就是理解的基础。

---

① 张立文:《中国哲学范畴发展史》(天道篇),中国人民大学出版社,1988,第14页。
② 伽达默尔:《诠释学I:真理与方法》(修订译本),洪汉鼎译,商务印书馆,2013,第99页。

可见，客观诠释学中理解的基础与中国古典诠释理论中关于"解释者与当世人的普遍的共同认识"的论断，显示了中西哲学在术语内涵诠释上的共性。然而中西哲学间更多的是差异，研究者的首要任务不是实现中西哲学在诠释理论上的接轨，而是厘清中国传统哲学中的诠释理论。历史上，西方哲学在面对中国哲学时，从来都不乏挑战与碰撞，只有厘清中国传统哲学中的诠释理论，形成有理论形态的诠释体系，才能真正做到中国古典诠释学与西方诠释学的平等对话。然而两种哲学的对话，不应是相似观点的比较，更非一种哲学向另一种哲学的融合，而应是两种哲学之间体系性的对话，在保持各自哲学本源性和自主性的前提下，实现差别基础上的会通。

所以本书的出发点不是将术语研究的视角仅仅局限于某一种文化，而是引进西方理论作为参照和比较，其目的不在于对西方理论的印证或认同，而是在中西方文化"互竞"和"互镜"的背景下，更好地体会中国传统儒学术语的丰富内涵。

3.3　小结

诠释作为理解和解释的艺术，中西方都有悠久的历史。时代的更迭、学术思想的革新以及价值观念的差异，促使了不同诠释理论的产生。总的来讲，中西方诠释理论中都存在这两种进路：一种是发掘文本的客观含义，努力还原作者在创作时的境遇，重现作者的意图；另一种是努力发展诠释者的理解，使原文本成为发展诠释者理论的载体，而原作者的意图并不是诠释过程需要考虑的因素。诠释学理论间的矛盾，集中体现在了诠释的客观性要求与诠释过程中的主体性作用之间的对立。现阶段中国哲学外译的重点在于，如何使译文如实地反映中国哲学的本来面貌。这就要求译者不仅需要熟知主客观诠释理论，明确当前文本是在哪种诠释背景下生成的，还要厘清术语的发展脉络以及术语原义、他义、今义的关系。术语翻译除了需要译者对中西诠释理论进行深入研究，还要厘清术语在发展过程中的不同诠释。因此，对术语历史特征的发掘也就成为术语诠释的应有之义。

第 4 章
儒学术语及其意义的历史特征

如前所述,儒学在内涵和外延上都比经学丰富。时间上,儒学的出现早于经学。先秦时期,儒学已经作为一个学派出现在诸子百家之中。战国时代,虽然出现了"经"这个术语,但未出现"经学"一词,"经"当时并非特指儒学书籍。到了汉代,儒学地位逐渐提高,朝廷设五经博士,汉武帝罢黜百家,专崇儒家,形成了经学。此后,儒学家以注解和诠释经典作为治学方法和学术途径。自此,儒学很大程度上以经学的方式存在和发展。但是儒学和经学仍然存在着一定的区别,经学特指训解和阐述儒家经典的学问,而儒学的含义就更为丰富。

4.1 同源性

同源性,顾名思义,就是指儒学术语拥有的共同源头,即"六经"和孔子的思想。

中国哲学的"理论型"范式在殷周时期通过宗法制的确立而初步建立,以周公为代表的周初统治者,吸取夏商灭亡的教训,以史为鉴,提出"尊天敬德""以德配天""敬德保民"等思想。周公等周初统治者确定了文化的发展方向,奠定了中国传统哲学的精神基石,不仅对"六经"的逐步形成大有影响,也对其后两千多年的哲学发展奠定了基调。

西周时期学在官府,官学继承了夏礼与殷礼,"周人尊礼尚施、事鬼神而远之、近人而忠焉"①,综合常与变、因与革的变异观,如此,构成了中华原典的基本内涵。春秋以后,学术下移,原来依附于官府的知识分子开始独立讲学,社会形势的改变为学者们提供了发挥自己思想的机会,许多学派在这一时期产生,迎来了中国历史上第一次学术繁荣,儒学就是在这一时期产生。

儒学由孔子创立,子曰"周监於二代,郁郁乎文哉。吾从周"。春秋末期的学者直接继承的是西周的王官文化,所以孔子认为周礼继承了夏商二代的优良传统,他以周文自任,继承古代圣贤的遗志,以实现尧舜之治为奋斗目标,"祖述尧舜,宪章文武",力图恢复周代以来遭受破坏的文化传统,恢复周礼,重视周代以来重人道、道德的传统,以重建西周的人文秩序。所以,儒学"是一种世界观,一种社会伦理体系,一种政治意识形态,一种学术传统,一种生活方式以及一种有着多种特征的文明体系"②。它注重道统,是巩固和促进古代社会完善和发展的学说。

孔子"信而好古""述而不作",以《易》《诗》《书》《礼》《乐》《春秋》作为教材培育弟子,教化世人。如《汉书·艺文志·诸子略》中记载:"儒家者流,盖出于司徒之官,助人君顺阴阳明教化者也。游文於六经之中,留意於仁义之际,祖述尧、舜,宪章文、武,宗师仲尼,以重其言,于道最为高。"孔子在与门人及同时代的哲学家辩论中,对"六经"加以诠释,赋予新的意义,使原典思想得到了系统的阐发,逐步建立起了儒学思想体系。

冯友兰认为孔子"述而不作"实际上是以述代作,孔子以六艺教人,时有新意。③ 孔子作为"六经"的转述者,将散落于民间的周代王官典籍搜集起来,教化弟子,推行平民教育,又在与门人时贤的辩论中发明新意,其目的是"托古改制",恢复西周以来被破坏的文化传统。所以,从孔子的时代开始,中国学术就开启了重诠释的传统。

纵观中国儒学的发展历程,新学说、新思想的创立,依靠的就是对经典不断的诠释。在这一过程中,"引经据典"就成为哲学家们最常用的方法,而无论这些新思想、新学说多么有创新性,或者多么有挑战性,哲学家们依然将之

---

① 《礼记·表记》。
② 郭尚兴:A History of Chinese Confucianism,上海外语教育出版社,2011,第523页。
③ 冯友兰:《中国哲学史》(上),华东师范大学出版社,2011,第43-44页。

视为经典的固有真理。①

孔子死后,儒分为八,据《礼记》记述,秦汉时期儒有十五派,都属儒学的范围。吴龙辉②指出《韩非子·显学》中所说的儒分为八,既不能代表孔子死后儒家的全貌,也不能看作是因为思想差异而自然形成的学术流派,只能是作为显学的儒家因为势力庞大,分出的最有影响力的几个流派。正如《论语·子路》中所述,"名不正,则言不顺。言不顺,则事不成"。这几个流派出现的根源,是为了争夺儒学正统的地位,发扬其学说。又如《史记》中所记载,"自孔子卒后,七十子之徒散游诸侯,大者为师傅卿相,小者友教士大夫,或隐而不见"。张立文指出,"儒分为八,但其中六派已经湮没不闻,唯独'孟子、荀卿之列,咸遵夫子之业而润色之,以学显于当世'"③。不管儒学分为几派,谁是正宗,其目的都是弘扬和发展孔子的学说。

大体来讲,早期儒学主要是经历了孟、荀、易三个阶段。

在儒学的初创阶段,孟子和荀子都对儒学的发展有着巨大贡献。孟子继承了孔子的仁学,对孔子的人道精神做出了更加具体的诠释和论述,将德政思想发展成为仁政学说,"制民恒产"与"民贵君轻"为仁政学说的核心内容。孟子言性善,他的思想基础是"不忍人之心",认为君子所性"仁义礼智根于心",从内在心性的方面发展了孔子学说。

孟子侧重仁学,荀子注重礼制。如果说孟子弘扬的是成圣思想,那荀子则是继承了外王学说,把人的主体性引致向外求胜。荀子认为治理天下应以礼为本,在礼的基础上,又提出礼法二者并行不悖,相辅相成。

内圣外王的道德论经过了孟子与荀子的发展,有了相对完整的基础,先秦儒家关注的是社会现实生活,对形而上的领域并没有深入的研究。《易传》则弥补了原始儒学在这方面的缺陷,认为宇宙的构成为天、地、人,明确了天道、地道、人道系统。《易传》形而上的思考,归根结底是为现实世界寻找哲学根据。《易传》中"自强不息""厚德载物""刚柔相济"和发扬天地"生生之德"的这些理论,得到了后儒的极大发扬。

《大学》与《中庸》为《礼记》中非常重要的两篇文章,以至于宋儒将它们与

---

① 王中江:《儒家经典诠释学的起源》,《学术月刊》2009年第41卷7月号,第35页。
② 吴龙辉:《"儒分为八"别解》,《文献》1994年第2期,第132页。
③ 张立文、李甦平:《中外儒学比较研究》,东方出版社,1998,第30页。

《论语》《孟子》合并称为"四书"。《大学》与《中庸》体现的哲学观、价值观、社会观以及伦理观是对先秦儒学的整体性总结。《大学》中的"三纲八目"是对儒学德治的总结和完善,以"格物致知"与"诚意正心"为修身的方法步骤是天与人、理与礼关系的反映,"'齐家、治国、平天下'则是将修身所获之明德名于天下,以儒学之仁爱亲体万民,通过道德表率达到全社会至善的境界"①。

《中庸》把天命、人性、中道结合,使中庸之道贯穿于自然与人类社会之间,讲以"诚"执中,是人自我修养的一种心态,又提出"致中和"把,中道从社会论提升到了宇宙论。这样中庸思想就从最初的政治品德到社会公德,到方法论,最后在《中庸》一书中上升到了宇宙论的层面,使中庸之道达到其哲学的最高形态。所以说,"中庸之道既是本体论又是方法论,中庸之道不仅成为儒家的思想原则,而且在中国思想史上成为很多哲学流派的思想方法论"②。理学体系就是建立在对《中庸》关键词句重新诠释的基础之上。《中庸》继承发展了孔孟的思想,把最高的道德标准与尽性、知天统一起来,以达到彻天人、合内外的境界。

先秦时期,儒学只是百家的一个流派,还没有上升到国家意识,汉以前的时代都是儒学的初创期。儒学是孔子以"六经"为源头,在继承夏商周的文化传统的基础上建立起来的。儒学特别注重周代以来的人道传统,儒学中人格的完成是基于性与天道的合一,所谓"仁者人也"。这种合一的达成,是基于孔子对传统的继承,即天、天命由人格神化向道德法则的转化。仁学思想成为儒学的核心价值,为各个宗派支脉所共同尊奉。通过孟子、荀子和《易传》对儒学中道德礼法以及形而上学的发展,加上《大学》和《中庸》中对先秦儒学整体上的总结,儒学的理论体系已经基本确立,基本的范畴概念与方法原则业已形成,后世儒学各家就是在此基础上不断地发展和完善儒学理论。

综上所述,儒学思想的源头,从初创期的文化资源来看,便是"六经"。"六经"中的哲学术语成为儒学构建其天道范畴和人道范畴体系的基本内容。术语是思想的精华,儒学思想体系的建立是由诸多相互关联、相互作用的儒学术语构成的。在儒学思想体系中,众多术语的内涵和作用在不同的时期不尽

---

① 张立文、李甦平:《中外儒学比较研究》,东方出版社,1998,第41页。
② 王岳川:《〈中庸〉在中国思想史上的地位》,《西南民族大学学报》(人文社科版)2007年第196期,第72页。

相同，这构成了不同的时代思潮和诠释重心，但无论怎么变换，儒学中所使用的哲学术语都来自同一个源头。

"十三经"作为儒家的核心经典，不但是儒学的基础，也是中国哲学的源头活水。从"六经"到"十三经"，儒家经典经历了一个逐渐集结、不断扩充到最后定型的过程。所以说，儒学术语具有共同的源头，这一点毋庸置疑。

张岱年①归纳总结了先秦时期哲学典籍中的主要哲学术语，简述如下。

（1）西周至春秋时代的概念范畴：天命、德、五行（《尚书·周书》）；气、阴阳、和同（《国语·周语》）；天道人道、仁、礼、不朽（《春秋左氏传》）。

（2）孔子哲学范畴：道、天道、德、仁、礼、忠、恕、孝、弟、智、勇、美、善、中庸、两端、性、习、学、思、一贯。

（3）孟子哲学范畴：仁义礼智、孝悌忠信、志、气、心、物、理、义、觉、诚、良知良能、浩然之气、良贵。

（4）《周易大传》中的哲学范畴：太极、阴阳、健顺、生、易、变化、动静、道器、形上形下、神、几、日新。

（5）荀子哲学范畴（与孔子相同的不列）：事理、法则、积、类、群、诚、神、征知。

（6）《礼记》中的主要范畴：中和、德性、诚明、慎独、明德、至善、本末、格物致知、大同、小康。

从所列术语也可以看出，孔子继承和发展了"六经"中的思想，"六经"中的哲学术语是孔子构建儒学思想体系的基本概念范畴。张立文认为，"先秦哲学思潮的核心话题是'道德之意'，诸子各家则各局己见理解、体认、阐释'六经'"②。孔子之后的儒学典籍中，无论是单一术语还是对偶术语，最早都是形成于"六经"或孔子的著作。

中国传统哲学特别是儒学是以伦理道德为中心，同时也讲本体论和认识论，中国传统哲学是本体论、认识论和道德论的统一。儒学即认为宇宙最高本体就是道德的最高准则，又强调求知方法和修养方法一致。因此，中国传统哲学可分为天道系统和人道系统：天道指的是世界的存在和它存在的形式，人道

---

① 张岱年：《张岱年全集》（卷四），河北人民出版社，2007，第458-459页。
② 张立文：《经典诠释的内在根据——论先秦诸子与六经的关系》，《四川师范大学学报》（社会科学版）2009年第36卷第1期，第29页。

指人的生命构成、人的认知过程、人的道德本质和价值观念,以及人类社会发展等问题的认知。孔子既讲人道,也讲天道,后世的儒学家也遵循着这一传统,不断地发展和完善儒学。天道和人道都是动态的系统,所以术语也是时刻在发展。

天道系统中,人们以前相信天为至上神,直到春秋时期天的地位发生动摇,哲学家认为世界是多样统一的整体,随后"五行论"成为主导,再到后来五行转变为气,出现"阴气"和"阳气"。再从"阴阳"发展到"道器",由"道器"提出"有无",再到"有无"转化为"理气","理气"成为宋明理学中宇宙论中的最高范畴,既是对以往范畴的整体性总结,也说明了儒学术语是在相互联系和相互作用的动态系统中不断发展。

人道系统中,从孔子的"天地之性,人为贵"①开始,到由心性范畴转变为仁义,到后来孟子与荀子所论述的性善、性恶,再由善恶转化为性情,后来名实与知行是对仁义与善恶的综合与提炼。儒学术语如"仁义""善恶""名实""知行"都是围绕着内圣外王这个主题,所以儒学家自然就由对人、自然、社会的认识上升到对历史活动的认识,"王霸"这一探讨历史发展规律的术语,既是对以往术语的总结,也是儒学思想发展的必然趋势。

天道系统和人道系统中的儒学术语,纵横连接又相互交错,既有区别又有统一。儒学术语丰富的内涵不但体现了儒学一脉相承的传统,也体现了儒学思想的多样性。共同的源头和一以贯之的学术传统,使儒学家的创新思想必须在经典中找到例证,才能显示其合法性。又因为儒学的诠释性发展极少出现旧词取代新词的情况,这使得人们在发展儒学思想时需要不断地扩充术语的内涵。

儒学术语丰富的内涵和广泛的暗示性使其发展具有流变性的特征,这不仅是由其自身的特性所致,也是受到了由朝代更迭造成的时代思潮与核心话题转变的影响。

---

① 《孝经》。

4.2 流变性

儒学术语意义的流变,建立在儒学的强诠释性的基础之上,流变性就是从历时的角度看待儒学术语的多义性。

儒学以"六经"为依托,注重仁义道德,随着时代的推进,"六经"逐步经典化和权威化。到汉代,儒学思想上升到了国家意识形态,各家发展必依附于儒家,需要从儒学典籍中找到例证,同时儒学呈经学化发展。从汉代开始,经典的产生基本上是通过对先秦原典的注解与诠释,除少量的其他流派的作品,主要是儒学著作。儒学经学化的蓬勃发展带来了解经方式的变革,经学形成了两大阵营,即今文经学和古文经学。大体来讲,古文经学重名物训诂,今文经学重微言大义。

无论存在多大的分歧,不可否认的是,经学家在解经的过程中,都不局限于一种解经方式,只是目的和侧重点不同。而且,从研究对象上来看,经学家都是对儒家经典的章句、训、注、笺、疏、传、记、义、解、释、述、通、论等方式发明经义。这种方式,也成为此后理论著作的主要存在形式。汉代经学虽然是官方学术,但是其诠释模式非常灵活,不仅捍卫专制制度,还吸收了阴阳方术之学。可以说汉代经学既有政治美刺,也有谶纬之学,既有文字训诂,也有义理发挥。这一时期,与先秦儒家"法先王"的理路不同,汉代经学家对天充满敬畏和依赖,同时对阴阳五行之说非常推崇,常常在解经的过程中脱离原文语境,做阴阳谶纬的诠释。这一时期,经学家除了对原始术语的直承,新的术语主要有:元气、太虚、三纲五常、质。[①]

由于党锢之祸带来的改朝换代,魏晋时期一群拙于政事的士大夫,沿袭汉代非官方的异质学术传统,妄图从道家的超现实哲学中探寻儒学的发展。魏晋玄学的兴起,是对经学的批判继承,就其特征而言,属于儒道兼综。这一时期何晏、王弼的"贵无论",裴頠的"崇有论",郭象的"独化论",都显示了与经学家不同的思维方式,既不同于今文经学的"微言大义",也不同于古文经学的"名物训诂",而是对经典"义理"的发挥。魏晋玄学的特点是探寻抽象原

[①] 张岱年:《张岱年全集》(卷四),河北人民出版社,2007,第460页。

理,是一种形而上的理论。"言意之辨"成为当时最著名的论题,这是先秦"言以足志,文以足言"的诠释方法与"道不可言""言不尽意"的诠释方法的延续,也是道儒两家对语言和思想辩论的延续。魏晋玄学虽然不完全是对典籍本义的诠释,但是玄学家会通圆融地发展了文本的本义,深刻发掘了典籍中的应有之义。在论战中,玄学家多采用辨明析理的方法,即讨论概念范畴内涵,分析理论思想体系,通过对"物""名""理""有""无"等儒学术语的探讨,使儒学经典的哲学意义有了极大的凸显。玄学对儒学的批判,表明了儒学要深入发展就必须打破障蔽,积极吸收其他学说中有用的成分。玄学家最大的贡献在于,他们开启了经典诠释的新方法,开创了传统哲学发展的新范式,创造性地诠释了经典,启发了后世的儒学家。魏晋玄学的主要范畴有:有无、本末、体用、自然、理、性、命、言意。①

宋明理学作为义理之学或性理之学,是不同于先秦原典儒学和汉唐经学儒学的新的儒学思想形态。先秦儒学侧重于伦理讨论,缺乏形而上的思考。汉儒援引战国以来流行的阴阳五行和天人感应学说来发展儒学理论,造成了西汉后期充满神秘主义的学术氛围。谶纬之学"把哲学与宗教、科学与迷信杂糅在一起,既有精致深刻的理性,又有卑劣粗俗的伪造,光怪陆离,无奇不有"②。但是这种解经方式,"在思维方式上,却是一种虚妄荒诞的神学比附,带有明显的主观随意性,形成神学目的论学说"③。由于玄学和佛学的兴起,儒学的独尊地位受到了威胁,宋儒以复兴儒学为己任,通过对名教的论述来反对佛道理论。在此过程中,宋儒吸收玄学和佛学中的某些成就,进行提炼,使之与儒学融会贯通。通过改造,儒学形而上的思辨性得到了很大提高。宋明理学家是站在儒学的立场上批判继承了佛道的某些思想,为己所用,在新的时代思潮和历史背景下,创造性地诠释了儒学经典,开创了不同于原始儒学的新的儒学范式。"如果说魏晋玄学讲的本体论是以老庄思想为骨架,那么宋明理学确为儒家学说建立了客观唯心主义体系(朱熹)、主观唯心主义(王守仁)和较高水平的唯物主义体系(王夫之)。"④这一时期的术语大多都是继承前人:

---

① 张岱年:《张岱年全集》(卷四),河北人民出版社,2007,第460页。
② 吴雁南:《中国经学史》,福建人民出版社,2001,第95页。
③ 张立文、李甦平:《中外儒学比较研究》,东方出版社,1998,第60页。
④ 汤一介:《论中国传统哲学范畴体系的诸问题》,《中国社会科学》1981年第5期,第169页。

(1) 周敦颐哲学范畴：无极、太极、阴阳、五行、中正、人极、诚、神、几、刚善、柔善。

(2) 张载哲学范畴：太和、太虚、气、性、神、道、理、两、一、有、象、心、能、诚、明。

(3) 程朱学派的范畴：命、性、心、情、才、志、意、仁义礼智信、忠信、忠恕、一、贯、诚、敬、恭、道、理、德、太极、皇极、中和、中庸、礼乐、经权、义利、鬼神、理气（太极、天地、阴阳、五行）、鬼神（生死）、性理（性命、心、道、理、德、仁义礼智信、诚、忠信、忠恕、恭敬）。

(4) 陆王学派范畴：心、理、本心、良知、知行、义利、理欲。

这一时期，一些著名的理学家都建立了自己的术语体系。从所列术语可以看出，无论是理学派、心学派还是气学派，都是以天人关系为结构，天是最高存在，而人是核心，继承了儒学一贯的天人合一传统。

清初儒学是对宋明理学的反动，清初儒学家认为宋明理学中混有佛老的见解，想要探求真正的孔孟之道，需要遵循汉儒的做法，所以清初儒学家一反宋明理学学风，大兴名物考据之风。到清代中叶，西方势力入侵，以耶稣会传教士为代表，随后中国逐渐感受到西方势力在军事、经济、政治上的压力。面临来自各方的压力，有志之士掀起了一场救亡图存的运动，这场运动的中心就是立教与改制。当时经学并未解体，儒学家的一切见解都是从经学中找到根据，而讲求"微言大义"的今文经学最符合需要。于是今文经学大行其道，儒学家纷纷借经学之手"托古改制"。这一时期古文经学与今文经学共同繁荣，大放异彩，中国迎来了经学最辉煌的时代，"自此中国哲学开始了以辩证的批判与创造性的诠释并重的发展历程"①。

孔子继承了西周的人道传统，以"六经"作为教材培育弟子，教化世人，创立儒学，以仁学思想作为儒学的核心价值，为后世儒学各家所共同尊奉。从孔子开始，儒学学者就以周文自任，后儒更是明确勾勒出了尧、舜、禹、文、武、周公、孔、孟相传的道统。汉代以降，儒学独尊，此后儒学的发展基本上是通过对先秦原典的注解与诠释。由此可见，儒学的发展非常看重一贯的传统，儒学也

---

① 颜炳罡：《诠释·批判·重建——兼论中西哲学发展方式之差异》，《中国哲学史》2004年第1期，第41页。

成为古代文化中最能一以贯之的理论。在其发展的历程上,儒学曾呈现出不同的形式,也存在着不尽相同的解经方法,但是"引经据典"成为儒学家著书立说时一致的立论形式。儒学家对经典诠释方式的开拓和创新,都被他们视为对经典固有真理的还原和重现,并且他们接受意义上"引经据典",这就是对儒学超验性和真理性的承认。由此可见,一方面儒学家都遵循同样的儒学传统,另一方面他们又从不同的切入点和侧面去重新挖掘经典的固有真理,从而使理论向前发展。

理论的传承,是在后儒对以往思想理论充分借鉴和吸收的基础上进行的,而理论的进步,不仅包含了对前人成果的继承,也包含了当代学者的创新。儒学中的原始术语被后世不同哲学家和流派不断改造和翻新,作为其本人或者其学派思想体系中的原始概念。下面以"仁"的发展为例:

"仁",本义是指两人的关系,是建立在亲情之上的,相对于非亲的关系而存在,指代对亲人履行义务。其在殷周以及春秋时期的含义是,人内在的道德修养或境界,是众德中的一个德目,如"予仁若考能,多才多艺,能事鬼神"[1];又如"不背本,仁也"[2];后引申为处理国家和社会集团间的普遍政治道德、社会伦理原则,如"为仁者,爱亲之谓仁。为国者,利国之谓仁"[3]。

孔子继承了三代典籍中对"仁"的理解,遂有与樊迟的对话:"樊迟问仁,子曰'爱人'。"[4]这是孔子继承了"爱人能仁"[5]的思想,并结合当时的时代思潮所给出的答案。孔子虽把"仁"归为众德中的一个条目,但更多的时候"仁"在《论语》中是作为高于诸德统摄诸德的全德出现,如"夫仁者,己欲而立人。己欲达而达人。能近取譬,可谓仁之方也已"[6]。"仁"便成了人生最高道德原则和人生理想。孟子与荀子继承了孔子对"仁"的认识,孟子讲"仁义",行"仁政",如"王。何必曰利。亦有仁义而已矣"[7]。荀子讲礼仪,行法制,用礼仪和法制规定"仁义",如"彼仁者爱人,爱人,故恶人之害之也。义者循理,循理,

---

[1] 《尚书·金縢》。
[2] 《左传·成公九年》。
[3] 《国语·晋语一》。
[4] 《论语·颜渊》。
[5] 《国语·周语下》。
[6] 《论语·雍也》。
[7] 《孟子·梁惠王上》。

故恶人之乱之也"①。孟子与荀子从不同的出发点着手,是对孔子"仁"的继承,也是结合时代思潮的向前发展。

汉代董仲舒结合法、墨、道、阴阳家等思想,发展儒学,第一次从"人我"和主客体关系出发解释"仁",如"仁之法在爱人,不在爱我……人不被其爱,虽厚自爱,不予为仁"②。董仲舒对"仁"的诠释带有普适性,纠正了自爱为仁的偏见,提倡在社会人际交往中实践,淡化了宗法亲亲的色彩。其对"仁"范围的限制具有时代的现实针对性,目的是为统治者行仁政提供思想指导。

汉末社会动荡,经学已经不适用魏晋时期各国统治者的需要,道家清静无为,与民休息的思想符合了社会的发展,以道家学位为归旨的玄学成为主流思想。这时期佛老思想兴起,"仁"的思想已经被无为本的玄学观取代,"仁义""道德""明教"是末,"自然""无为"是本,这就是玄学家所述的崇本息末。隋唐时期韩愈和柳宗元以儒家文化传承者自任,重建儒学的仁义道德规范,认为"仁"是天下共同的规范,如"博爱之谓仁,行而宜之之谓义"③,是对孔孟之道的复归。韩愈又把仁义道德与行政礼乐相结合,如"是故道莫大乎仁义,教莫正乎礼乐刑政。施之于天下,万物得其宜"④,"仁"是具有普适性的原则,而礼乐行政是"仁"在治国中的具体表现,韩愈的诠释,不仅符合时代精神,也为君王统治提供了合理性依据。

在宋明时期,学术领域儒学一统天下,但在其发展中儒学融合了佛老思想,探求经典中"性"与"理"的内涵。理学系统由理气、心性、知行、天人四个部分组成,整个体系由天开始,过渡到人,经过知行的联结,最终到达天人合一。这不是简单的从原点到终点的过程,而是先秦以降,经历各朝各代关于人与天、主体与客体的论题充分展开,仁学经过延传和分化,最终回到人为核心的统一。以宇宙论和本体论解释仁,是宋明理学的特点。所以,在宋明理学中,仁被认为是宇宙本体论中的最高范畴,既是宇宙万物的最高本体和本原,又是绝对的道德理性或道德本体。

进入清朝以后,考据之学大兴,中国哲学的发展方式由创造性诠释又回到

---

① 《荀子·议兵》。
② 《春秋繁露》。
③ 《韩昌黎集·原道》。
④ 《韩愈集》(卷二十)。

还原性诠释,对仁的理解又回到了最初的以仁为治国之本,从而维护纲常名教、伦理道德。清代仁学是在"东学西渐"的背景下产生和发展起来的,儒家学者总结历代治乱兴亡的教训,"提出了具有民主启蒙意识的王道政治理想,从而形成了一股强调从'外王事功'层面落实儒家政治理想的人文主义思潮"①。

从"仁"的发展脉络可以看出,虽然后世儒学家对原始术语进行了不同的改造,但是他们对这些术语的理解和解释仍然继承了术语的本义,区别只在于各家各派对原始术语诠释的侧重点上。由此可见,儒学术语的同源性和流变性是儒学术语发展中的两个突出特征,两者并不冲突,流变性以同源性为前提。

儒学体系一脉相承的思想传统,造就了儒学体系结构上的继承性和有序性,后世儒家正是在继承的基础上,通过对术语的创新性诠释发展自己的学说。儒学体系,正是通过在继承的基础上不断创新,才获得逐步完善。所以,儒学理论的创新是在对原始术语的继承和重新诠释中进行的。因此,在儒学术语的发展过程中,并没有出现许多新术语取代旧术语的现象,而是通过内涵的不断丰富代替整体数量的增加。

4.3 多相性

随着儒学思想系统化和理论化进程的不断完善,儒学术语的发展不但表现在意义的多元化,也表现在哲学功能的多层次性。同一个术语,不但有多种诠释,也可能包含了多个哲学功能,如伦理学的术语也可能有本体论属性。因此,所谓多相性,就是指术语哲学功能的多层次性。

在儒学的发展历程上,由于朝代更迭造成的时代思潮与核心话题的转变,使儒学术语具有流变性特征,即同一术语在不同历史时期、不同思想流派、不同哲学家有着不同的诠释。从流变性特征中可以看出,儒学术语从发生、发展到成熟都有一个演变过程。有些术语一经提出,就被哲学家广泛接受,奉为其思想体系的根本范畴,随后被门人后学不断地深化、发展。也有一些术语在先

---

① 吴光:《从道德仁学到民主仁学》,《社会科学战线》2014年第10期,第4页。

秦时已经产生，但是由于时代思潮和整体学术水平的局限性，这些术语在当时并没有被深入地研究，而且在相当长的一段时间里，仅是继承了先秦时期的思想理论，并无新的创建。直到某一朝代，由于政治和文化上的需要，术语的内涵符合当世的时代思潮，从而重新焕发活力，在儒学家的诠释中具有了更深的哲学内涵。

创新性诠释的不断出现，不但丰富了术语的内涵，而且由于各学派之间观点和倾向的不同，术语的理论形态也得到了极大的扩展，表现出功能的多层次性。思想理论的历史发展在一定意义上都遵循逻辑的必然性，无论哪种发展路径，都是一个循序渐进、由浅入深的过程。因此，术语的发展也是一个由简单到复杂、由普通到特殊的过程。所以，术语的多相性不仅是内涵意义的多元化，而且是功能的多层次性。

下面就以"理"的发展脉络为例，对儒学术语的这种特性展开论述。

"理"的概念起源于先秦时代。"理"本义是玉石的纹理，后引申为治理，如"理，治玉也"①，又如"止基乃理，爰众爰有"②。在春秋之前，理还不具有哲学含义，除了治理，其在《左传》和《国语》中还指官名，在这里就不一一赘述了。

战国时期，"理"在儒学中具有判断是非的道德意义，与"礼""义"并举。孟子讲道德心性，把理作为人人都认可的道德规范，如"心之所同然者何也？谓理也，义也。圣人先得我心之所同然耳。故理义之悦我心，犹刍豢之悦我口"③。孟子认为，理不是外在的礼节形式，而是心性的一种表现。孟子的理是抽象的先验道德观念，而在荀子那里，理的外在表现为礼与义，如"礼也者，理之不可易者也"④。不仅如此，荀子还认为理是万事万物的客观规律，如"疏观万物而知其情，参稽治乱而通其度，经纬天地而材官万物，制割大理，而宇宙里矣"⑤。荀子对"理"的诠释已经具有了认识论的倾向，在这一点上，他比孟子的认识更加深入。

---

① 《说文》。
② 《诗经·公刘》。
③ 《孟子·告子上》。
④ 《荀子·乐论》。
⑤ 《荀子·解蔽》。

由此可见，在先秦儒家中，理不但是抽象的先验道德观念，而且包含其外在的表现形式——"礼"与"义"。它超出了春秋时期定名的范围，具有了哲学含义。虽然有事物规律的含义，但是并没有给出明确的概念，而且这时的理也绝不是本体论上的万物本原和本体，所以这时期的理还仅限于道德伦理范畴。

秦汉时期，理为天地之理，日月交替，四季循环，万物生长都遵循周而复始的规律。"理"又为"理义"，是人在社会生活中应当遵守的原则，是社会的伦理道德，也是判断人修养善恶的标准。贾谊把"理"分为"德理"和"理势"。"德理"就是理的道德属性，如"德有六理。何谓六理？道、德、性、神、明、命，此六者德之理也"①，"理"是"德"的属性，也是"德"的内容。"理势"表示社会发展的必然规律，如"高者难攀，卑者易陵，理势然也"②。贾谊对理的诠释，体现了政治的要求和历史的趋势。

董仲舒是儒家集大成者，综合了天地之理、人伦之理和社会政治发展之理，提出了"中和之理"。"中和之理"，既是对儒家仁学思想的继承和发展，又是对道家天理和法家法理的吸收改造。这一时期在先秦的理论基础上继续深化发展，儒家吸收改造了道家和法家对理的诠释，这种兼收并蓄的发展方法促进了儒学术语的繁荣，使其理论思维的发展上升到了新的高度。

魏晋时期，王弼认为理为事物的客观规律，人只有掌握规律才能做事不违于中。"中"是儒家的另一个重要概念，指处世之道，包括理论规范、节操品行。理既与伦理道德联系，同时又贯穿事物的规律和内在必然性，所以这时的理高于一般伦理道德。王弼论"理"，又与"道""情""名""义"并举，认为它们之间存在一定的联系。何晏以无为本，追求事物的必然性，认为"理"为"常理""理性"，从功夫论的角度诠释了理的内涵。这一时期的理，继承了先秦关于道德准则、条理、规律等的内涵，吸收了道家无的思想，虽然还没有成为最高原则，但是已经具有事物规律，理性的内涵为隋唐时期的发展打下了基础。儒学家在诠释理的同时，还将其与"道""情""名""义"等术语并举，体现了术语间内涵的相互联系，也丰富了理的内涵和理论形态。

隋唐时期是儒释道三家相互碰撞、相互融合的时期，儒学家如韩愈为了恢

---

① 《贾谊集·六求》。
② 《贾谊集·阶级》。

复儒学的正统地位,从治国方略出发,认为理多为治理之意。孔颖达、王通和柳宗元言理,既有治理之意,也有本体之意。孔颖达认为理既是万物规律,也是事物的本性,如"此则赞明圣人能行天地易简之化,则天下万事之理,并得其宜矣"①。理是柳宗元的学说本原,如果离开理,就无法通晓圣人之言。他将"理"与"道""事""势"并举,从功夫论与境界说的角度诠释理与其他术语的内涵与关系。刘禹锡把"理"分为"天理"与"人理",但总的来说指必然规律,把自然规律的作用和人的能动性限定在一定的范围内。

隋唐时期,儒家理的发展以恢复期正统地位为首要目的,理为治国道理,是对先秦理思想的一种复归。另一方面,儒学家又综合事物之理、人理、心理等概念,为以天理为最高的宋明理学提供了理论前提。儒学对佛老思想的吸收借鉴,显示了儒家文化的主动性、开放性以及儒学术语的多元内涵。佛、道两家以儒释佛、以儒释道的格义方法,也促进儒、释、道三家术语的相互融合与借鉴。

两宋时期,融合儒、释、道思想的理学兴起,儒学发展到了更高的阶段。在对理的诠释上,理学家们剔除了先秦时期理的具体内容,把理从事物中抽象出来,使之成为理学的最高范畴。理学家通过对宇宙本体和万物本源的讨论,不仅使儒学的思辨性和理性大大提升,也革新了儒学诠释学,儒学从此走上了义理诠释的理路。

张载首次把"理气"作为对偶术语提出,他认为气是宇宙的本体,理是气聚散变化的规律,物质的不断运动是阴阳二气相互作用的结果,如"今盈天地之间者皆物也……穷理则其间细微甚有分别"②。"二程"则持理本气化的观点,认为在气的运动中生成万物,但又认为理是万物本体,开启了理本气末理论的先河。"二程"讲"所谓理,性是也"③,认为理是性的内容,理包含仁义礼智信。"二程"同时又把性与气结合,言性必须兼及气,否则就是只顾事物的普遍性而忽视了差异性。"二程"提出性即理,就是把道德伦理本体话,把理气从伦理学的范畴转向本体论。这种把哲学本体论与儒学伦理学相统一的理

---

① 《周易正义·系辞上卷七》。
② 《张子语录下》。
③ 《二程遗书·卷二十二上》。

论模式,解决了儒学伦理以哲学本体作为其依据的问题。①

理气问题的提出,标志着"理"与"气"由单一术语的分别诠释,转向了作为对偶术语的辩证论述,"理"与"气"也在历经了伦理道德与古朴自然论框架内的讨论后,上升到了宇宙论和本体论,理论中的思辨性和理性得到极大的提升。在理气的诠释上,南宋的理学家大多都认为气是构成万物的原始材料,但在宇宙本体的问题上出现了分歧,于是形成了气本论、理本轮、心本论和性本论哲学的分野。

在此之后,通过不同学派和思想家的诠释,作为最高范畴的"理"或是统一于最高范畴的"理",以"理气""心理""性理""道理"等对偶术语的出现,在伦理学、本体论、宇宙论三个诠释向度中展开,极大地丰富和深化了理学哲学内涵与理论层次。术语的多相性发展,反映了各家研究的不同进路和各自思想的特点。

朱熹对"理"的诠释是对"二程"的继承与发展,如"天固是理,然苍苍者亦是天,在上面有主宰者亦是天,各随他所说"②。他认为:"宇宙之间,一理而已,天得之而为天,地得之而为地,而凡生于天地之间者,又各得之以为性。"③所以理既是宇宙本体,又是事物规律,本体上的理是对规律的抽象与概括。朱熹不仅拓展了"理"的内涵,还与"气""心""性""太极"并举,兼谈"天理"与"人欲",这些术语所代表的思想共同构成了朱熹的理论体系。朱熹从"理"与其他术语的关系出发,多方位考察"理"的内涵,使理本体论哲学与伦理学相结合,不仅丰富了术语的内涵,同时也扩展了其思想体系的理论形态,思维水平大大提高。

陆九渊的"理"也有多重内涵,他提出了"心即理"的命题,如"人皆有是心,心皆具是理,心即理也"④,认为理是宇宙本体,心是理的表现形式。心既是认识主体,又是宇宙本体,理是主观精神实体。陆九渊的理既是宇宙本原,又是自然规律,还是社会道德伦理。

两宋时期"理"的发展,已经走上了伦理学与本体论、宇宙论结合的道路,

---

① 张立文:《中国哲学范畴精粹丛书——理》,中国人民大学出版社,1991,第135页。
② 《朱子语类》卷七十九。
③ 《朱熹文集》卷七十。
④ 《与李宰》(二)。

是儒学吸收各家所长的结果。儒学家对"理"的诠释深刻揭示了宋明理学强调主体性和客观实在性并重的特点。

元代以理学为国学,儒家重归正统,程朱理学成为主流,这时期对理的诠释基本上是宋明的延续。许衡,认为理既是事物发展变化的规律,又是社会伦理道德和政治原则,即"其所以然与所当然,此说个理字"①,并且人内心的良知良能也是理。他也兼谈理与其他术语的联系,如"道""气""性"。吴澄理认为理既是万物本体,又是事物规律,他的学说具有调和心学和道学的意味,对程朱理学和陆九渊心学都有吸收借鉴。

明代对"理"的诠释主要有两种,即以气言理与以心言理。儒学家对"气"的诠释,既有对宋代气论的继承,认为气是构成万物的物质材料,又有发展,觉察到了宋代气论的不足,表现出了反思的倾向。理学家不仅继承了"理本气末"的思想,还提出了"理气不相离"的观点,弥补了两宋时期理超然独立的独断论思想。

陈献章接受了陆九渊"心即理"的思想,继续发展本体的"理"与主体的"心"相结合的学说。湛若水认为,"道德仁义,一理而已。以其事理之常行则谓之道,以其得诸心则谓之德,以其全体好生则谓之仁,以事得其宜则谓之义"②,天理无内外之分,理是心的本体,又不离物而存在,仁义道德是理的最基本内涵。王守仁继续发扬陆九渊"心即理"的思想,认为良知就是天理,即"吾心之良知,即所谓天理也"③,天理就是社会伦理和典章制度。他认为心与理同为本体范畴,同时他还兼论"理"与"道""太极""性""气"等术语的关系。

王廷相继承了张载"太虚即气"的思想,认为"气"是万物的本源和宇宙本体,"气"为最高范畴,"气"之上再无其他独立的精神本体,而"理"生于"气","理"是气运动变化的规律,即"气,物之原也;理,气之具也"④。王廷相"理生于气"的思想成为连接张载与王夫之理气范畴的中介,为王夫之"以气释理"的思想开辟了道路。

明清之际,儒学家在总结归纳前人理论成果的基础上,提出了一系列新的

---

① 《鲁斋遗书·语录上》。
② 《圣学格物通·立教兴化中》。
③ 《传习录》卷中。
④ 《慎言·道体》。

解读,儒学家经常理气并举,理气范畴在此时期得到了极大的发展。

刘宗周是集气本论、理本论与心本论哲学三家之大成者。他接受了张载以来的气本论的立场,认为气为物质本源,即"盈天地一气而已"①;又吸收朱熹理本论的思想,认为理对气有制约作用,但是他不同意程朱理学中"理生气"的观点,认为气是唯一存在。所以,气是本体,理是规律,理是气的属性,从属于气,即"既有是理,则此理尊而无上,遂足为气之主宰,若其所从出者,非理能生气也"②。

刘宗周又以理气说人性,这就从本体论哲学过渡到了伦理学的范畴。他认为气生万物,气是人性的基础,又是人性的内容,即"一气流行,分阴分阳,运为四气,性体乃朕"③,不仅以气说性,理也是性的一部分。与张载的人性学说不同,刘宗周认为人性的本质内容是义理之性,不应将人性分为两个层次。"人生而有气质之性,故义理载焉"④,说明气质之性与义理之性有统一性,是理与气在人性论上的诠释。

黄宗羲师承刘宗周,在理气论的创新上并无突破,依然是综合概括心本论、气本论和理本论的观点,其理论显得十分庞杂。

王夫之秉承气本论的传统,认为"理在气中",理是万物运动变化的客观规律,又接受程朱理学"性即理"的思想,认为理就是仁义礼智信等道德原则,即"凡言理者有二:一则天地万物已然之条理,一则健顺五常,天以命人而人受为性之至理"⑤。王夫之不但从本体论和宇宙论的角度诠释理气,而且从传统伦理学角度诠释理气,使理气的内涵、性质、功能都得到了深化。

戴震把"理"分为"分理""定理""情理",分别表示事物的特殊性、事物运动变化的规律以及人的喜、怒、哀、乐、爱、恶、欲这些感情。戴震否定了以"二程"和朱熹为代表的理本论思想,认为理就是事物本身的属性,不是超越客观物质的主观精神实体。综上所述,理与气在儒学发展历程中经历了自我否定与扬弃,又汲取了各个时代的精华,内涵得到了扩大与深化。按照其发展脉

---

① 《刘子全书·学言》。
② 《刘子全书·学言》。
③ 《刘子全书·独箴》。
④ 《刘子全书·证学杂解》。
⑤ 《读四书大全说》卷五。

络,理的发展经历了四个发展阶段。

在最初产生哲学含义的时候,"理"是事物的规律,万事万物都相互联系,这种联系构成了一定的条理和次序,这便是一种规律性。孟子与荀子都认为理是事物的条理,但限于当时的哲学水平,并没有给出明确的规定。直到两宋时期,"理"为"实理",客观事物与自然现象是"理"的表现,"理"不但在事物和现象中呈现,而且是万物固有的规律。这便是物理,是天地万物规律的理,制约着事物运动、发展和变化的整个过程,既是现象又是规律。

后来,理又是道德伦理观念、原则与规范。孟子讲心性,"礼""义"并举,"礼义"即仁义礼智的恻隐、谦让、是非、羞恶之心。理既包括了人内在的道德意识,也包括道德意识的外在表现,即礼义节文。荀子认为"礼"与"义"是"理"的外在表现形式。宋明理学家对道德理义的扩张有两个方面,一方面是从"理"的道德主体扩展到客体,思考万事万物之理,认为"理"是事物的本体和本原,与物理不同,这是作为规律的理脱离了客观事物,成为宇宙间唯一的客观精神,是非物理。这就又回到了"理"为事物规律的诠释,但是这种诠释并不是对传统思维简单的复归,而是从道德伦理学出发,进而上升到了本体论和宇宙论哲学。另一方面是从"理"的主体道德性出发,认为性即理,是人所拥有的全部道德品质,即仁义之性。理学家由对"理"的诠释,继而讲到了心性,这种本体论与伦理学相统一的诠释方法,使儒学伦理以哲学本体为根据,是对主体道德意识的深层扩展。

所以,"理"还是主体意识。心学家在对待"心"与"理"关系的时候,分为两派。陆九渊和陈献章认为,"心即理","心"与"理"合二为一,把理性本体的"理"与感性本体的"心"相结合。王守仁认为"理"是"心"固有的良知本体,是心的一种功能,也是心与理一的思想。另一派以朱熹为代表,他认为"心"为宇宙本原,"理"是客观的精神,而非主观精神的"心"。他虽提出"心与理一",但是反对把"心"当作宇宙本原,因为"理"是无形的精神实体,只能靠"心"才能把握,所以才谈离心无理。"心"只是一个认识主体和思维器官,是认识论和伦理学的范畴。在宋明儒学的发展中,"心"既可以是认识主体,又可以是宇宙本体,取决于儒学家对宇宙本原认识的不同。"理"作为物理就是规律,作为非物理就是客观精神。所以在儒学中,主观精神与客观精神、主体意识与客体意识之间,是从多个角度思考的,它们之间的界限并不是特别明显。理本论中，"心"也具有本体论范畴的内涵。心本论中，也承认"理"是世界的本原。理学家与心学家最明显的区别就在于，当强调主体与客体分离时，本体变成客观精神；当强调主体与客体合一是，本体就变成了主观精神。

当理脱离主体"心"，以形而上者出现时，"理"就是宇宙的本体或本原和伦理道德的最高原则，也是自然万物与社会现象的根据或基础；既是超越具体事物的形而上，又是事物现象背后的本体，存在于具体事物当中，并通过他们表现出来。此前理在儒学中已经具有了条理、规律、伦理道德等内涵，但只是停留在伦理学和认识论的层面上。理学家经过对佛道思想的吸收，建立了天理论的哲学逻辑结构，"理"终于成为理学的最高范畴，把道德伦理统一于本体论之中，具有划时代意义。理学各家在随后的发展中常将"理"与"气""心""性"等儒学术语并举，而且各派对它们之间的关系有不同诠释，这体现了理学各派思想的特点和术语的多义性。

由此可见，术语发展的进程，既在时间上遵循历史的顺序，也遵循术语本身的逻辑顺序。历史顺序是指术语内涵提出的前后顺序，其历史发展有其逻辑必然性，术语的逻辑发展都是一个范畴化和多相化的过程。"理"作为儒学术语，在先秦至宋的发展进程中，经历了"治理""条理""名理"，"实理"，虽不是本体上的术语，也不是最高范畴，但是潜在的具有主客观意识、条例、规律和事物必然性的内涵。最终在宋明理学中，不但继续发展了其道德属性，而且具有本体论和宇宙论思想，成为理学中的最高范畴。这一过程中，不断有新学派、新思想和新的诠释方式加入，使得理的内涵在不断扩大的同时呈现出多哲学视角的思考。

这也说明，儒学术语的流变性促进了其多相性的发展，使儒学术语不仅呈现出概念意义的多元，而且呈现出功能的多次面。例如在"二程"的哲学中，"理"与"心""性""命""道"并举，它们的内涵相当。在"二程"对"理"的诠释中，"理"和其他术语联系起来，体现出了术语的共性和个性，更加丰富和深化了内涵。同时，"心""性""命""道"还体现出了儒学"天人性命"的论题，在这一论题下的术语诠释，既有本体论，又有宇宙论，还有认识论和伦理学的认知，使理在功能上呈现多层次面的特性。朱熹继承发展了"二程"的理论，又吸收改造了张载的气论，认为气从属于理，以理气关系作为自己哲学的主体框架。在宇宙论的角度上，"理"是朱熹哲学的最高范畴，是宇宙本体、万物存在的根据,是超越时间和空间的实体,涵盖天、地、人。在本体论的角度上,他认为理无形,是形而上的精神性实体。"理"又是"仁""义""礼""智"的总名,理学的宇宙本体论最终都会回到儒学伦理学的讨论上来。所以,王守仁继承和发展了陆九渊"心即理"的命题,认为"心之良知便是天理",又说天理的内容是礼义道德,认为心是宇宙本体。然而"心之本体,天理也"①,这就表明了心与理为一,心既是认识主体,又是宇宙本体,作为本体理的内化、规律的主观化,理便是心,心就是理。从这个意义上,理也是本体的意义。所以,王守仁的"理"也是兼顾了伦理学和本体论的双重内涵,并且在王守仁对"理"的诠释中,他常常将"理"与"性""心""道"并举,为了将"理"完全精神道德化,试图通过对主体自身的认识而扩展到对整个世界的认识。

所以,儒学术语的多相性就体现在此:术语内涵不是一成不变的,同一个术语可以表示道德规范与原则,可以表示事物的现象与规律,可以表示主客观意识和精神,也可以表示一般的物质概念,还可以表示为统摄所有概念的最高范畴。然而,术语的多相性不仅代表了术语意义的丰富,也体现在术语功能的多层次上。一个术语,可以是伦理学层面,可以是认识论层面,可以是本体论层面,也可以是宇宙论层面。多相性不仅包括多义性,也涵盖了术语的可入性、弥漫性、包容性和渗透性特征。因此,儒学术语往往内涵丰富,涵盖面广阔,既可以从客观出发,扩展为客观意识的外化,也可以由主体意识的固有功能延伸到统摄全局的最高范畴。不仅如此,在儒学术语发展过程中,还有不同的哲学流派、哲学思想与诠释方法参与其中,所以这一过程并不是孤立的和不变的,而是在相互联系与影响下发展。

中国哲学基本问题可以概括为宇宙论、本体论、功夫论和境界论。② 宇宙论是关于宇宙自然界的生成、发生、发展等问题。本体论是讲世界本原、第一性或第一存在等问题。功夫论就是从宇宙论和本体论的知识出发,进行身心修行等问题。"境界论就是依据宇宙论、本体论和功夫论而得出的完美人格的理论系统。"③儒学的进步也正是围绕着这几个问题展开,儒学中道德伦理学的内容既包括功夫论与境界论,还和本体论与宇宙论相联系,所以一个术语同

---

① 《传习录》卷上。
② 杜保瑞:《中国哲学的基本哲学问题与概念范畴》,《文史哲》2009 年第 4 期,第 56 页。
③ 同上。

时具有这几个方面的内涵在儒学中屡见不鲜。

由于代表这些思想的儒学术语本身形式相对稳定,而且在其发展的进程中聚集了越来越多的理论家,所以使术语的理论形态逐渐多元。儒学思想理论是随着时代更迭和整体哲学水平的进步而不断变化发展的,把发展的儒学思想纳入术语的固有框架,必然使术语的内涵逐渐增加,再加上术语理论形态的扩展,术语的多义性和多层次性也就不言自明。纵观儒学术语的发展,其内涵不断增加的同时,并不排斥原来的理论形态,术语中本体论、宇宙论和道德论理学内涵的体现,并不是以更替的形式出现,而是同时并存,所以儒学术语内部往往是多种内涵和多重层次的复合。这也同时表明,术语中的流变性特征与多相性特征并不矛盾,实际上是相辅相成的关系。儒学术语内部,不但表现为哲学的形态强渗透性和弥漫性,并且在儒家各流派相互借鉴的同时还吸收改造了佛老思想,充分体现了术语的包容性。

从理的发展演变可以看出,儒学术语意义的发展是开放性的,这表现为从单个含义到多重内涵的扩展,从最初只具有伦理学的意义,发展到后来产生了本体论和宇宙论的思想。从南宋开始,理与气并举,由单个术语发展成为对偶术语,产生新的内涵。这种现象在儒学术语的发展进程中不乏其例,如"体用""心物""气质"和"形神"等。几乎所有理学家在诠释理的内涵时,还讨论"理"与"道""心""性""天"的关系。这种发展形式,一方面体现了术语内部发展的不断深化与细化,不但显示出单个术语内涵的特殊性,又显示出各术语之间的联系;另一方面又体现了儒学思想的整体性和结构的有序性:儒学遵循一以贯之的学术传统,引经据典是其最为常用的诠释方法,儒学家在阐述自己思想时要从以往的经典中找到例证,儒学中许多思想都是理论形态内的不断量化,在渐进式的发展过程中,对原有思想的补苴罅漏在有质的突破之前,要经过许多学者的不断研究探索。

思想不断发展深化,术语的内涵也会相应地扩充,这是一个新旧思想发生关联的过程,在这个过程中新旧思想既有联系也有区别,既延续了整个理论体系的传承,又不失理论的创新。然而理论的创新会伴随着理论思想的相互渗透,会使某些理论在发展的过程中出现不同程度的重合,因而使代表这些思想的术语在内涵上出现了局部的相似。这种相互渗透的发展方式,使许多单一术语发展为不同的对偶术语,如"理气""心理""性理"等。对偶术语的出现不但丰富了术语的外部特征和内部概念,也使原本的单一术语具有了新的理论形态,如伦理学向本体论的转向。

术语的这种发展方式既体现了儒学的传承,保证了思想的整体性和延续性,又体现出思想的进步,即新思想的出现使儒学呈多元发展,各个流派在遵循传统的基础上又不断地向前发展,使术语内涵的发展经历了从单一到丰富、从简单到完备的过程。由此可见,思想的整体性决定了结构的有序性,而结构的有序性反过来促进了儒学整体思想的发展深化,术语的同源性和流变性是多相性的基础,而多相性又是同源性和流变性发展的应有之义。

儒学术语间既相互联系又有区别,既相互渗透又相对独立,术语所代表的不同思想共同构成了儒学的思想体系,儒学术语的同源性、流变性和多相性相互影响、相互促进。儒学思想体系结构的有序性和思想的整体性互为因果,一以贯之的儒学传统与多元化的儒学发展并行不悖。

4.4 融贯性

所谓融贯性是指,在儒学术语的诠释过程中,由于对术语所代表的范畴没有明确的边界划分,造成了相邻术语间语义的部分重合与内涵的贯通。科学术语所代表的范畴,常是经过逻辑定义明确其边界,而哲学术语由于经验感知的特性,使得认知范畴没有明确的边界,并且术语丰富的内涵造成了术语意义与功能的多层次,从而也致使相邻术语范畴在这些层次的重叠。

共同的思想源头和一以贯之的学术传统,使许多儒学术语一经产生便有相对固定的形式,又因在其漫长的发展过程中不断汇聚各家思想,使其具有了丰富的内涵和多元的理论形态。思想的汇聚不仅使同一个术语包含了不同的理论思想,也使术语间形成了普遍的联系。术语间的不断吸收和改造,加上普遍联系基础上内涵的部分重合,使许多单一术语发展成为对偶术语。对偶术语不但是形式上的丰富,也同时具有新的内涵和理论形态。由此可见,儒学术语不仅是内涵上的各家思想融会贯通,也是不同理论形态间的相互诠释、相互印证,儒学术语的发展是一个形式、内涵和理论形态共同进步的过程。所以,儒学术语的同源性、流变性和多相性统一于融贯性。

儒学术语的融贯性是由儒学的特点决定的。儒学是建立在农耕文化基础上的学说,这不同于建立在游牧文化和商业文化上的文明体系。农业较为依赖外部的自然因素,而这些因素人力又无法改变,所以在古代中国,人们对待自然的态度为忍耐和顺应,相信冥冥之中的天意。又因为农耕可以自给自足,无事外求,因此,农耕文化是静止的和保守的,而在此文化基础上产生的儒学,强调人与自然的和谐相处,提倡"顺"与"和",在人与人、人与自然,以及人与社会的问题上都是追求和平。反观游牧文化和商业文化,因为自身不能自足,需要向外寻求发展,所以文化本身有极强的对外征服欲望。由于需要对外扩张,此两种文化对待外部环境抱有敌意,对待自然的态度也是天人对立,哲学心理上也是"内"与"外"对立。

西方哲学家在向外探索客体和对内探索主体时,主客体是分离的,甚至具有对立的倾向,宇宙本体论和道德伦理学是两个各不相依的独立领域。① 反观中国古代儒学,本体论和宇宙论的萌芽出现在隋唐时期,之前的儒学多只是对社会伦理的讨论,但是已经出现了认识论的倾向,如孟子对"理"的诠释。宋代理学兴起,儒家各派开始阐述对世界本原、宇宙自然以及事物规律诸问题的看法。伦理学的讨论,开始从本体论和宇宙论中寻找依据,而儒学各派对世界本原和宇宙自然的诠释,最终是为了证明道德伦理在自然、社会和个人发展中的重要性。

西方哲学,从苏格拉底时代开始,直到近代,即使如黑格尔那样,在研究自然本体时涉及社会伦理,本体论与伦理学依然是各自独立的体系。但是中国哲学,是以整体论的观念来看待世界,主张用直觉的方式从整体上体悟事物,认为把事物一旦分解就不成为其自身了。②

如果把对社会伦理道德的研究划分为人道范畴,那么对世界本原和宇宙自然的认识就属于天道范畴。在儒学中,天道和人道是相辅相成共同发展的关系,如"君子有三畏:畏天命、畏大人、畏圣人言"③。孔子把天命与人事放在一起讨论,天命对人事有影响作用,孔子所讲的天,既是社会规律,也是自然规律。冯友兰④称之为"主宰之天"。孟子继承了孔子的思想,认为天是世界的

---

① 张立文:《中国哲学范畴发展史》(天道篇),中国人民大学出版社,1988,第26页。
② 姚大志:《天人合一:斯宾诺莎与儒学》,《吉林大学社会科学学报》1993年第1期,第83-84页。
③ 《论语·季氏》。
④ 冯友兰:《中国哲学史》(上),华东大学出版社,2011,第27页。

主宰,有自己的意志,"顺天者昌,逆天者亡"①,天是一种必然性,对国家政治和道德伦理都有制约作用。天是道德的本原,天道与人道的本质都是仁,如"夫仁,天之尊爵也,人之安宅也"②,这就把天与人性贯通,使伦理学具有本体论的意味。又如"尽其心者知其性也,知其性则知天矣"③,心、性与天是贯通的,孟子对"天"的诠释,对宋明理学有很大影响。在荀子的思想中,天为自然之天,他认为天和人各司其职,天化育万物,人治理社会自然。这样他就把天和人的职能综合起来,既不降低天的客观自然性,也不损害人的主观能动性。

汉代董仲舒的天人感应说认为,天是至上神,把天拟人化,"以类合之,天人一也"。王充反对这种学说,认为天应为"自然之天"和"天地之天"。在王充的思想中,天为体,气为用,天和地是自然实体,人和万物都是合气而成。隋唐时期,柳宗元认为天人不相预,天无意志,反对董仲舒的天人感应说。他认为天地之间只有理、数、势,反对宿命论,人们把无法名状、不可捉摸的必然性当作天的支配,是一种主观主义。这时期的儒学还没有涉及宇宙本原和第一性物质的问题,柳宗元只说天地万物统一于气,强调天的有形性,从客观实际出发,万物都规律,也就是势、数、理,人可以认识规律,也就说明了天的"可测度性"。他把天与势、数、理结合起来,论天道,也兼论人道。

刘禹锡认为天人交相胜,发展深化了荀子的思想,天人各司其职,不能互相代替。天人交相胜的观点,相对于天人相分的相互区别,与天人合一的相互结合,是分与合建立在唯物论上的辩证统一。刘禹锡对天人做出了唯物主义的界定,如"天,有形只大者也;人,动物之尤者也"④,天指的是自然之天,天人关系就是自然与人的关系。

宋明理学中,儒学家对天的认识已经摆脱了某种物质特性或结构,纷纷从客观物性中抽象出来,与他们各自思想体系中的最高范畴联系起来。张载认为天为太虚,又因太虚即气,解决了自王充、柳宗元以来无法统一的天与气的联系。但是在张载的思想体系中,天为"主宰之天"。"二程"认为张载把形下的气与形上的太虚等同起来,混淆了术语的哲学形态。"二程"提出"天为

---

① 《孟子·离娄上》。
② 《孟子·公孙丑上》。
③ 《孟子·尽心上》。
④ 《天论》。

理",理也可以称为天理,天理既是宇宙本原,又是社会伦理。天理的提出,把自然界客观规律与道德义理统一起来,是伦理学与宇宙本体论在哲学形态上的统一,既保留了各自内涵的特殊性,又体现了天道与人道辩证统一的关系,而不是简单的等同。朱熹提出了"人不胜天"的观点,天在朱熹的思想体系中代表的是命运之天,是不可捉摸的必然,有宿命论的内涵。王守仁主张尽心、知性、知天,把心、性、天三者融合起来。

清代实学兴起,王夫之继承了荀子、王充、柳宗元等人的无神论,否定天的意志,天为自然之天和自然规律,既是客观事物又是客观规律,把唯物论和辩证法结合起来。他还强调了人的主观能动性,认为人可以利用客观规律改造自然。

可见,儒学家无论持有何种关于天人的理论,以及他们之间对天人关系的理解有何种不同,他们都把天、社会人伦、自然规律、世界本原和第一性物质融合在了一起,形成了统一的逻辑结构。从天人合一的观点来看,孟子不仅承认主宰之天,并且以心释天,从天的道德属性出发,认为天的德性内含于人的心性之中。孟子这一观点影响了宋明儒学,无论是理学家还是心学家,他们一方面讲主宰之天,认为天是宇宙本原或是把天与宇宙本原统一起来;另一方面,他们还讲道德之天,力图把道德伦理与宇宙本原统一起来,把人类社会中的道德准则与宇宙的普遍规律统一起来,形成永恒的道德,为道理伦理提供本体论的依据,试图把主宰之天、道德之天和人性结合起来,体现了儒学术语中伦理学与本体论的贯通。

儒学中这种天道、人道、伦理道德与宇宙本原相辅相成的关系,取决于儒学家对于儒学思想体系的整体思考。

从内容上来看,儒学家秉承一以贯之的学术传统,历史上并没有出现革命性的变革,总是在不打破原有理论体系的基础上对以往的学说批判继承,发展出新的学说。如前所述,术语形式相对恒定,思想的不断进步促使术语内涵不断丰富。因此,儒学中的基础性术语是儒学家在发展其思想时不可回避的话题,所以在纷繁复杂的哲学流派和理论思想中,同一个术语往往具有不同角度的诠释。不仅如此,对单个术语的诠释,是在儒学家整体思想体系中进行的,这也势必会涉及体系中的其他术语,所以在诠释的过程中加入对其他术语的讨论,目的是试图通过术语间内涵的部分重合,多角度地诠释此术语。

在此前的论述中,作者列举了儒学家以心释理、以天释理、以道释理的例子,而且在对理的诠释中,儒学家也尝试从不同哲学形式研究,如从理论学、本体论和宇宙论的角度出发,而且它们之间也互相诠释,特别是理学中的伦理学诠释,往往以本体论和宇宙论为理论依据,许多本体论和宇宙论的诠释最终会回到伦理学中内圣外王的境界说和功夫论上来。天人合一的思想在此过程中不断深化,以"天"为"自然之天""主宰之天","道德之天""命运之天"以及"义理之天"的多种诠释与对"人""性""心""理"的诠释融会贯通,形成"天理""天心""天性"和"天人"等对偶术语和在此基础上的各种新思想,儒学术语不仅在形式和内涵上得到了丰富和深化,并且在哲学思想上和谐并存。

这一方面体现在儒学动态系统中各术语间的必然联系,另一方面体现了儒学思想的整体性,即通过对某一术语的诠释来表达一种理论思想,又借助思想的整体性,从全局出发诠释此术语在其思想体系中的内涵,及其与各部分(术语)间的联系。这不仅丰富了思想体系中各个部分(术语)的内涵,也深化了整体思想体系。正如施莱尔马赫所认为的那样,"部分必须置于整体之中才能被理解,而对部分的理解又加深对整体的理解,部分与整体在理解中互为前提,相互促进,形成了理解的循环运动"①。术语间的融会贯通形成了儒学的整体思想体系,各个术语只有置身于思想体系中才能被理解,术语的发展深化又相应地改变了儒学整体。在儒学发展的历史上,术语和整体思想体系融而为一,部分是整体的部分,整体是部分的整体,术语的发展不是作为思想体系的一部分在量上的扩张,而是在与整体的关联中丰富了自身的内涵,各个术语的内涵不尽相同,它们以独特而又部分重合的内涵改变着儒学思想体系。儒学诠释的循环是一个生产性循环,其目的是从经典中发掘出新的意义,不断深化丰富思想理论,从而扩展理论框架。

如前所述,儒学的四个核心问题可以概括为宇宙论、本体论、功夫论和境界论。这是把西方哲学的话语体系套用在中国传统哲学上,属于格义的一种,中国佛学史上的以儒释佛、以道释佛就是这种方式。用中国哲学的话语表达,就是人道与天道。西方哲学中的宇宙论和本体论,就是儒学中研究天道的部分。西方哲学中的人生论,相当于儒学中的人道。然而,西方哲学中的方法

---

① 潘德荣:《西方诠释学史》,北京大学出版社,2013,第 256 页。

论,指的是追求知识的方法,而这种哲学"在中国思想史之子学时代,尚讨论及之;宋明而后,无研究者"①,中国义理学中的方法论,关注的是修养求善的方法,包含了功夫论和境界论两方面的内容。所以,"中国古代哲学中的宇宙哲学与道德哲学,或者说,本体论与伦理学密切结合,认识方法与修养方法密切结合,所以许多范畴既有本体论意义,又有伦理学意义,两个意义可以分而分布不开"②。

《周易·说卦传》中所述:"昔者圣人之作《易》也,将以顺性命之理。是以立天之道曰阴与阳,立地之道曰柔与刚,立人之道曰仁与义。"这之中把世间万物分为天、地、人三才。天与地,实际上是指天道范畴,是客体范畴,讨论世界本原以及存在形式;人之道就是人道范畴,属于主体范畴,讨论人的生命构成、人的认识过程、道德伦理、价值观念。天道、人道、天人关系和理想境界共同构成了儒学的全部内容。"天道是被人格伦理化了的自然,人道是被自然而然化了的人事伦理"③,天人合一就是天道与人道的融会贯通,人可与天地参,人道不断外在化,天道不断内在化。天道与人道各司其职,相互不可替代。同时,它们相互协调,天人合一即体现了本体论和道德论的统一,即宇宙最高本体既是道德最高原则或宇宙本原,又体现了认识论和境界学的统一,即求知方法与修养方法一致。

儒学术语以道德伦理为中心,同时兼具本体论和认识论的内涵。通过本章的论述可以看出,一方面,儒学术语具有共同的源头,遵循一以贯之的学术传统:术语的形成都是以经典诠释为起点,在随后的发展进程中,后继的儒学家对先哲的理论成果进行吸收和改造,既有在原有思想基础上的不断深化,又有结合时代思潮的理论创新;另一方面,儒学术语的发展是一个内涵和功能由单一到复杂、由普通到特殊的过程;许多儒学术语,既有本体论、宇宙论意义,又有伦理学意义;既有认识论意义,又有境界学意义。术语的多元内涵,既体现了纷繁复杂的哲学流派和理论思想的独特性,又体现了个性之中的共性,即同一术语在不同流派的诠释中,内涵有部分重合的现象。

综上所述,儒学术语的发展是一个共性与个性并重、对立与统一共存,各

---

① 冯友兰:《中国哲学史》(上),华东师范大学出版社,2001,第5页。
② 张岱年:《略论中国哲学范畴的演变》,《求索》1984年第1期,第60页。
③ 张立文,《中国哲学范畴发展史》(天道篇),中国人民大学出版社,1988,第28页。

种学派思想交互交织、融会贯通的过程。对术语意义的认识,不但要考察其发展脉络,也要探究其多重内涵和功能。忽视术语的多元特征,只从某一个内涵或视角出发,是无法从整体上把握和认识儒学术语的意义的。

4.5 小结

"六经"是中国哲学的源头,"六经"的形成是一个长久的过程,并非成于一人或一家之后,"六经"反映了周代到春秋战国文化生活的各个方面。孔子对"六经"的整理和编订,并非简单的文献整理。孔子用"六经"作为教材培育弟子,教化世人,目的是恢复周礼,以实现尧舜之治为奋斗目标。所以孔子对"六经"搜集和整理的过程,就是儒学的建立过程。儒家的主要经典,均形成于先秦时期,之后的儒家各派,无论其诠释方法和思想的差异,无不以尧舜之世、三代之治为其思想目标,追求圣贤气象。汉代以降,儒学成为学术正统,与政治紧密结合,儒学以经学的形式发展。儒学的发展不仅有很强的政治意味,而且带有明显的时代特征。孔子之后的儒学各家,其思想无不建立在对先哲思想借鉴和吸收的基础之上,又结合了自身所处的时代特征和学术背景。儒学中的原始术语也因此增添了新的含义。

随着儒学对经典诠释的不断革新,进而产生了不同流派和义理。这些不同流派和义理,不仅使儒学术语的内涵不断丰富,也使得儒学术语的哲学功能不断丰富。不同的流派和义理,使儒学术语不仅在内涵上,也从其哲学功能上,实现了从单一到丰富、从简单到完备。汉语在语言表达上的模糊性和暗示性,使得术语的意义相互联结,也促进了术语间的吸收和改造。

因此,儒学术语的发展不仅仅是不同诠释形态间的相互借鉴,也是各家思想的融会贯通。儒学术语的发展是一个形式、内涵及其意义和理论形态共同进步的过程。

对中西方诠释理论的评述,以及对儒学术语历史特征的研究,目的在于在术语意义认知的阶段,建立起儒学的文化主体性,即对意义的认知要紧扣儒学的思想、观念、意识流变发展的内在规律。只有厘清了儒学与西方哲学间的共性与个性,才能制定出相应的英译原则,只有这样才能在英译的过程中做到有据可循。

第5章
儒学术语英译原则

翻译活动使两个语言世界的差异暴露无遗,当文本使用的是读者自己的语言时,文本世界和读者理解的世界之间的冲突可能不会引起注意,但是当文本是外来语时,文本世界和读者世界两种视角的矛盾就凸显出来。翻译就是把异质的、陌生的或是不可理解的东西带入读者的世界中,翻译成为两种语言的意义交换中介,也成为诠释的另一种形式。

语言自身包含着一种覆盖了世界的诠释,而翻译使我们充分地意识到了这一点。语言通过诠释的方式塑造了我们的世界观,翻译不是一种机械的过程,而是承载了两个世界交流的活动。

由此观之,翻译最重要的工作是对文本世界的理解,但是安乐哲指出:"中国哲学术语的现行译法往往没有充分尊重既存西方世界观和常识同早期中国文化发生时的生活与思考方式之间的差异。"[1]许多西方译者,由于没有深入了解中国传统哲学特有的价值观念、思维方式、认知结构和社会心理,在翻译的过程中往往没有考虑到中国哲学术语的特殊性。当他们翻译时,已经无形中给文本加上了西方式的假设,中国传统思想被归化或被西方思想直接替代,中国哲学中特有的文化术语,被译成了便于西方人理解的基督教文化术语。中国哲学被置于西方哲学的范畴和框架内讨论,其后果是让西方读者认为中国哲学只是西方哲学的附属,中国古代文化只能是西方现代文化的"他者"镜像。

这种翻译,体现的不是中国的传统文化,而是西方文化在跨文化的交流中

---

[1] 安乐哲:《我的哲学之路》,《东方论坛》2006年第6期,第16页。

的自我认同。周宁①认为,西方的"中国形象"作为一种知识与想象体系,真正的意义不是认识或再现中国的现实,而是对西方文化自我认同的隐喻性表达,它将概念、思想深化或者幻想融合在一起,构成西方文化自身投射的"他者"空间。

理论前提的变化,决定概念术语翻译策略的选择。② 在翻译的过程中,中国被美化或者丑化,一方面,这是由于译者没有摆脱其先入为主的西方思想体系和对原文本的历史、文化背景的忽视;另一方面,译文的想象性和随意性体现了译者对原文的认识,这种认识包括译者对原语文化理性的与情感的、客观的与主观的、个人的与社会的认识。

由此可见,以往翻译中的错误,不仅是译者对忽略文化差异性的后果,同时也反映了译者对含义客观性认识的不足。20世纪以来,语义自律论和作者无涉论开始在文学、哲学等人文领域流行起来。以伽达默尔为代表的主观诠释学派认为,思想转化为文字时,已经与作者无关,诠释依赖于读者所处境遇与文本结合,而这种结合是一个始终运动着的过程,所以理解是一个不断发展的过程。赫施则认为,主观诠释学这种观点是混淆了含义(meaning)与意义(significance)的区别。他认为,含义是固定不变的,文本含义就是作者在创作时的意图,含义是对作者创作意图的还原性诠释;意义是对文本含义的"反应",是对文本含义的创新性诠释,意义是变动不居的。作者在重读自己作品的时候,会产生不同的"反应",而且这种"反应"也会随着时间的推移而发生变化。

主客观诠释学的分歧就在于对诠释目的的定位,主观诠释学的目的在于开启文本的创新性诠释,而客观诠释学则在于捍卫作者,还原文本的客观含义。主观诠释的错误就在于,它揭示了理解的历史性,但是否定了文本的含义和作者的意图,这就导致了文本诠释失去了共同的价值判断,使文本的诠释活动处于一种混乱的状态。主观诠释极力发扬诠释的主体间性,导致了诠释的随意性。

针对翻译中无视文化差异性和含义客观性的现象,郭尚兴教授认为哲学

---

① 周宁:《跨文化形象学:当下中国文化自觉的三组问题》,《厦门大学学报》(哲学社会科学版)2008年第5期,第5页。
② 同上。

典籍外译应根据自身的特征和功能,从译文文本的基本目的与性质出发进行翻译。① 在此基础上,他提出了典籍英译的本原性和自主性原则,本书予以引用和延伸。

5.1 本原性

"西方哲学在某种程度上就是试图根据理性,把中国人排斥在历史之外,否定他们具有的历史身份。"②在哲学的发展历史上,中国哲学经历了为自己正名的过程,哲学家如冯友兰、金岳霖、张岱年等都发表了自己对中国哲学的看法,以区分与西方哲学的不同。冯友兰认为③,中国哲学无形式上的系统,却有实质的系统,哲学理论散见于各种典籍中,中国古代文人并不像西方贤哲,把理论总结归纳集结成册。张岱年也说,"中国哲学书,向来没形式上的条理系统"④,只是"中国哲学实本有其内在的条理,不过不细心探求便不能发现之而已"⑤。金岳霖则是从逻辑和认识论的传统上、对待自然的态度上、与政治生活的联系以及生存基础上,区别了中西哲学的不同,并且指出了外国学者对中国哲学的歪曲。⑥

由此可见,中西哲学的不同,主要集中在话语体系、关注的重点以及言说方式的不同。然而从新文化运动开始,认知中国哲学的方法却是以西释中。胡适从实用主义的角度出发,完成了《中国哲学史大纲》的写作。冯友兰的《中国哲学史》则是站在了新实在论的角度。牟宗三用唯心主义和唯物主义来解读中国哲学。张岱年用过中国哲学术语解说中国古典哲学,完成了《中国哲学大纲》,但其背后有逻辑实证论和辩证法的思维框架。⑦ 这种研究方式,是以西方哲学概念、框架、思路为理论基础和研究方法,在中国哲学中找到与西方哲学类似的内容,以相互印证的方式做出合乎西方哲学学科范式的诠释。

---

① 郭尚兴:《试论中国哲学典籍的英译原则》,《外文研究》2013 年第 1 卷第 3 期,第 77 页。
② 史景迁:《文化类同与文化利用》,廖世奇、彭小樵译,北京大学出版社,1990,第 45 页。
③ 冯友兰:《中国哲学史》(上),华东师范大学出版社,2011,第 8 页。
④ 张岱年:《中国哲学大纲》,中国社会科学出版社,1994,第 4 页。
⑤ 同上书,第 5 页。
⑥ 金岳霖:《金岳霖集》,中国社会科学出版社,2000,第 38-49 页。
⑦ 刘笑敢:《"反向格义"与中国哲学研究的困境》,《思想史研究》2006 年第 2 期,第 78 页。

通过这种方法,中国哲学在新时期被赋予了许多现代意义。另一方面,由于中西哲学在思维方式、发展方式以及概念术语内涵外延的巨大差异,这种研究方式也遮蔽了中国哲学的本来面目。

如今中国哲学已经成为一门独立的学科,现阶段的研究重点,除了准确深刻地理解中国哲学,还应破除以西方的概念范畴和哲学体系谈论中国哲学的流弊,以清晰的哲学意识与诠释框架来呈现中国哲学的本来面貌。质言之,哲学研究面临着"说什么"与"怎么说"这两个问题,而哲学翻译中"译什么"与"怎么译"也成为相应的问题。

本着维护民族文化身份、还原中国哲学的本来面貌、建构文化多元化和促进文化传播和交流的目的,郭尚兴教授提出了典籍英译的本原性和自主性原则,这是从文本的层面上提出的一种宏观原则。作为典籍的英译原则,它们对术语英译也有着普遍的指导意义。在此基础上,作者总结出了适用于术语翻译的微观层面要求,具体来说就是指:

译者在诠释儒学术语时,按照儒学术语中有关原义、今义和他义的划分,将诠释的术语和作者的思想以及所处学派和体系的主张置于文本所在语境中,还原术语在"历史上的"含义或意义,从内容、功能、性质等方面反映出术语在儒学系统中的意义与地位,使术语中包含的思想、观念、命题体现出其独特性及其与其他文化的差异性。

儒学术语的研究,是以术语的定位和诠释为出发点,术语的定位和诠释不仅是对儒学思想的深层解读,也是构建儒学思想体系的理论基础。在有关中国哲学的著作中,无论作者是把哲学分成若干大类,还是按照时间顺序进行论述,相当一部分作者都是以术语诠释作为切入点来解读中国哲学,这说明对术语的讨论能够代表对哲学问题的认识,对术语的定位和诠释,也代表了作者所处学派和哲学体系的主张。张立文认为,特定的术语代表了思想家本人、本家、本学派和本体系的基本概念,而哲学中的众多术语按照历史顺序和逻辑次序,共同构成了中国哲学体系。① 因此,术语研究的目的,就是研究哲学家的思想体系甚至整个哲学体系的核心问题,这是以术语为研究哲学基本问题的研究方法。

---

① 张立文:《中国哲学范畴发展史》(天道篇),中国人民大学出版社,1988,第1-3页。

不仅如此，在中国哲学发展史上，每个建立了思想体系的哲学家，每个有影响的学派或每个历史时期都侧重使用特定的术语，这些术语群体现了哲学家和学派的思想特性。但较为普遍的现象是，术语的内涵发生变化，而术语的形式依然保留。这些已有术语虽然继承和保留了自身原有的含义，但是新意义是思想家和学派在原义基础上的重新诠释：他们对术语的原义进行翻新和改造，从不同方面和侧重点进行诠释，从而产生了新的意义。在研究宋明理学时，研究者会根据观点和诠释角度不同，把这一时期的哲学家分为心学派、理学派、气学派和性学派等等。由此观之，不同的术语体现了不同思想家、学派以及学派内不同分支的特性，所以说术语研究还可以作为哲学基本立场的研究方法。

因此，中西哲学在研究方式、形成依据以及侧重点等诸多方面都有明显的差异，术语翻译的本原性就是在此基础上，又综合了儒学术语的发展特性而提出的。

5.1.1 知识依托的本原性

首先，从源头来看，儒学和西方哲学所依据的知识依托不同。西方哲学注重与自然科学的结合。在西方哲学产生之初，哲学就是指导一切学科的基础，虽然后来的发展使科学逐渐脱离了哲学，成为一门独立的理论体系，但是科学对哲学具有重要作用和广泛影响。这表现为，哲学把科学作为哲学研究的典范或模型，希望按照科学模式建构哲学体系或规范。[1] 这样，各门具体学科的知识成为哲学的知识依据。这些学科的内容、形式以及方法决定和影响着哲学的思想内涵与知识形态。这也"直接促成了哲学的理性特征，正是在这种意义上，哲学家们也把'哲学'称作或理解为一种科学"[2]。所以，只要在科学领域中的知识内容、思想观念与学术范式发生重大变革，均会引起哲学观念、体系与方法的变化发展。

与西方哲学的发展方式不同，儒学从汉代成为官方哲学以后，一直是以经学的方式发展，并在此后的历史中被统治阶级不断地发展。经学具有了宰制

---

[1] 江怡：《略论西方哲学的主要传统》，《云南大学学报》(社会科学版)2007年第6期，第6页。
[2] 同上。

万态、牢笼百家的作用,一切关于政治统治、社会准则、做人规则、教育内容以及知识获得的疑问,都可以从经学中找到权威的答案。① 经学在中国哲学中有至高无上的神圣性和权威性,它的内容涉及价值信仰、典章制度、社会规范、意识形态,成为古代文化的文献依据和知识基础。从经学中衍生出的考据之学、义理之学和经济之学,内容涵盖了西方知识门类中的众多人文和科学学科。

考据之学就是古代研究语言文字的学问,称为"小学"或者"训诂",自汉代创建以来,一直依附于经学。周光庆教授认为,考据之学的起源是植根于"中华先民生活反思的原初性解释活动"②和"中华先民历史反思的原初性解释活动"③。这是因为中华先民在发展的过程中,开始对自己的行为模式、周围环境的影响以及个人境遇和国家的历史等具体问题做出了回顾性的思考,并由此产生了中华民族特有的世界观、价值观和人生观。因此考据之学的建立与发展,不但显示了人们对经典著作的尊崇,也显示了对民族心理、社会心理、价值观念、思维方式、认知结构的传承与发展。

考据之学是在经学研究的背景下产生的,两者的发展一直是相互依存的关系,即使是讲求义理的宋学,也离不开训诂学的成果。朱熹作为宋学的集大成者,在对儒家经典的诠释中,名物训诂与义理探究并重,即通过对字词的训诂入手,进而达到对义理的掌握。

义理之学就是一门关于诠释经典、阐发经典大义的学问。儒家思想作为统治阶级的思想,它衍生出的学问一直都带有宗法政治的内涵,所以义理之学就是以政治伦理为学术思考的核心。尽管每个时代的义理之学都有各自不同的思想内容、价值观念和学术语特色,如"先秦诸子论道辩名,两汉诸儒宗经正纬,魏晋名士谈玄辨理,隋唐高僧译经讲义,两宋文人谈禅说诗,元明才子批诗评文,清代学者探微索隐"④,但是无论在时代思潮影响下义理之学发生了何种转向,它归根结底都是一种关于注疏和解释的学问,依赖的文本是儒学经

---

① 许道勋、徐洪兴:《中国经学史》,上海人民出版社,2006,第410页。
② 周光庆:《试论中国训诂学的起源与特质》,《宝鸡文理学院学报》(社会科学版)2014年第5期,第36页。
③ 同上。
④ 周裕锴:《中国古代阐释学研究》,人民出版社,2003,第4页。

典,并且都要通过探究圣人本义为其推崇的义理寻找合法性依据。作为知识依据的儒学经典总是源源不断地为不同时代、不同内容的义理提供最终的知识准则与权威依据。

经典诠释就是要求从两方面考察经文本义,既要有名物训诂,又要探究义理脉络。笔者主张从客观诠释学的角度来认知术语,虽然周光庆教授的研究指出,考据之学的方法中有和西方诠释学重合的成分,如"解释必然具有语言性,总是语言的解释,并且蕴含着对于语言的观察与思考"[①],但是西方诠释学"是理解与解释的一般方法论体系,研究的是理解与解释的方法论与本体论及其依据,而不是任何一种具体的解释或者解释的方法"[②]。义理之学正好弥补了这方面的不足,而本原性的提出,就是本着考据和义理并重的原则,既要求三义的辩证,又要求内容、功能、性质等方面反映出术语在儒学系统中的意义与地位。

因此,作者认为针对哲学和哲学史研究而提出的分类方法,无论是传统的形上学、知识论、伦理学的三分法,还是杜保瑞教授提出的"宇宙论、本体论、工夫论、境界论"[③]四分法,都不能完全套用在微观层面上的术语翻译研究上。作者并不是要向这种研究方法提出挑战,仅是想说明术语多义性的特征使得对术语的诠释需要具体问题具体分析。

事实上,杜保瑞教授已经从问题意识的角度解释了术语的多义性特征对术语意义认知造成的困难。他认为,术语作为单字虽然形式不能改变,但是被赋予的问题意识却会改变,因此会出现同一个术语被用在不同的问题意识中,这也就造成了同一核心术语出现在不同哲学史时期的不同哲学系统中。[④] 正是因为同一术语在多个时期、多个系统的反复出现,造成了对同一术语的不同诠释。因此,杜教授对术语问题意识的讨论,也正体现了儒学术语流变性的特征。

儒学术语反映的是儒学的进程,提供的是儒学在历史上的信息,对术语的

[①] 周光庆:《试论中国训诂学的起源与特质》,《宝鸡文理学院学报》(社会科学版)2014年第5期,第36页。
[②] 尉利工:《朱子训诂与义理并重的经典诠释原则》,《哲学动态》2013年第3期,第55页。
[③] 杜保瑞:《中国哲学的基本哲学问题与概念范畴》,《文史哲》2009年第4期,第55页。
[④] 同上文,第51页。

翻译保持其历史上的信息,就是保持其思想、文化和语义的本原性,也就是保持术语的本质属性。本原性原则就是要避免在术语翻译的过程中,对术语的内涵一概而论而造成片面的理解,如只讲一种哲学问题意识在其中的体现而忽略了其他方面的内涵。因为在本原性原则的指导下,译者首先要考虑的并不是术语分属于哪种哲学基本问题,而是根据术语所处的语境,以及作者的思想、流派和体系进行综合分析,以确定术语的含义或意义。质言之,就是要求在宏观上还原术语在历史语境下的含义或意义。

儒学术语的流变性要求对术语的认知回到发生和养育它的环境,努力追寻术语在历史上的含义或意义,这同时也是本原性原则要求的回归本原,即还原术语的本质属性。否则,译文就会出现对整体思想的理解出现歪曲、歧义和失真的种种情况。徐复观对此作了层次清晰的阐述:"我们所读的古人的书,积字成句,应由各字以通一句之义;积句成章,应由各句以通一章之义;积章成书,应由各章以通一书之义。这是由局部以积累到全体的工作。"①下面以"仁"为例,说明本原性在翻译中的体现。

张岱年说:"仁是孔子所宣扬的最高道德准则"②。张立文认为中国哲学发展呈"同心圆扩大"③,仁是儒学的核心内容,如果按同心圆的说法,那么仁就是儒学同心圆的圆心,是儒学的基础。在孔子之前,仁作为人内在的道德修养或境界,是众德中的一个德目,最先出现在《尚书·金滕》④,"予仁若考能,多材多艺,能事鬼神",译文为:

a) I have loving obedient to my father; I am possessed of many abilities and arts which fit me to serve spiritual beings.⑤(理雅各)

b) I am gentle and clever, gifted in many ways, and I have the ability to serve the spirits.⑥(罗志野)

先说对原文的理解。《尚书·金滕》成书的背景为,武王病重,周公作策

---

① 徐复观:《中国思想史论集》,上海书店出版社,2004,第107页。
② 张岱年:《张岱年全集》(卷四),河北人民出版社,2007,第614页。
③ 张立文:《经典诠释的内在根据——论先秦诸子与六经的关系》,《四川师范大学学报》(社会科学版)2009年第1期,第28页。
④ 葛荣晋:《中国哲学范畴通论》,首都师范大学出版社,2001,第698页。
⑤ 理雅各英译,周秉钧今译:《尚书》,湖南人民出版社,2013,第205页。
⑥ 罗志野英译,周秉钧今译:《尚书》,湖南出版社,1997,第127页。

书向先王祷告,希望自己可以代替武王死去。祷告结束后,把策书装在金丝装束的盒子中。

按照孔安国伪《传》的注解,周公向先王祷告时自称"予","考"指父,祖为王考,曾祖为皇考,"考"和"父"通用,"若"为"顺"。① 原句可以由"予仁若考能"变成"予仁能若考",所以孔安国伪《传》曰:"我周公仁能顺父,又多才多艺,能使鬼神。"②孔颖达根据伪《传》作《疏》,对此句的释义与孔安国无异。理雅各的英译,参考的就是历史上对"予人若考"做出的最早的解释。

罗志野的英译,参考的是周秉钧的白话文译文。而周秉钧的理解,根据的是曾运乾的解释,曰"仁若,柔顺也……考,巧也……言我柔顺而巧能"③,所以翻译成白话文就是"我柔顺巧能"。值得一提的是,与周秉钧同样的疏解,在孙星衍④和吴汝纶⑤的著作中都可以见到,而他们的依据是《史记》中王念孙之说。

虽然理雅各和罗志野对"仁"的英译各不相同,但都在考据和训诂方面做了一番研究。可以看出,古人对"予人若考"的疏解各不相同,莫衷一是,所以译文的不同是由于对古人释义取舍的不同,但都符合本原性的要求,即回到了术语产生时的语境,寻找它在历史中的含义,在这个例子中可以称为术语的古义。

5.1.2 思想旨趣与身心实践的本原性

中国哲学区别于西方哲学的知识依托,也造成了中国哲学的思想旨趣与身心实践的独特性。西方哲学建立在游牧文化和商业文化的文明体系中,这两种文化本身不能自给自足,需要不断地对外扩张来寻求发展,所以文化本身对外有极强的征服欲望,也自然对外部环境抱有敌意,对待自然的态度是天人对立,哲学心理上也是"内"与"外"对立,这种自然与人分离的看法形成了西方哲学中的人类中心论。西方哲学强调人的主体性,注重求知和求真,促进了

---

① (汉)孔安国,传,(唐)孔颖达,疏:《尚书正义》,北京大学出版社,1999,第334-335页。
② 同上书,第334页。
③ 周秉钧:《尚书易解》,岳麓书社,1984,第149页。
④ (清)孙星衍:《尚书古今文注疏》,中华书局,1986,第326页。
⑤ (清)吴汝纶:《尚书故》,中西书局,2014,第155页。

科学技术的发展,但是强调人对自然的改造,并把人的主体性无限夸大,逐渐发展成人对自然的为所欲为。①

然而儒学建立在农耕文化的基础之上,这不同于建立在游牧文化和商业文化的文明体系。农业较为依赖外部的自然因素,而这些因素人力又无法改变,所以古代中国人民对待自然的态度为忍耐和顺应,认识到了人的渺小和自然的伟大,相信冥冥之中的天意。又因为农耕可以自给自足,无事外求,因此,农耕文化是静止的和保守的,而在此文化基础上产生的儒学,多看重"天人合一",提倡"顺"与"和",在人与人、人与自然,以及人与社会的问题上都是追求和平。哲学研究的动力,就是提供如今人们常说的世界观、人生观、价值观,这些观念指引人们如何过上幸福的生活,并且赋予人生以意义。这种动力和出发点,实际上比纯粹理性的"爱智慧"行为更为原始,更能激发哲学的前进。儒学是一套关于人如何参与社会、改造世界的实践知识和行为规范。儒学讲内圣外王,把内在的德行修养和治国安邦之术结合在一起;又讲天人合一,既是人们对待外部世界的态度,也是社会伦理与政治思想的结合。

儒学一直都和社会伦理、政治生活紧密结合。在先秦儒家中,孔子及其弟子所探讨的都是政治和社会生活中的伦理道德问题,唯不注重形而上的哲学问题。先秦儒家对天道的理解,也是从社会人伦的诠释中出发,对天的理解仅停留在伦理学和古朴自然观的范围之内。这在宋儒看来,先秦儒家重"用"不重"体",缺乏对"性与天道"的讨论。宋儒发展了伦理学,给许多诠释道德伦理的术语添加进了宇宙论和本体论的含义。经过宋儒的改造,许多术语仅有"体用一源"的特点与意义,使一个术语既包含形而上的抽象意义,又保留了它形而下的具体意义。因此,儒学的最终目的就是人道与天道的结合,许多伦理学术语在儒学发展的进程中逐渐具备了宇宙论和本体论的内涵和功能。儒学在汉代以后就一直是统治阶级的意识形态,因此表面上看起来由于儒学的发展,对义理的阐发越来越注重对宇宙本原和事物规律的认识,但实际上仍是突出对人的行为约束。由此可见,儒学的目的不在于对客观世界和规律的认识,而是一种实践哲学,主旨依然是德行的修养与治国安邦之术的结合。虽然儒学术语当中也有许多抽象概念,如道器、阴阳、理欲等,但对这些术语的诠释

---

① 杨寿堪:《中西哲学的基本特征和基本走向浅谈》,《哲学研究》1992年第8期,第81页。

都是旨在为身心实践的规范性、程序性提供依据。因此,儒学中表示抽象概念的术语,与西方哲学的"存在""理念""逻各斯"等最大的区别就在于,儒学术语旨在经世致用,指导人的言行,西方哲学术语旨在解释世界。这就表明了在诠释的过程中,如果按照西方哲学去理解儒学术语的内涵,肯定会有理解上的偏差。试举一例:

"夫子之道,忠、恕而已矣"(《论语·里仁》)。

a) The doctrine of our master is to be true to the principles of our nature and the benevolent exercise of them to others, this and nothing more.①(理雅各)

b) Our Master's Way is simply like this: loyalty, consideration.②(阿瑟·韦利)

c) The Way of our Master is none other than conscientiousness (chung) and altruism (shu).③(陈荣捷)

d) The way of the Master consists in doing one's best and in using oneself as a measure to gauge the likes and dislike of others. That is all.④(刘殿爵)

e) "The principle in the master's life and teaching," answered the disciple, "is comprised in two words: conscientiousness and charity."⑤(辜鸿铭)

f) The Master simply meant that loyalty and forbearance form the essence of his teachings.⑥(林戊荪)

曾子对"道"的理解是为了解释孔子所说的"参乎!吾道一以贯之"这句话,所以理雅各在翻译时就说明了他对"道"的理解。理雅各认为,"道"就是所有事情和事物(all affairs and things)或是所有的关系和生命中的责任(all the relation and duties of life)。⑦ 理雅各把孔子"一以贯之"的"道",解释为所有事情或者事物在人心和人性上的体现,把"道"翻译成为 doctrine,并且就连他自己也承认这种译法在当时没有得到任何一个中国学者的认可。这主要是

---

① 韦利、杨伯峻:《论语》,外文出版社,2010,第37页。
② Arthur Waley, *The Analects of Confucius* (London and NewYork: Routledge, 1938), p. 105.
③ Chan, W-T: *A Source Book in Chinese Philosophy* (Princeton: Princeton University Press, 1969), p. 27.
④ D. C. Lau, *Confucius: The Analects (Lun Yu)* (Hong Kong: The Chinese University Press, 2000), p. 33.
⑤ 辜鸿铭:《辜鸿铭文集》,海南出版社,1996,第370页。
⑥ 林戊荪:《〈论语〉新译》,外文出版社,2010,第73页。
⑦ James Legge, *The Chinese Classics* (Vol. 1) (Taipei: SMC Publishing Inc, 1991), p. 169.

因为，他并没有理解"道"在孔子的年代和此语境中的内涵，仁是孔子的最高道德标准，礼是仁在政治和社会生活中的体现，孔子的"道"是仁礼之道，是在政治伦理道德的意义上使用的。仁与礼代表了孔子的人道思想，而孔子的德又是人道思想在道德实践中的概括。孔子的一生都在提倡"为政以德"，向帝王进谏，需用仁义礼乐之道治理国家，教化人民，同时推行大众教育，宣讲自己的仁礼之道，他对西周时期人道的含义做了详细的论述，促进了人道意义上道范畴的形成。① 孔子重人道而罕言天道，因此在论及仁、礼、德与道的关系时，由于没有本体论的内涵，道都是以具体的行为准则和道德规范呈现在世人面前。此处的"道"贯穿着"忠恕"的精神，是具体的道德规范，是孔子的人道思想在政治和社会生活中的实践。

除了理雅各译成 doctrine，韦利、陈荣捷都把"道"译成首字母大写的 Way，而刘殿爵译成首字母小写的 way。对一个承载了深厚儒学底蕴的术语，这些译法完全忽视了"道"的儒学本原。姚小平认为，除了希腊语源的 logos，英语中与道最接近的词就是 way 了。②用 way 对译"道"是看中它与 logos 相近的内涵。Logos 最初有语言、规律和思维等含义，虽然在一些学派的诠释中也具有实践的内涵，但是"但远不及它的'纯理论的倾向'之重"③。

Logos 的内涵在发展中又不断地加入宗教的意义。在《约翰福音》的汉译中，就有"太初有道，道与上帝同在，道就是上帝……万物是藉着它造的"。道在《约翰福音》的希腊原文中就是 logos，而在德语和英文的译本中，分别译成 wort 和 word，这两个词本义都为"词语"。Logos 原本就有"语言"的含义，所以从这个意义的基础上讲，语言内在于上帝，上帝用语言创世，也靠语言显现自身，上帝的全部都体现在 logos 之中，所以上帝就是 logos。从 logos 的"道路"含义上讲，"哲学家提出 logos，是为向常人指明思想之路；而上帝手中的 logos，就是引导世人走向永恒的光明之路"④。但是儒家的道不是思辨的方法，孔子也不是神明。

---

① 张立文：《中国哲学范畴精粹丛书——道》，中国人民大学出版社，1989，第 29 页。
② 姚小平：《"道"的英译和〈圣经〉中的"道"》，《外语与翻译》1994 年第 2 期，第 12 页。
③ 徐复观：《中国思想史论集续篇》，上海书店出版社，2004，第 284 页。
④ 姚小平：《Logos 和"道"——中西古代语言哲学观同异谈》，《外语教学与研究》1992 年第 1 期，第 35 页。

Logos 旨在将西方文化导向科学理性分析的"逻各斯中心主义",而孔子之道旨在将中国文化导向实用智慧的人生指南。① 从追求意义和思想旨趣上看,儒家思想和逻各斯中心主义有根本的不同,所以"道是逻各斯"这个说法不能成立。

从另一方面来看,把"道"翻译成 way,这种译法比较模糊,既可以指具体的道路,也可以指抽象的方法,似乎把这两个意义套用在原句中都可以说得通。当 way 指具体的道路时,它也有基督教的上帝之道或救赎之道的意义,这在《圣经》中很常见,但显然孔子的道是世俗意义上的且并不具有宗教的意义。当 way 指抽象的方法时,就侧重于"纯理论的倾向",但孔子的道是具体而又实用的方法。安乐哲指出,首字母大写的 Way 使"道"具有了超验和神的换喻意味。② 所以,无论是首字母大写的 Way,还是首字母小写的 way,都具有浓厚的基督教意义。而在这种语境下,doctrine 指基督教的教义。道在儒家思想中是主客体的合一,"既具备理解主体的性质,又具备感觉经验的诸多特点"③,上述几种译法所持的依据,均来自译者对西方哲学和神学的比附,并没有对"道"在儒学的本原处一探究竟。

在历史上,传教士们把《圣经·新约》中的 Way、way、Word(s)/words、teachings、doctrine、message 翻译成"道"。之所以如此,是因为这种翻译便于中国人理解,因为对道的宣讲,不仅限于儒家,实际上中国传统文化中的诸子百家都对道有独特的见解。传教士通过用中国传统哲学术语解释西方宗教,以这种格义的方式来诠释基督教福音,目的就是提高基督教在中国的辨识度和接受度。辛红娟认为,译者们用这些词对译中国哲学中的"道",是出于对基督教的认识背景,是一种宗教性的置换和指涉。④

辜鸿铭把"道"诠释为孔子人生和教育中的原则(principle in the master's life and teaching),林戊荪教授认为"道"是孔子教育的本质(the essence of his teachings)。这两个翻译都突出了孔子教育的特点,相比林戊荪教授的翻译,

---

① 杨平:《孔子之道及其英译之法》,《语言与翻译》2015 年第 2 期,第 67 页。
② 安乐哲、罗思文:《道不远人——比较视域中的〈老子〉》,合金俐译,中国社会科学院出版社,2003,第 23 页。
③ 安乐哲、罗思文:《〈论语〉的哲学诠释》,余瑾译,中国社会科学院出版社,2003,第 23 页。
④ 辛红娟:《〈道德经〉在英语世界:文本行旅与世界想像》,上海译文出版社,2008,第 203 页。

辜鸿铭的译文显得更加全面,因为他还强调了孔子生平言行的特点。相比起对西方神学和哲学的比附,这种翻译更加具体,体现出了术语在具体语境中的含义。

由此可见,翻译儒学术语必须深悉西方文化,用以比较,但同时又必须抛开西方文化,只有这样译文才能不受干扰,才能如实地体现儒学术语的内涵和儒学思想的特点。强调儒学术语和儒学思想的固有特性,是因为对于儒学的理解,要防止在西方中心主义浪潮的影响下,用西方哲学的思想和话语体系对中国哲学术语进行格义。儒学术语的英译,不但要从本原处自我认同、自我理解,更要有哲学的自主诠释。

5.2 自主性

儒学的源头是"六经"和孔子的思想,孔子强调"述而不作,信而好古",这说明他认为自己只是如实地论述周代文化,并不是站在自己的时代赋予周文化新的意义。孔子之后的儒学家继承了他"述而不作"的传统,使儒学呈强诠释性发展。儒学家建立学说的主要方式就是引经据典,在对经典的诠释过程中融入自己的主张和思想。因此,不管后世的儒学家对经典的诠释多么具有创新性,他们依然坚持自己的学说是对经典固有真理的重现,不愿承认自己的思想有别于先哲。由此可见,尽管是一脉相承的学术传统,表面上都遵循着诠释的客观性,把自己的诠释归于原作者与文本的客观含义,但都会把自己的思想融合进对经典的诠释中。

因此,儒学在发展的过程中出现了不同的诠释进路和观点,也就有了今文与古文经学之争、汉学与宋学之争或是义理之学与考据之学之争。争论的起点在于经学范式的不同是侧重于语言文字上的解释,还是侧重对义理上的解释。在这个过程中,产生出了众多的流派和义理,这也使得同一术语在不同流派和义理之间产生了不尽相同的解释。

因此在翻译儒学术语时,不仅要看到中西哲学的异同,更应该了解儒学内部不同流派和义理的诠释差异。本原性原则强调翻译要呈现"历史中"的含义或意义。这就表明,术语的翻译不仅要体现自身与其他文化的差异性和特殊性,更要从儒学内部着眼,体现流派和义理间的差异性和特殊性。由此可

见,自主性是本原性的应有之义,也是本原性的基础。具体来说,儒学术语英译的自主性原则是指:

在认知、理解和翻译儒学术语时,需将它置身于自身所处的历史、文化、语言语境下,译文必须符合自身所处的历史源流、义理系统、哲学功能等对术语的意义认知有限制的因素,充分体现与其他义理或语篇的独特性和差异性。

5.2.1 流派与义理的自主性

由于汉语在语义上的模糊性和暗示性,经典诠释与时代背景的紧密结合,以及儒家学者对经典不尽相同的引申与发挥,从经学的角度审视,儒学在秦汉以降的发展过程中形成了相互借鉴又彼此相异的学术系统和学术流派。

从清代开始,学者们开始有意识地对经学进行分派,形成了各种不同的分类方式。许道勋和许洪业二位教授对以往的分类方式进行总结,提出了经学分的四大系统,即汉学系统、宋学系统、清学系统、晚清系统。[①] 这四大系统既是大的学派系统,其中又包含了小的学派。儒学家从不同的观点、立场和方法出发,把儒学分成若干个学派,如汉学中的今文经学与古文经学、宋学中的理学与心学。从广义上讲,每一个派别代表一种"义理"。它们的理论和观点既在总体精神和倾向上与儒学相符,相互之间又在某一侧面或多或少地有些差异或区别。

"义理"一词最早出现在先秦,如"……崇尚勇力,不顾义理。是以桀纣以灭,殷夏以衰"[②],又如"春秋高,阅天下之义理多矣,明于国家之大体"[③]。所以,这一时期"义理"的含义,还是一种价值取向。到了汉代,"义理"就有哲学内涵,是典籍中抽象的思想内容,如"其书六篇,皆忠谏其君,文章可观,义理可法"[④]。"文章"就是语言文字组成的文献,强调语言文字的字面意思,而"义理"就是"文章"的内在意义。而在宋代,义理成为义理之学,是宋代学者偏重的一种经典诠释方式,儒学转向新型义理之学,增添了许多哲学内涵。清代学者,从戴震开始,把儒学研究分成义理、考据和辞章。

---

① 许道勋、许洪业:《中国经学史》,上海人民出版社,2006,第92页。
② 《晏子春秋·谏上》。
③ 《史记·孝文本纪》。
④ 《晏子叙录》。

由此可见,区分不同流派和不同义理的核心就是看其使用怎样的诠释方法。流派和义理的自主性是指,原创性理论学派内部因思想理念或者对元典阐释意旨不同而产生的不同派别的理论,尤其是儒学的各种派别在其代表作中分别反映的理论。笔者已在前文中通过对"传统哲学术语三义""中国传统哲学诠释的两种进路"以及"儒学术语流变性和多相性"中"仁"和"理"意义流变的论述,从不同方面说明了各流派与义理之间对经文与术语意义认知的不同。在儒学的发展历程中,对经典的诠释方法与体例可大致分为五种,即口头说经与"师法""家法"、章句训诂之学、义疏之学、义理之学、考据之学。①

　　无论采取上述哪种诠释方法与体例,历史上的流派与义理物论从诠释的主要倾向和结果来看可以大体分成两类:一类是以主观诠释为主,旨在主观附会,对经典进行创造性的诠释;一类是以客观诠释为主,旨在实事求是地诠释经典的客观含义,还原作者创造时的意图。虽然具体到某个儒学家,在主观客观条件的影响下会出现两者兼而有之的情况,但是从儒学家所处的流派和其思想倾向来看,这种分类方式具有一定的合理性。

　　流派与义理的自主性,除了诠释方法意义辨析的差异,还有学术风格的不同,而学术风格有很强的时代特色。先秦时期由于社会动荡、连年战乱,儒学非常注重"名"与"实"的关系。孔子对周礼的考证,提倡无征不信,反对主观臆想。孔子的"正名"思想说明了他对名称的重视,他认为名称的混乱导致语言的混乱,语言的混乱就会导致社会秩序的混乱,所谓"乱之所生也,则言语以为阶"②。但是也有学者认为,孔子对《诗经》的诠释就属于主观的附会,目的是为其政治主张服务。③ 孟子认为,"不以文害辞,不以辞害志,以意逆志,是为得之"④。孟子一方面提倡不要断章取义,要通过上下文理解文本含义,另一方面又提出"以意逆志",以读者的心意去体会作者的创造意图。孟子"以意逆志"的义理方法对后世影响极大,陆象山的"六经注我"就是吸取了孟子的诠释思想。由此可见,还原性诠释与创造性诠释,在先秦时期就产生了萌芽,经过后世的不断发展,形成了众多的流派与义理。

---

① 许道勋、许洪业:《中国经学史》,上海人民出版社,2006,第383-399页。
② 《周易正义·系辞上》。
③ 孙钦善:《中国古文献学》,北京大学出版社,2010,第400页。
④ 《孟子·万章上》。

两汉时期儒学呈经学发展,两汉经学有今文经学与古文经学之争。今文经学多讲政治,重微言大义,以经典为依托,进行创造性的诠释。古文经学从历史的角度出发,重名物训诂,旨在诠释经典的客观含义。后来,谶纬之学兴起,学者纷纷以神学迷信附会经典,经学走到了尽头,但也同时迎来了变革。玄学出自两汉经学,但魏晋玄学以道家为主,所以魏晋玄学综合了儒、道两家的诠释方法进行综合诠释。两汉经学的诠释方法在魏晋的时代背景下,"或在'言不尽意'中被颠覆,或在'得意忘言'中被解构,或被'寄言出意'所取代,或被'辨明析理'所置换"①。

魏晋时期,佛教依傍玄学而存在,在隋唐时代摆脱了中国原有文化而自立门户,天台、华严、禅宗在思想界影响尤大。这一时期,虽然儒、释、道三家不断地相互吸收和融合,但同时由于魏晋以来的学术风气以及佛教思想的扩大化,佛、道两家的思想对儒家构成了严重挑战。从两宋开始,理学家着手复兴儒学。理学家通过对孔、孟"道统"的诠释,再结合四书意指发明经意。宋明理学深化了儒学的哲学功能,使许多术语拥有了本体论和宇宙论的内涵。宋明理学是"道德的性上学",所以它是依靠对儒家经典的创造性诠释而发展的学说。宋明理学被称为性理之学或义理之学,理学各家从不同方面诠释儒学经典,他们对经典的不同诠释使宋明理学产生出思想体系与学术观点各异的众多流派,并且即使在一个学派内部,也会因为理解不同而产生出不同的义理。

清初学者虽继承理学,但反对理学空谈心性的学风,经学研究开始回归对原典的复原性诠释,乾嘉学者致力于"以字解经",大兴考据之学。鸦片战争之后西学东渐,中国的社会性质、阶级结构以及文化心理都发生了巨大的变化,今文经学复兴。

虽然儒学遵循着一以贯之的学术传统,但是在对经典诠释的过程中,由于认识的不同,逐渐产生出了不同流派与义理。流派与义理的差异性体现在其政治背景、时代特色、思维特征、研究倾向、师承关系等方面的自主性。因此,一以贯之的学术传统并不否定儒学中诠释思想的多元化发展。从其创始人孔子来看,孙钦善就指出孔子对周礼和《诗经》的诠释就用了两种截然相反的方法。孔子死后,儒分为八,每一派都自称是儒学正统。战国后期,孟子和荀子

---

① 周裕锴:《中国古代阐释学研究》,上海人民出版社,2003,第110页。

从文本诠释到道德律法的思想,均有极大的不同。汉初儒学的独尊,并没有使其内部的发展形成统一的局面,今文经学与古文经学的斗争持续数百年之久。从南北朝直到隋唐,道教与佛教的兴起,使儒学中又融入了新的思想。儒学家为了振兴儒学,维护儒学的正统地位,开创了宋明理学的新时代,而理学内部大小派别丛生,如程朱理学、陆杨心学、事功学派等等。清代儒学家又根据对经典的不同诠释,把学问分为义理、考据和辞章。

因此,儒学内部的思想发展从来不是铁板一块,而是在统一的意识形态中保留一些争鸣的空间。所以在翻译的时候要考虑到术语背后的流派与义理的差异性,只有这样才能得出术语的客观含义。

5.2.2 文本的自主性

文本,从语言学的角度来讲就是语篇(text)。黄国文认为语篇是"一系列连续的话段或句子构成的语言整体"①。语篇可以不同的形式出现,可以是字词句,也可以是段落、文章或者一本书。"语篇无论以何种形式出现,都必须合乎语法,并且语义连贯,包括与外界在语义上和语用上(semantically and pragmatically)的连贯,也包括语篇内部在语言上的连贯"②。因此,对语篇的翻译,不仅要转换其语言符号,还要对语言符号之外的信息进行转换。这就说明在语篇翻译中,除了语言文字的转换,对语篇内涵信息的传达也非常重要。语篇的翻译就是要"最大限度地恢复原文中各种相关的关系,而不是孤立的词、句或段的意义"③。

因此,篇章翻译的实质就是语篇间的语境建构,既包括微观的语言语境,也包括宏观的历史文化语境。这种建构不仅指源语文本语境的回溯性重构,还包括文本信息在目的语文本中的构建。源语文本语境的回溯性重构,要求译者不仅要考察文本中字词句的含义,还要考察文本所处的义理系统、作者以及文本的时代背景,尽量还原作者创作时的语境,重现文本历史上的意义。文本信息在目的语文本中的构建,不仅要保持目的语文本在语义、语用上的连贯,还要体现文本信息在目的语文化中的特殊性和差异性。

---

① 黄国文:《语篇分析概要》,湖南教育出版社,1997,第7页。
② 同上。
③ 王东风:《连贯与翻译》,上海教育出版社,2009,第32页。

在中国哲学成为独立学科的起步阶段,哲学家如冯友兰和胡适,都是从西方哲学的视角类比中国哲学。这在当时是比较常见的,但研究者大多都注重哲学的共性,很少侧重于中国哲学的特色。① 冯友兰曾举例说明中国哲学"约略相当于"西方哲学的部分②,例如"天道部分"相当于"宇宙论","研究性命的部分"相当于"人生论","为学之方"相当于"方法论"。这种类比在当时西学东渐背景的衬托下,不失为一种稳妥的说法,但是今天看来,似乎是忽视了中国哲学文本发展的特殊性和自主性。所以,冯友兰也意识到了之间的差别,他指出"为学之方"讲的是修养求善的方法,而不是求知识求真的方法。这种比附的方式体现了中西方哲学异同的程度问题,但是以西方哲学作为写作中国哲学史的标准,说明在哲学学科建设的起步阶段,哲学的发展受限于当时的时代思潮和学者的主观认识。

中国哲学中的天道和人道系统是一个动态对等的系统,古代论及天人关系,既有天人合一,又有天人相分,还有"天与人相交胜,还相用"③。天道和人道的研究并不是孤立地展开,"中国古代对外在客体世界的追求与对内在主体世界的探索是相分不杂、相依不离的。中国哲人具有一体化观念,即从自然、社会、人生的整体上来观察思考"④,这种思维方式被哲学家称为"关联性思维"⑤。

西方哲学强调理性和科学方法,但并不是机械地把自然科学的方法运用到哲学的建设中,而是在研究过程中强调哲学的理性精神。西方哲学基于分析、辩证法、类推性论证,强调事物间因果关系的解释能力。中国哲学中的关联性思维,则是一种出于自然的思维,也就是人类对外界的有意味反应,它是一种随意的类推过程。⑥ 关联性思维注重事物间的联系,但是与分析法不同的是,关联性思维不强调事物间的因果联系,它只是人们对周围事物直接、具体的感觉、意识和想象。

"儒家学说可以定义为一种心灵状态,在其中,不定的直觉到的多方面的

---

① 宋志明:《论中国哲学的基本问题》,《学术与探索》2009年第3期,第6页。
② 冯友兰:《中国哲学史》(上),华东师范大学出版社,2011,第5页。
③ 《天论》。
④ 孙铭:《中国哲学范畴发展的系统总结》,《学术论坛》1990年第2期,第103页。
⑤ 安乐哲、罗思文:《和而不同:中西比较会通》,温海明译,北京大学出版社,2002,第59页,注释1。
⑥ 同上书,第61页。

概念移入思想背景了,而具体区分其相对的、人道的、短暂的'来来往往'则构成了哲学内容。"①儒学是建立在农业文明的基础之上的,这种性质的哲学,不仅为儒学的内容和性质奠定了基调,也影响着儒学方法论的发展。农业文明中的人,面对的都是实实在在的事物,他们对世界的认识就是基于对外部世界的直接反应。这种文明中产生的哲学,也是基于对事物的直接体悟,而不是基于演绎和推论。儒学家中除了荀子,其他人从来没有认真考虑过虚幻与现实、主观与客观的关系。荀子对"名"和"辞"的思考,只是在"正名"思想的影响下,为了说明语言既可以作为调节社会秩序的工具,也可以作为思想观念的载体而存在。所以类似西方的认识论哲学,在中国哲学中没有与之对应的成分。在儒学中,作为认识主体的人和被认识的客体,通常是作为一个整体看待,即"在审美连续体中认识者和被认识的是一个整体"。所以说,中国哲人有一体化思想,对主体和客体的研究相分不杂、相依不离。这同时证明了为什么儒学文本的暗示性很强。儒学虽然内容简洁,历史上从未出现过革命式的创新,但同时又很不分明,观念彼此链接。因为它只是儒学家对周围世界的领悟,并不重现任何分析推理的步骤,因此也不会衍生出与之相应的概念,所以儒学中的方法论理论并不突出。

"关联性是一种随意的类推过程,各种联系产生于人类对其周围环境发出的有意味的反应"②。同时关联性思维并不一定是一种人类中心主义的思维方式,因此儒学家常常把对一个对象的字义情景延伸到所有的现象上。如把对"宇宙"的认识放在人类的心理、生理以及社会的层面上去理解。儒学的出发点就是对事物的直接领悟,而这种直接领悟又使儒学家常常把领悟的对象关联起来,因为不是以理性为基础的思考过程,所以对象间的关联表现为随意的类推过程。也就是说,儒学家的反应不具有预见性,所有对象之间的关联都是自发自然的。由于反应的不可预见性,所以它也不具有连贯性,因此无法用西方哲学的方法去分析和论证儒学的合法性。相对于西方哲学,儒学的发展有一定的特殊性和自主性,因此,儒学家常常把两个看似毫无可能联系在一起

---

① Filmer S. C. Northrop, "The Complementary Emphases of Eastern Intuition Philosophy and Western Scientific Philosophy," in *Philosophy, East and West*, ed. C. A. Moore (Princeton: Princeton University Press, 1946), p.205.

② 安乐哲、罗思文:《和而不同:中西比较会通》,温海明译,北京大学出版社,2002,第63页。

的事物放在一起讨论,或是把自己投射到认识的客体之上,所谓"究天人之际"。从这一点上来看,也可以理解为什么儒学文本的暗示性很强。因为儒学家只是把自己眼前的世界呈现给了读者,并没有推理演绎的成分。正因为没有现象与实在的分离,所以所有的思维都是平面上的,并不存在某种超时间的维度,只是把具体的、可经历的事物联系起来考察。①

何中华教授也有同样的看法,他认为中国哲学思想最突出的特点就是,从直观规定中引申出深刻的含义,《易传》曰"观物取象,近取诸身,远取诸物",故事性叙述中隐藏了发人深省的道理。② 关联性思维关照下的文本叙述方式,同通常以象征和隐喻为主,"关联性思维首先是隐喻的,其次才是转喻的"③,如《论语》曰"瞻之在前,忽焉在后",意义的模糊性是中国哲学文本最为突出的特点,"意会背后则是中国人所分享了的全部文化历史存在(传统)"④。

从这一点出发,再来看儒学文本的诠释,各时代、各学派的儒学家会对儒学原典产生不同的反应,因而产生出不同的诠释,即使是同一时期同一学派的学者都会有不同的诠释,如"性""理""心""气"在宋明理学中的多元化诠释。后世学者在对儒学原典进行诠释时,需要把前人的诠释资料搜集起来,加工整理,最终在此基础上形成自己的诠释。因此,诠释文本的不断增多丰富了原始文本的参考资料,也增加了字义辨析和义理考据的难度。在这个过程中,前人的成果势必会对其产生影响。诠释文本已经成为原典诠释过程中的众多客体之一,后世的诠释者把这些文本当作"具体的、可经历的事物"统统联系起来考察。因此,在诠释的过程中,原典具有了自主性特征,由于原典不断地被人诠释,在关联性思维的指引下,这些衍生文本的诠释也相继被人采纳,后世学者在原典的客观含义之外,综合了各时代各学派学者的诠释,产生了独有的见解。儒学文本的自主性是建立在暗示性基础之上的,所以即使儒学本原上一脉相承,结构十分简洁,但是其强烈的暗示性使内涵意义很不分明,从而也凸显出在诠释的过程中儒学文本的自主性特征。

---

① 安乐哲、罗思文:《和而不同:中西比较会通》,温海明译,北京大学出版社,2002,第62页。
② 何中华:《"哲学"语义嬗变与"中国思想"属性(下)》,《社会科学战线》2011年第3期,第12页。
③ 安乐哲、罗思文:《和而不同:中西比较会通》,温海明译,北京大学出版社,2002,第64页。
④ 何中华:《"哲学"语义嬗变与"中国思想"属性(下)》,《社会科学战线》2011年第3期,第12页。

儒学文本的自主性并不和其含义的客观性相冲突。从历史的角度来讲，"任何历史观点都依赖于历史学家的观点，每个历史现象都能从不同的观点去查看，但我们不可能从历史学家立场的历史性推出对历史解释的客观性的彻底反对"①。同理，因为诠释活动依赖于诠释者，每个儒学文本都可以从不同的角度去诠释，但我们不能因为诠释者的角度和立场的历史性，推出对文本诠释的客观性的彻底否认。也就是说，从诠释者的时代和个人背景出发，基于诠释者观点与立场的诠释文本，其客观性是模糊的，同时又是不可否认的。因为诠释文本是主观成分和客观成分杂糅的混合体，所以对任何一个历史上的文本来说，它都是诠释者的客观精神与诠释者"历史性"相结合的产物。从另一方面来讲，如果规定某一个文本是客观性和有效性诠释的唯一代表，那么这种观点也是错误的。因为在诠释的过程中，文本的客观含义在与诠释者的"历史性"以及时代的历史性和局限性相结合时，每个时代的诠释文本都会产生些许变化，但是其客观性是毋庸置疑的。

贝蒂认为，诠释学任务永远无法完成，没有一种方法可以一劳永逸。诠释基于理解的现实性，而这种现实性是一个变量，它随着时代和个体所处境遇的变化而变化。赫施认为许多人混淆了确切诠释与正确诠释的区别，正确诠释只是无限接近于文本的客观含义，但永远做不到分毫不差的确切诠释。贝蒂也认为确切理解是不可能的，"在任何时候都依赖于理解现实性的解释的任务事实上永远不能被认为是终极的和完成了的，因为任何解释，不管最初它能怎么令人信服，都不能迫使人类认为它是确切的解释"②。由于诠释活动永远不可能被完成，所以意义也随着新的诠释者不断涌现而不断革新。但在这种不断革新的过程中，"不排除客观化了的意义内容仍保留他人创造力的客观化这一事实"③。诠释者在认知这种"意义"的时候，应该以一种客观的指导原则去还原意义中"客观化"和"他人的创造力"的成分。因此，贝蒂把意义分成了原始意义（meaning）和价值意义（significance）两个方面。顾名思义，原始意义就是文本的含义，而价值意义就是文本对于现实的意义，价值意义随着诠释者历

---

① 贝蒂：《作为精神科学一般方法论的诠释学》，洪汉鼎译，载洪汉鼎主编《理解与解释——诠释学经典文选》，东方出版社，2006，第141页。
② 同上书，第142页。
③ 同上，第142页。

史性的改变而改变。价值的意义是当时诠释者意图的体现,它体现的是文本与诠释者境遇的共鸣,贝蒂称之为"为现时而制造的'对未来而富有责任'的意义"①,其本质是一种诠释者基于原始意义的现实推论。然而区分两种意义的目的就在于,厘清诠释活动的主客体所发挥的作用和局限性。贝蒂认为,诠释活动就是诠释者与文本对话,在这个过程中,应当给予主体双方充分的关注,一方面要看到文本的原始意义是固定不变的,另一方面又要看到诠释者对原始意义的还原以及在现实层面上的价值解读。

由此可见,对文本含义的理解和对文本意义的诠释,是两个向度的工作。赫施认为,知识与价值这两个概念的关系,与含义与意向的关系相似,"含义是解释中稳定的知识的目标,没有它,更广的人文主义的知识将不可能。另一方面,意义的主要兴趣则在不稳定的价值领域。特定语境中的含义的意义决定它在那个语境中的价值。因为,意义命名了文本含义的关系,而价值是一种关系,不是实体"②。含义是诠释中的稳定部分,以知识为目标就是说含义告诉读者文本传达了什么样的原始信息,这部分的信息是固定不变的,是一种客观存在,因此是文本意义的基础。意义则是一种关系,它随着不同诠释者和其不同的境遇的改变而变化,因此是一种不稳定的关系,它不可能像知识那样可以被固定和重复。所以,"知识的向度保证意义(价值)向度的有效性,而意义或价值的诠释则增加了文本意义的丰富性,二者不是对立的,但是是有区别的"③。

我们所说的儒学文本,不仅包括原典文本,也包括衍生文本。原典文本指的是《六经》,它们是儒学的基础,也是中国哲学以及传统文化的源头活水。衍生文本指的是从汉代起通过诠释而产生的第二类典籍。衍生文本的产生方式主要是对原典文本的诠释,或者对有影响的文本的再诠释。衍生文本可以分成两类:一类是后来成为"经"的儒家典籍,如《论语》和《孟子》;另一类就是对原典和《十三经》进行诠释的著作。

大致上,衍生文本的诠释方式有对字义的注解,这类文本紧扣原文本的文

---

① 贝蒂:《作为精神科学一般方法论的诠释学》,洪汉鼎译,载洪汉鼎主编《理解与解释——诠释学经典文选》,东方出版社,2006,第144页。
② E. D. Hirsch, *The Aims of Interpretation*, (Chicago: The University of Chicago Press,1976), p.146.
③ 甘祥满:《〈论语〉注释中的两种诠释向度》,《北京行政学院学报》2009年第1期,第107页。

字和句子,如章句、训、注、笺;对诠释的再诠释,如疏;对文义的创造性诠释,如传、记、义等。中国儒学和哲学典籍的创作方式大致如此,所以在肯定文本的客观含义的基础上,文本的自主性也是需要得到充分尊重的。一部分儒学经典的注疏文本多达数百个,有些甚至上千个。这些衍生文本在当时时代和文化背景的衬托下,反映的是当时诠释者对诠释文本的当下认识。不同的诠释者所处的境遇不同,他们各自有不同的"历史性",所以产生的文本也必然有各自的特点。文本自主性强调对客观性的尊重,即衍生文本的含义理应得到尊重。儒学术语翻译理应反映出这种自主性。

5.2.3 术语翻译的自主性理据

不仅文本意义具有自主性,同样,作为最小意义单位的术语也应该具有同样的性质。

西方哲学注重理性,而理性思维模式是单一而且是线性的,分析、辩证、类推这些方法不可能是自然发生的,必定有一个严密的逻辑过程。从儒学强调的关联性思维活动来看,一切事物间的关联都是自然发生、毫无预见性的。从对意义的认识上来讲,"基于关联性思维的概念是意象群,在其中,复杂的语义联想能够相互发生作用,从而产生丰富的、无限模糊的意义"①。这也可以作为术语多义性和多相性的依据。术语一经产生,形式上便相对固定,但却在发展的过程中被赋予了不同的时代意义以及不同流派与义理的思想,使其具有丰富的内涵和多元的形式,如钱穆所说"能为之调洽殊方,沟贯异代,而数量不至于日增,使其人民无不胜复合之感"②。这时的术语已经不是起初的单一的概念,而是一个意象群,在这之中,术语中各时代和各学派所赋予的内涵交汇融合,不断产生出新的意义。即使后世的儒学家有了新的见解,也不同再造新词,"凡此之类,即以旧语称新名。语字不增,而义蕴日富"③。可见,术语内涵的发展已经不仅仅取决于时代思潮或是一派学者的思想,而是术语的内在动力,可以说术语内涵的不断发展具有自主性。

西方哲学的发展是批判性的,不同时代差别很大,甚至一个哲学家都有一

---

① 安乐哲、罗思文:《和而不同:中西比较会通》,温海明译,北京大学出版社,2002,第68页。
② 钱穆:《中国文学论丛》,三联书店,2002,第4页。
③ 同上,第5页。

套自足展开的术语体系。在这种注重结构分析、二元对立的术语体系中,当术语超出所属的体系之后,就不能为其他人所理解,也就不可能被其他哲学家采纳和接受。反观儒学术语,是以一种因循而推延的动态方式发展,在同源性的基础之上,"转注互训之所通,约定俗成,渐趋一致,此又语言之变,自别而通"①。又因为哲学的关联性思维,即使是把不同学派和哲学家的理论放在一起思考,也不必再造生词,而是可以用组合的形式,许多对偶术语就是这么发展而成的,"如此连缀旧字以成新语,则新语无穷,而字数仍有限,则无穷增字之弊可免"②。

儒学术语的发展继承了儒家哲学的发展性质。儒学极道中庸、不拖两边,既崇尚经典,又有内涵自主性,既不弃成法,又努力创新。中国哲人"愿共同感受着某一种文化传统的影响,慎终追远,而不以趋新骛奇与惊听回视为念"③。但也有种观点④认为,古代学者把哲学研究看成了对前人思想的诠释,过分重视解释,致使哲学发展缓慢,即使有了自己的思想,也必须是在前人的思想框架内。

虽然是对前人思想复原式的诠释,但并不意味着在理论上没有发展和创新,在传统儒学的框架内的复古,并不是复的古人的"古",而是今人的"古","社会上一切文物的进化,大都是循环式的进化,波浪式的进化"⑤。儒学家虽然受到社会思潮和意识形态的限制,需要在官方思想的框架下发展自己的学说,但是对于儒学的复原式诠释,绝对不是简单的复古。如韩愈所言,"然则用功深者其收名也远。若皆与世沉浮,不自树立,虽不为当时所怪,亦必无后世之传也"⑥。实际上,如果一种学说随波逐流,因循守旧,必然不能流传于后世。但是,这并不代表哲学的发展就一定是革命性的,哲学家就一定要语出惊人,而是"今后进之为文,能深探而力取之,以古圣贤人为法者……若圣人之道不用文则已,用则必尚其能者。能者非他,能自树立不因循者是也"⑦。韩愈

---

① 钱穆:《中国文学论丛》,三联书店2002年版,第5页。
② 同上。
③ 汪涌豪:《中国文学批评范畴十五讲》,华东师范大学出版社,2010,第5页。
④ 严春友:《中国哲学的强解释学特征》,《北京师范大学学报》2004年第6期,第103页。
⑤ 郭绍虞:《中国文学批评史》(上册),百花文艺出版社,1999,第191页。
⑥ 《韩昌黎集·答刘正夫书》。
⑦ 同上。

反对当时盛行的佛老学说,立儒学之道统,在对经典的诠释过程中,逐步提出自己的儒学思想,从而复兴儒学。所以,历史上许多儒学家,取法于古并不是因循守旧,实际是一种"非他"和"不因循",恰恰是这种方式避免使自己的学说随波逐流,免于流俗才得以自立。冯友兰就说过:"自此以后,自董仲舒至康有为,大多数著书立说之人,其学说无论如何新奇,皆须于经书中求有根据,方可为一般人所喜爱。经学虽常随时代而变,而各时代精神,大部分必于经学中表现之。"①所以,取法于古是创新而不是返旧,更不是与儒学传统背道而驰。

绝对的客观是不存在的,提倡绝对的客观实际上是一种主观主义,"正确的理解大致上可以完成",而不是绝对地重现历史。在儒学的发展史上,复古之风大行其道,但是学术思想总是向前发展的,学者们也不可能百分之百恢复古风。他们反倒因为这种思想的影响,认为自己在诠释儒经时不能人云亦云,就是韩愈所说的"非他",所以许多学者通过对经典的诠释变革当时的思潮,因为复古而进化。

后世的学者通过不断的创新,整体上发展了儒学思想,整体的学术思想又反过来影响后世的学者,这就是诠释的循环。后世学者们之所以能进入诠释的循环,是因为他们在对经典进行诠释之前,已经对学术传统有一个整体的了解。因此,诠释的基础或本原并不是无中生有、凭空捏造的。后世学者的成就很大一部分取决于前人的学术高度,但又不是对前人的完全复制。而他们在诠释经典过程中的复古,并不是复古人的古,而是自身时代的古,是在本原上的创新。所以,在复古之风的影响下,学者们在既定框架内的研究仍然具有创新性。

钱钟书先生也认为,复古就是革新或革命,而且成功的文学革命就是推倒一个古代而推举出另一个古代。② 哲学的发展也是如此,比如宋学对汉代古文经学的反动,清代朴学对宋学的反动。但前面也提出了,考据学和义理学之间不是完全对立的关系,而是一种互补,并且在实际的哲学发展过程中,即使是讲求义理的宋学,也离不开训诂学的成果。许多学者在对儒家经典的诠释中,名物训诂与义理探究并重,即通过对字词的训诂入手,进而达到对义理的

---

① 冯友兰:《中国哲学史》(下),华东师范大学出版社,2011,第228页。
② 钱钟书:《写在人生边上·人生边上的边上·石语》,三联书店,2002,第333页。

掌握。所以，一个时代的哲学不可能完全推到另一个时代或者复制另一个时代，有相互借鉴融合的内容，也有体现当世特征的内容。复古就是在本原上的创新，不同时代赋予了哲学不同的时代意义，这也是哲学发展的自主性表现。但这种发展绝不是对经典激进的、无视本原的随意诠释。因此，钱先生认为"若是不顾民族的保守性、历史的连续性，而把一个绝然新异的思想或作风介绍进来，这个革新定不会十分成功"①。

近代中国哲学的发展就体现了钱先生所说的"绝然新异的思想"。在中西哲学交流的历程中，一直存在借助本土之外的文化审视传统哲学的现象。五四时期，以胡适、冯友兰为代表的哲学家开始尝试用西方哲学的概念体系和理论框架研究中国哲学。这种诠释方法古已有之，被人称为"格义"，最早用来理解和解释佛教教义，北朝时期的僧侣用儒家和道家的术语来解释佛教教义，以期佛教能更好地被人接受。传统的格义是以本土典籍中的术语来比附外来的术语，而近代中国哲学的研究方式与古代相反，它是以不为大多人所熟悉的西方哲学术语来理解和解释中国哲学。这种研究的方式被刘笑敢教授称为"反向格义"②，当然这是站在本土学者立场上所下的定义，而用这种方法来研究中国哲学的不止中国学者，也包括很大一部分外国学者。

这种以西方哲学话语体系研究中国哲学的一般方式是，以西方哲学的现成概念、问题、思路来整理、论证、诠释中国哲学，用中国哲学思想类比西方哲学，以西方哲学方法论为框架，从外部认识中国哲学，而不是从自身研究。西方以讨论哲学基本问题为研究方法，这种问题式的研究不同于中国哲学以术语为切入点的研究方式，它是形上学、知识论、伦理学的思辨哲学形态的基本哲学问题。这种研究方式在历史上产生了深远的影响，以至于当代许多国内外学者依然沿用这种方式。这么做积极的一面是有利于中国哲学在西方的传播，更容易被西方大众接受。并且有一种观点认为，用西方理论诠释中国哲学，可以使中国哲学和西方哲学的交融开创出一种新的认知。

与此同时，这种方式的副作用显而易见，即"导致对中国哲学思想、术语、概念的误解，导致机械地、错误地套用西方哲学概念的可能性……而通过反向

---

① 钱钟书：《写在人生边上·人生边上的边上·石语》，三联书店，2002，第333页。
② 刘笑敢：《"反向格义"与中国哲学研究的困境》，《思想史研究》2006年第2期，第77页。

格义曲解中国哲学典籍和概念的可能性或许更大,不容视而不见"①。中国传统哲学是民族精神的集合体,也是传统思想和文化的承载者。因此,我们的哲学研究和传统哲学外译事业,就是以"中国的哲学"为出发点和落脚点,而不是西方中心主义关照下"哲学在中国"的发展。中国哲学作为民族精神的表现及传统思想和文化的表达者,诠释的自主性是非常重要的。

所以,在对中国哲学术语诠释的活动中,刘教授提出了两个方法②:一种是继续借用西方术语来诠释中国术语,但要指出西方哲学在诠释中国哲学时所表现的局限性和问题;一种是不用西方或现代的现成概念,而采用描述的方式,用平时的普通词语来诠释中国哲学。这种折中的方法,是刘教授在综合了现实的主客观条件下对当代哲学发展的深刻认识。但站在自主性诠释的立场上,似乎两种方法都不能如实地反映中国哲学的特点。所以刘教授也说"在老子的时代,古代圣哲们还没有认识到要区分实然与应然,也不认为形而上与形而下之间有什么不可逾越的界限。这不一定是中国古代哲学的弱点或错误,而是中国古代哲学的特点之一"③。

然而,在西方哲学传入中国之前,历史上的儒学家对经典的诠释虽然各不相同,产生了许多流派,但是两千年来对儒学经典的诠释并不存在理解和解释上的困难。古代儒学家对术语的定义和诠释,也被后人继承了下来,其有效性并未减损。当代人面对古代术语时,依然能够体会出其中的意蕴。由此可见,对传统儒学术语的理解,可以回到当时创作的语境中去。只有这样,才能展示儒学特有的魅力。

金岳霖在《审查报告》中讲道,"写中国哲学有两个态度,一个态度把中国哲学当作中国国学中之一种特别学问,与普遍哲学不必发生异同的程度问题;另一态度是把中国哲学当作发现于中国的哲学"④。金先生也意识到用第一种态度写中国哲学史不易办到,因为学者受西方哲学和时代影响很大,所以"中国哲学史就是在中国的哲学史"⑤。这种对待中国哲学的态度,致使学者

---

① 刘笑敢:《"反向格义"与中国哲学研究的困境》,《思想史研究》2006年第2期,第79页。
② 同上文,第87页。
③ 同上文,第88页。
④ 冯友兰:《中国哲学史》(下),华东师范大学出版社,2011,第334页。
⑤ 同上。

们讨论中西哲学中的相似之处,并且以西方哲学的标准来衡量中国哲学的合法性,而这种态度本身就是一种哲学主张。胡适的《中国哲学史大纲》,虽被蔡元培誉为有"四种特长"①,但在金岳霖看来胡适"……是一个研究中国思想的美国人;胡先生以不知不觉间所流露出来的成见,是多数美国人的成见"②。冯友兰与胡适的区别在于,冯友兰有实用主义倾向,但并没有用实用主义去批评中国哲学,而是一种"同情之理解"。但归根结底,无论是冯友兰还是胡适,都是运用西方哲学的方式去谈论中国哲学。无论从哲学形式上看,还是从哲学主张上看,都是以西方哲学为标准去衡量中国哲学。

张岱年③认为,研究中国哲学要注重四点,即"审其基本倾向""析其辞命意谓""察其条例系统"和"辩其发展源流"。在张先生列举的四个重点中,"辩其发展源流"就是要意识到中国哲学的本原性,而其他三个重点都旨在突出哲学理论的特殊性。在中国传统哲学的发展史上,每个建立了思想体系的哲学家、每个有影响的学派以及每个历史时期都赋予某些术语以新义,成为一种"新术语"。如董仲舒利用谶纬之学重新诠释了"阴阳""五行""天"和"人"等术语;魏晋玄学重视形而上学的研究,赋予了"自然""有""无""名教"新的含义;宋明理学各家对"心""气""理""性""仁"的诠释均融入了宇宙论与本体论的思想。

这些新术语是当时的时代思潮与哲学家诠释思想的结合,体现了哲学发展的创新性与自主性。思想的向前发展会体现在不同层面上,可以是对典籍文本创造性的诠释,可以是对先哲思想的反思和发展,但最终都集中体现在对术语的理解与解释。除了新的术语,哲学家更热衷于对已有术语的翻新和改造,即在原义基础上的重新诠释。哲学家通过不同的视角,或引申,或补充,或纠正,或驳斥,从而使术语产生了新的意义,所以术语英译就应该从理论系统、义理、作者和概念系统四个主要层次的自主性进行分析。

---

① 胡适:《中国哲学史大纲》,上海古籍出版社,2000,序第2页。
② 金岳霖:《金岳霖集》,中国社会科学出版社,2000,第18页。
③ 张岱年:《中国哲学大纲》,中国社会科学出版社,1994,第18-19页。

5.3 小结

儒学的理论特点,就是认为天地万物互相依存、互相影响、圆融和谐。西方哲学二元对立的思维模式,对儒学来说毫无意义,两种哲学对待外部世界的态度和思维方式都是截然相反的。然而,以往的研究中,无论学者们的身份如何,在理解和解释儒学时都有意或无意地忽略了中西方哲学的差异。即使注意到了两者的差异,在诠释儒学时也多是用西方哲学去比附儒学。由于中西哲学术语在内涵与外延的巨大差异,以附会的方式进行思维,无法准确地认知儒学术语的意义。本原性和自主性原则的提出,旨在还原儒学的本来面貌,同时提高文化交际和翻译质量。

第6章
儒学术语英译方法论与翻译步骤

6.1 儒学术语英译方法论

儒学就是仁学,无论是人道部分,还是天道部分的术语,均着眼于人的价值体现。儒学也涉及宇宙万物的探讨,但最终都以人生价值的实现为归旨。它认同的是以人的行为规范和价值进行分类的分类方式,不对其术语系统作逻辑与结构上的分析。实证哲学无法解决的关于人世、人生、伦理、天人关系等方面的问题,在儒学中有着充分的讨论。儒学的发展以关联性思维为基础,以直觉感悟为认知方式,在语言表达上非常模糊。在此基础上产生的术语,也就继承了这种模糊性和关联性,它表现为同一术语的多义性和术语间的融贯性。

儒学术语作为儒学思想的一种载体,如前所述诠释是一种自我开展的基本方式。术语中汇聚的儒学所特有的价值观念和思维方式也就在诠释中得到展现。如何翻译才能使儒学术语的特征意义和价值充分展现出来,是翻译方法论要研究的主要问题。从整体上讲,儒学术语的诠释是宏观和微观两方面的工作:宏观上要厘清术语的发展脉络,对术语所在的文化体系、哲学流派、思想义理、作者以及文本有一个整体上的认识;微观上要着眼于术语的文字和语言特征,在厘清术语发展脉络的前提下,在语境中深入分析术语的词义和义理,明确术语在历史上众多文本中原义、他义、今义的归属。

6.1.1 宏观相契

宏观相契(translation with macrocosmic agreement)是郭尚兴教授首先提出的,旨在为中国传统哲学的理解和翻译提出方法论依据,具体来讲,指在"理解、翻译中国哲学文本、范畴、命题等要回到产生、养育和支撑这些哲学文本、范畴、命题的文化体系、哲学流派、思想义理、作者和文本的意识形态和思想体系之中,并与它们在整体和宏观意义上一致"①。从儒学术语英译的角度来看,宏观相契就是要求研究儒学术语必须根据儒学的发展脉络,分析归纳出儒学术语的特征以及它和儒学流派、义理系统、文化背景等层面的关系。

在辜鸿铭生活的年代,国外汉学家翻译了大量中国典籍。面对这样的文化现象,辜鸿铭指出了当时汉学家认识的局限。他认为当时的汉学家大多不懂装懂,以为仅仅认得几个中国字,就自封汉学家,就妄图构建中国国学的理论大厦。在评价翟理斯时,他说"翟理斯博士又缺乏哲学家的洞察力,有时甚至还缺乏普通常识。他能够翻译中国的句文,却不能理解和阐释中国思想"②。辜鸿铭认为翟理斯的著作既缺乏对中国人思想的洞察力,又缺乏对材料的合理安排。在评价理雅各的《中国经典》系列时,辜鸿铭认为那是"一打巨大的、规模骇人的东西",让人感觉仅仅是在谈论它时都觉得"令人咋舌"。辜鸿铭认为理雅各对中国典籍的翻译大量地依赖于生造的专门术语,从而使译文显得"深涩、粗疏和不恰当",而且在内容上缺乏对原文的哲学理解。所以他指出,"如若理雅各博士没有设法在头脑中,将孔子及其学派的教义作为一个有机整体加以把握,他是无法阅读和翻译这些作品的"③。

辜鸿铭认为研究中国哲学,应该对中国人的个人行为原则有最基本的了解,以及了解这种原则是如何被运用和贯彻到中国人的社会关系和家庭生活之中的,要理解中国人的民族性格和民族理想,只有这样最后才有能力理解中国的政治生活。辜鸿铭所说的,就是在研究中国哲学时,要有意识地对中国人的思想体系和意识形态进行研究。在研究中国哲学的方法上,他认为一定要

---

① 郭尚兴:《宏观相契与微观相切:中国传统哲学典籍英译的方法论研究》,《典籍翻译研究》(第七辑),第41页。
② 辜鸿铭:《辜鸿铭文集》(下卷),海南出版社,1996,第108页。
③ 同上书,第121页。

将中国哲学视为一个有机的整体去系统地认识,而不是割裂分离,或是没有计划和步骤。① 辜鸿铭清楚地认识到,中国人"他们文明的起源、发展乃至赖以存在的基础,同欧洲人的文化完全不相干"②,但是在他的儒经翻译中,却没有体现出中西方哲学的不同。

辜鸿铭在《论语》英译的序言中提到,他的翻译语言风格是"努力按照一个受过教育的英国人表达同样思想的方式,来翻译孔子和他弟子的谈话"③,而对于《论语》中彰显儒学特色的词语,他为了消除外国读者的"陌生和古怪感",只要觉得可行就全部去除。辜鸿铭为了能让外国读者更好地理解文本内容,还在译文之外添加了大量的注释,引用了许多欧洲著名思想家和作家的话,所以他《论语》英译本的副标题为"一本引用歌德和其他西方作家的话作注解的新的特别的翻译"。然而这种翻译的方式,为译文赢得了广泛的理解与同情,增加西方读者的接受度,但同时也遮蔽了儒学的特色,使得《论语》成为西方哲人的语录。

因此,对辜鸿铭翻译的批评主要集中在两点上:一是用西方宗教类比儒家文化,二是用西方哲学类比儒学。关于第一点,辜鸿铭表示中国儒学虽然没有宗教之名,但有宗教之实。他认为,儒家提倡义礼并重,这和欧洲宗教的教义颇为一致,都是主张"行善事、爱人",所以称儒家为良民宗教。因而,辜鸿铭在《论语》的翻译中,多次在译文和注释处用西方宗教来类比原文。例如《为政第二》中"五十而知天命"这句话,辜鸿铭就把"天命"翻译成"the truth in religion"。

如果拿欧洲宗教类比儒学思想,那么基督教对神灵的态度显然也是要考虑进去的。然而,儒学从原始形态上来说,孔子对"天"和"神"一直都持反对或者至少是回避的态度。④ 如他说"天何言哉,四时行焉,百物生焉,天何言焉"⑤。儒学从来都没有西方 religion 的意义,儒家和基督教在对自然和人的看法上有着根本的不同,而且"观念上的宗教和现实的宗教是两回事"⑥。徐

---

① 辜鸿铭:《辜鸿铭文集》(下卷),海南出版社,1996,第 127 页。
② 同上书,第 126 页。
③ 同上书,第 346 页。
④ 李庆:《"儒教"还是"儒学"》,《深圳大学学报》(人文社会科学版)2007 年第 4 期,第 7 页。
⑤ 《论语·阳货》。
⑥ 李庆:《"儒教"还是"儒学"》,《深圳大学学报》(人文社会科学版)2007 年第 4 期,第 8 页。

复观曾经撰文谈论了对"五十而知天命"的诠释,他认为孔子的学说是知行合一的学说,也是以成就道德为目的的学说。① 因此,孔子的知天命,是认知的"知"。孔子所谓的天命,指的是道德的超验性,他五十所知的天命,是道德的天命,而不是宗教性的天命。②

再如,辜鸿铭译《季氏第十六》中"君子三畏:畏天命,畏大人,畏圣人之言",他把其中的"天命"译成 laws of God,"上帝"是西方人格化了的、超越一切的宗教形象,与儒家所说的天命分属于两个不同的宗教系统。王国维曾说过,"外国语中之无我'天'字之相当字,与我国语中之无 God 之相当字无以异"③。孔子是一位哲学家、教育家,并不是一位宗教领袖。辜鸿铭的译文在文化体系、哲学流派、思想义理、作者和文本的意识形态和思想体系上,均与原著不符。所以,把儒家视为儒教,把儒学学说与宗教教义等同起来,是"用西方宗教思想阐述儒学,或者是站在西方文化立场上接受儒家学说过程中的产物"④。

第二点对辜鸿铭翻译的批评,集中在他用西方哲学类比儒学。王国维认为,"中庸虽为一种之哲学,虽视诚为宇宙人生之根本,然与西洋近世之哲学顾不相同"。儒学所拥有的是一种关联性思维,以这种思维产生的哲学在言说方式上带有强烈的模糊性和暗示性,让读者有"言不尽意"之感。因此在解读古代文本时,如何忠于古人之意,就成了后世学者在著书立说时需要考虑的首要目标。如前所述,儒学和西方哲学在哲学心理、言说方式以及研究范式上有着根本的不同。但以西哲逻辑分析、归纳演绎的言说方式诠释儒学,或许能弥补儒学文本中语焉不详的部分。而且许多儒学文本中心不明确,在一篇文章中往往包含多个议题,而儒学术语拥有丰富的意蕴且关联性强,所以尽管议题不同,但所用术语并无太大出入。因此对了解儒学的读者来说,这样的言说方式也不会觉得突兀。如果用西哲的言说方式归纳整理,或许能起到明确中心大意、使文章更有条理的效果。但是这种方式就把儒学彻底改头换面了,所以王国维说"如执近世之哲学,以述古人之说,谓之弥缝古人之说则可,谓之忠于古

---

① 徐复观:《中国思想史论集续编》,上海书店出版社,2004,第252页。
② 徐复观:《徐复观文集》(第三卷),湖北人民出版社,2009,第90页。
③ 王国维:《王国维论学集》中国社会科学出版社,1997,第393页。
④ 李庆:《"儒教"还是"儒学"》,《深圳大学学报》(人文社会科学版)2007年第4期,第8页。

人则恐未也"①。并且拿西方哲学类比儒学,用西方哲学中的某些术语说明或者代替儒学术语,有偷梁换柱之嫌。为此,王国维说辜鸿铭的译文"毫无历史之见地可也,故译子思之语以西洋哲学上不相干涉之语"②,辜鸿铭拿西方通俗哲学附会儒经,"使人不能发见其真脏之所在",蒙蔽了儒学的本来面貌。除此之外,王国维还批评辜鸿铭的译文,没有交代清楚原文本在儒经中的地位,也没有交代出辜鸿铭所用儒经之间的异同,并且对文本作者的考据也应该拿出证据。③

因此,如果让译文体现"历史上之见地",就要以宏观相契为方法论依据,以自主性和本原性为原则,回到术语所处文本的历史文化传统和儒学发展的轨迹当中,在原文本所在时代的语境中去理解其含义。这就要求译者首先要厘清所译文本与同类儒学文本之间的关系以及异同之处。以辜鸿铭英译《论语》和《中庸》为例,译者要厘清所译文本在历史中的地位如何,这就要求译者对成书年代和作者有所考察。辜鸿铭认为《中庸》为孔子所作,这与学界主流的认识不同,作为译者他应当给出自己的理由。此外还要厘清所译文本与所属流派其他文本之间的异同之处,如《论语》《中庸》以及儒家其他各经之间的关系。质言之,就是要求译者对儒学的发展脉络有整体上的认识。

其次,要明晰所译文本的义理流派及其与所属学派同类文本的义理关系。文本的含义,受其产生前和产生时所处的政治文化背景影响,而文本意义的发展则离不开对源文本后来历史作用的考察与研究。这就要求明晰所译文本在其历史文化背景下所显示出的诠释学特征。以《论语》的诠释为例,由于不同的时代精神、政治文化背景以及诠释者的知识构成和学术流派之间的差异,不同时代对《论语》的诠释风格迥异、各有特色。作为译者,在翻译《论语》的诠释文本前,不仅要了解诠释文本的风格特点、理论主旨,对作为源头的《论语》也要有深入的了解。译文既要体现出《论语》的大义,也要体现出诠释文本的理论特色。只有这样,在术语的翻译上,才能不拘泥于一字一句的意思,而是从义理整体上对意义进行认知。

徐复观先生曾说过,古人的思想保存在典籍当中,对典籍的出处存有疑

---

① 王国维:《王国维论学集》,中国社会科学出版社,1997,第391页。
② 同上书,第399页。
③ 同上。

问,就需要在训诂和考据上下一番功夫,但是仅训诂考据不可能把握到古人的思想。① 训诂考据之学是对具体的字词句进行的相互比较,这种工作是对材料进行归纳整理,而这些材料又都是直观展现在研究者面前,所以训诂考据只是把术语本身的若干个意义总结出来,给出综合性的结论。因此,它是一项具体的归纳工作,而不是一种抽象的能力,而如何从具体的众多实例当中抽象出对义理体统和哲学家思想体系的认识,这就是宏观相契作为方法论依据所要进行的理论指导。

对术语意义的认知,既要从微观上的词义出发,又要形成一种全局观,即从宏观的义理系统和思想体系上考察。正如钱钟书所说,"积小以明大,而又举大以贯小;推末以至本,而又探本以穷末;交互往复,庶几乎义解圆足而免于偏枯,所谓'阐释之循环'者是矣"②。术语融会贯通的发展方式,使其意义相互联系又有区别,意义交织最终形成了哲学思想体系,反过来术语只有置身于思想体系中才能被理解。部分是整体的部分,整体是部分的整体,作为思想体系一部分的术语,其发展方式不是量上的扩张,而是在与整体的关联中,丰富了自身的内涵。徐复观认为,凡是能够成为一家之言的思想,必有其基本概念作为出发点和落脚点。③ 这种概念可以理解成为此家学派的思想精髓,蕴于核心术语之中,需要利用抽象思维去分析、推演。这种概念一经成立,本身就说明其合理性和自律性,而成熟的思想,其概念的合理性和自律性必然精细严密,其中不容许任何主观的恣意。④ 虽然儒学典籍中在表达不同概念时经常用同样的术语,但因为儒学术语意义丰富且关联性强,所以读者也不觉得文章突兀不连贯。这就是因为,不同的概念之间,同中有异、异中有同,同异之间有着"看不见的森严的铁律"。于是,"在此种精密的概念横断下,于是对于含有许多解释的字语,才能断定它在此句、此章、此书、此家中,系表现出许多解释中的某一解释,确乎而不可移"⑤。

---

① 徐复观:《中国思想史论集》,上海书店出版社,2004,第 107 页。
② 钱锺书:《管锥编》(第一册),三联书店,2001,第 328 页。
③ 徐复观:《中国思想史论集》,上海书店出版社,2004,第 92 页。
④ 同上。
⑤ 同上。

6.1.2 微观相切

所谓微观相切(translation with microcosmic closeness)是"指翻译过程中,根据中国哲学所具有的意义整体论或内容整体论的特征所推导出的'翻译整体论'的认知,对具体的翻译单位,如句子、术语、概念的翻译在宏观相契的前提下,以微观的关联为参照系,弄清楚翻译对象在原文本中比较准确的意义并给出基本等值或等效的译文"[1]。

微观相切旨在找到影响意义认知各要素间的微观关联,这些要素可以是具体的文化语境、语言语境,也可以是术语相互呼应、相互关联等对意义有影响或规定性的因素。宏观相契就通过对文本语境的回溯性重构,分析出文本所处的义理流派、历史文化背景,以及这些因素对术语的意义认知所具有的指向性作用。"微观"指的不再是义理流派以及时代特征的这种体系性的语境,而是文本中所体现的具体的价值取向、思维方式、道德伦理这种对术语意义具有直接影响的微观因素,也包括上下文在语义和语用上的结构链接和逻辑连贯。微观相切就是借助宏观相契所得出的方向性意义,还原作者在创作时的微观语境,分析文本中字词句对术语意义形成的影响,最后再把影响术语意义认知的各种语境因素融会贯通,从而得出具体的含义。

用西方哲学和宗教来比附儒学,除了宏观上"全无历史上之见地"强行给儒学改头换面,还会出现微观上的偏差。例如辜鸿铭把"礼之用,和为贵"中的"礼"翻译成 art。在译文之后的注释中,他列举出了 art 的五种意义,分别是:艺术作品;艺术实践;相对于人工而言的艺术制品;艺术原则,其反义词为自然原则;狭义的艺术原则。最后这个意义,他认为最符合儒家"礼"的特质,它又与"文"相通,所谓"文之所以谓之文为非质也"[2]。"礼"的原始含义为宗教祭祀,后来衍生出礼仪、礼节、规则、良好的风俗等等,用来泛指典章制度和道德规范。在辜鸿铭的注释中,并没有透露出"礼"的上述含义,而是通过说明 art 的人文含义,来强调礼的抽象概念,但注释中的解释却和"礼"所包含的形式、规则之义相去甚远。所以这种译文既没有译出原文的含义,也没有告诉

---

[1] 郭尚兴:《宏观相契与微观相切:中国传统哲学典籍英译的方法论研究》,载王宏印、李正栓主编《典籍翻译研究》(第七辑),外语教学与研究出版社,2015,第41页。

[2] 辜鸿铭:《辜鸿铭全集》,海南出版社,1996,第351页。

读者儒家的礼与西方的 art 的异同。在注释中,为了说明"礼"的内涵,辜鸿铭又加入了"文"这一术语,并且引用了另一句《论语》中解释"文"的话来予以说明。这种用一个新术语解释现有术语的方式,并不能降低读者理解的难度,而且冗长的注释对译文阅读的影响也值得商榷。

这种错误就是因为没有分析出术语所处的文化语境、语言语境,才造成了宏观与微观两方面的错误。孔子生活的时代礼坏乐崩,子曰"不知礼,无以立",所以司马迁说孔子"修起礼乐"。从《论语》中《八佾》一章可以看出礼在孔子思想中的重要性。子曰"是可忍也,孰不可忍也!",就是孔子谴责季孙氏越礼的行为,礼在当时有阶级的内容。在当时,所谓的"知礼"只知道礼之仪节是不够的,如《左传》女叔齐"是仪也,不可谓礼",还要知道礼之义,如《礼记·郊特牲》所说"礼之所尊,尊其义也。失其义,陈其数,祝史之事也"。礼即表示它所代表的形式,如婚丧朝聘等礼仪,又表示内容,所谓礼之义。礼义就是"成人之道。成人之者,将责成人礼焉也"①。陶磊认为,"儒家之礼本质上讲是一种关于社会实践的学说,儒家所提倡的价值,所主张的世界观、方法论,都融入了他们的礼学之中"②。由此可见,礼的内在本质就是儒家所提倡的人道,而人道的主要内容就是仁和义。有许多学者都认为礼就是仁和义;周何认为礼的本质就是仁和义的综合③,赖换初认为礼的本质就是仁④,韩星认为礼的本质就是以"仁"为支柱的道德体系⑤。

不管是广义还是狭义的艺术原则,在孔子的时代,礼的内涵中并没有艺术原则这个含义。礼作为儒学以及中华文化中独特的一个术语,并不适合以西方哲学的视角来解读。钱穆认为,"礼"作为中国人一切习俗和行为的准则,在西方语言中并没有同义词,它标志着中国的特殊性,而且中华人之所以成为民族,就是因为"礼"树立了社会关系准则,中国的核心思想就是"礼"⑥。不仅如此,钱穆还批评了这种拿西方哲学比附中国哲学的诠释方式,他说"日本自明治维新,而汉学亦开新境界。中国自新文化运动起,古籍遂成国渣,疑古非

---

① 《礼记·冠义》。
② 陶磊:《思孟之间儒学与早期易学史新探》,天津古籍出版社,2009,第 10 页。
③ 周何:《说礼》,万卷楼图书有限公司,1998,第 16 页。
④ 赖换初:《儒家礼育思想研究》,中南大学出版社,2004,第 208 页。
⑤ 韩星:《先秦儒法源流论》,中国社会科学出版社,2004,第 131 页。
⑥ 邓尔麟:《钱穆与七房桥世界》,社会科学文献出版社,1998,第 8-9 页。

孔,新义迭出,两国相异在此"①。

如前所述,儒学的整体性和强诠释性特征造成了儒学术语的同源性、流变性、多相性和融贯性特征。按照属类划分,术语的概念意义可分为原义、他义和今义,原义与他义、今义三者不是孤立的个体,它们之间的关系是源与流、常与变的关系。原义是指最初成为哲学术语时的含义,是一个词语由普通词语向哲学术语转变时,在哲学典籍中首次被赋予的哲学内涵。他义是指在原义的基础上,哲学家对术语原义的继承和创造性解释,通常包含主观愿望和客观需要两个方面,它基于某种历史的合理性和逻辑的合理性,伴随着哲学、社会和文化的发展而变化。"今义是指当今或者翻译的文本产生时期当下具有的意义。"今义是从现代人的视角出发,是术语在其自身历史视域和诠释者视域中所展现的不同意义相互作用的结果,不是对已有结论的重现,而是一种结合时代精神的新诠释。

在对术语进行诠释的过程中,必须透过表层的字面意思回到养育这些术语的义理系统和文化系统中,在它成长的语境中去理解和解释。作为诠释者要对术语有"历史上之见地",这就需要在历史中探寻术语产生和发展的轨迹,通过对经典理论的归纳和总结,根据术语所处的历史背景,展现出术语所处的思想体系、义理系统以及逻辑结构。因此,对术语的翻译不仅要求译者厘清术语内涵的变化,同时也要对其所处学派的文献及其义理系统有深刻的认识。只有在宏观上分析出方向性意义,微观上确证其具体意义,才能对术语的原义、他义、今义进行比较分析,从而确定术语在相应文本中的今义。

中国传统哲学的流派众多,仅是儒学的发展就可以根据时间前后分为五个特征迥异的阶段,即先秦儒学、两汉儒学、魏晋南北朝儒学、宋明儒学和清代儒学。在这五个阶段中,又可以根据思想内涵和研究要旨的不同分为若干学派。因此,儒学义理纷繁复杂,如何在这种情况下准确地定位儒学术语的含义,就要求译者在宏观相契的条件下,既要明晰术语与历史文化的关系,也要分析其微观的联系。术语的诠释既涉及对宏观上思想、文化和义理系统的考察,也包括对微观上语言文字的认识,对术语的思想、文化、义理上的考察最终都集中反映到了术语"三义"的认知上。只有以"宏观相契、微观相切"为方法

---

① 钱穆:《八十忆双亲师友杂忆》,三联书店,2005,第129页。

论,才能准确地理解和翻译出术语的含义。

辜鸿铭在翻译上采取用西方哲学附会的方式满足西方读者的价值需求,以便他们接受《论语》。他的释义化翻译主要针对的是理雅各式刻板僵硬的翻译,辜氏的译文是在理雅各翻译已发生巨大影响的前提下出现的,对西方学者更好地理解儒经具有一定的积极意义。①但不可否认的是,辜氏的翻译也有非常明显的缺点,以西方人的说法方式来诠释儒经,虽然弥缝古人之说,但并不是忠于原文的翻译,其中有不少误译错译。

反观作为汉学家的阿瑟·韦利,有学者评价他翻译的《论语》"译本尽量保留原文的文化风貌,注意细节的传译,文字比较简练,风格接近原文"②。韦利没有参考理雅各现有的译本,而是对《论语》原书重新进行了考据,他按照自己考据的结果对原书重新编排顺序,指出了他认为和原书无关的内容,并在译文前加了很长的导言。在他译著的译者引言中指出,对于孔子的生平,他也作了考察,在儒家文化外的各种传说中孔子被塑造成了一名智者,一个奇怪问题的回答者,一名先知,甚至是魔术师,而且经过汉代谶纬学的神话之后,孔子成为一个全知全能和道德上毫无瑕疵的圣人。他秉承"伟大学者顾颉刚一个时代有一个时代的孔子"③的原则,认为翻译《论语》就应该只研究从本书的叙述中构建出来的孔子形象。韦利英译的《论语》一直是中西方都很流行的译本。

从翻译策略上来看,韦利在翻译《论语》前做了大量的考据工作,对《论语》成书的前后时代背景都做了详细调查,符合郭尚兴教授倡导的"对其经典意义的探讨,离不开对其产生前、对其本身所描述的政治文化及其后来历史作用的追溯与研究"④。但是韦利的译文在宏观相契的前提下是否做到了微观相切,译文是否能准确表达出原文的含义,就有待商榷了。

韦利指出对孔子的认识应该仅从《论语》的文本出发,"抛开儒家圈子以外以及西方中世纪对孔子的认识"⑤,但从译文的实际效果上看,韦利的翻译

---

① 黄兴涛:《文化怪杰辜鸿铭》,中华书局,1995,第102页。
② 杨平:《〈论语〉的英译研究——总结与评价》,《东方丛刊》2008年第2期,第135页。
③ 《论语》,韦利英译,杨伯峻今译,外文出版社,1999,第286页。
④ 郭尚兴:《宏观相契与微观相切:中国传统哲学典籍英译的方法论研究》,载王宏印、李正栓主编《典籍翻译研究》(第七辑),外语教学与研究出版社,2015,第43页。
⑤ 《论语》,韦利英译,杨伯峻今译,外文出版社,1999,第286页。

仍是从汉学翻译的传统出发,采取了归化的翻译。例如他在翻译"何如斯可谓之士矣?"一句时,把"士"翻译成 knight(骑士),实际上在《论语》的翻译中,韦利把中国的"士",通通翻译成了 knight。骑士是欧洲历史发展的产物,大约 10 世纪的时候成为封建等级的一部分,骑士精神指的是上层社会的贵族精神。但《论语》中的"士"与西方的骑士有着根本的不同。士作为奴隶社会的一个特殊阶层产生于周代,他们不是奴隶,是自由平民。这个阶层由特殊才能和品德的知识分子或其他优秀人才组成,他们共同创造了先秦时期的诸子百家。在论及翻译东方文学作品时,韦利表示在翻译的过程中必然失去很多东西,因此译本不得不给予大量补偿。① 韦利试图用西方读者对骑士的认识来传递《论语》中"士"的某些特质。然而文化体系和社会制度间的巨大差异,很难想象在实际阅读中读者会把骑士还原成中国古代的"士"。

韦努蒂认为,"归化的翻译不是异化,但异化的翻译只能用归化的语言"②。所以,想要使异化的翻译保持通顺,译者仍然需要在译入语和译入文化中吸收素材,因此就暗示着翻译中必然隐藏着民族中心主义③。许多人认为翻译中的民族中心主义无法抹去,译文不可避免会带有译入语文化的特色。因为无论是以原作者为中心,还是以读者为中心,翻译总是把一种文化译入一种全新的异质的文化,而翻译的目的就是把一种外来的文化译得和译入语文化同样可辨识、熟悉,甚至一致,因此翻译对源语文化的入侵也就无法避免。这种目的也导致了翻译总是带有把外来文化全盘归化的风险,从这一点出发,异化和归化的界限并不明显,译文中任何的异质成分,都是源语和译入语在文化和语言上的协调。作为译者,只有尽可能地削减和排除这种民族中心主义,所以译者在方法论上的主张就显得尤为重要。

韦努蒂认为,"'异化'和'归化'是对待外国文本和文化的道德态度,翻译的文本选择和翻译策略的选择产生道德影响,而'通顺'和'抵抗'则指的是与读者认知过程有关的翻译策略的基本话语特征"④。"异化"和"归化"不是翻

---

① Ivan I. Morris and Arthur Waley, *Madly Singing in the Mountains*: *An Appreciation and Anthology of Arthur Waley* (New York: Walker and Company, 1970), p. 71.
② 郭建中:《韦努蒂访谈录》,《中国翻译》2008 年第 2 期,第 44 页。
③ Lawrence Venuti, *The Translator's Invisibility*: *A History of Translation* (Second Edition) (London and New York: Routledge, 2008), p. 19.
④ Ibid..

译策略,而是道德态度,而翻译策略的选择产生道德影响,所以翻译策略的选择还是离不开译者的道德态度。在施莱尔马赫的理论中,有一个翻译的道德问题,也就是指各民族对外语文本和外国文化所表现的道德态度,即对外语文本和外国文化的尊重或缺乏尊重的态度。① 韦努蒂所说的道德态度,也就是译者所持的立场,是指译者在翻译时是站在其本国文化的立场上,还是站在外国文化的立场上。

因此,以施莱尔马赫与韦努蒂的理论为标准,在评价一个译本时,首先要考虑的是译者对待源语文化的道德态度,同时也应当注意到不同的话语翻译策略可以产生不同的道德影响,也就是说"通顺"和"抵抗"可以产生"归化"和"异化"的效果。不仅是翻译的策略,不同的词语选择也可以产生不同的效果。有学者进行过统计,认为韦利的翻译有多处错误,"至少有二十六章完全译错,即译文与原文完全是牛头不对马嘴"②,更有学者对韦利译文做了详细的评注,"译文评注多达 105 条,点明韦译值得商榷者 45 条,见仁见智者 41 条,优劣互见者 19 条"③。虽然韦利认识到了儒家外的其他流派和中世纪西方对孔子的错误认识,但是他在翻译的措辞上还是选用了西方文化特有的术语,造成归化的效果。

不仅如此,有学者还是对韦利的文化态度提出了自己的看法:"韦利的文化身份是一个复杂的构成……在汉学研究模式上是西方的,但对待中国的态度上不完全是'东方主义'的。"④事实上,韦利受中国当时的"疑古派"影响很大,他所说的"伟大学者"顾颉刚对于中国传统典籍持批判的观点。顾颉刚认为,《六经》不是孔子"托古"之作,没有史学、哲理和政论的价值,并且中国自古只有一个民族和地域的观点也应当被打破。⑤ 这些观点也致使韦利用一种新的观点来审视中国典籍。所以,作为汉学家的韦利认为《论语》的真实性需要重新考察,既然孔子说自己是述而不作,那么《论语》中"并不存在太多孔子的原话,也可能一句也没有",所以他认为乡党、尧曰、子张、微子的全篇以及宪

---

① 郭建中:《韦努蒂访谈录》,《中国翻译》2008 年第 2 期,第 43-44 页。
② 何刚强:《瑕瑜分明,得失可鉴》,《上海翻译》2005 年第 4 期,第 15 页。
③ 刘重德:《〈论语〉韦利英译本之研究》,《山东外语教学》2001 年第 2 期,第 15 页。
④ 李冰梅:《冲突与融合:阿瑟·韦利的文化身份与〈论语〉翻译研究》,博士学位论文,首都师范大学,2009,第 46 页。
⑤ 熊文华:《英国汉学史》,学苑出版社,2007,第 118 页。

问和阳货的部分内容根本不是《论语》中应有的内容。韦利虽然没有在翻译中改变原文的结构,但是译文本身加了很多脚注,而且在译文最后还加了不少尾注。所以从结果上看,韦利的译文并不能体现文本的客观含义,而更像是根据当世人观点进行的创造性诠释。之所以说他对待中国的态度不完全是"东方主义",恐怕只是因为他受了"疑古派"的影响,殊不知"疑古派"在"'疑古'之时,他们逐渐提出了自己的结论,并建立了一套自己的标准、规范和方法论,就成为新的独断"①。不过怀疑旧传统、推陈出新是学术发展的正常道路。然而"疑古派"在打破旧传统时很有怀疑精神,在面对自己建立的方法、范式时却是毫不怀疑。因此在疑古学风流行之时,"从者纷纷以怀疑、可疑为能事,视之为学问本身,视古书不合处为疑点,以自身没有经受反思、批判的理性,而不是古人的心理、习惯为研究问题的标准,这和怀疑精神根本背道而驰"②。

韦利的翻译就是从《论语》中的不合之处做文章,他虽然意识到了中国哲学思维的独特性——其文本不可能是基于逻辑推论,而是凸显情感意义,然而在翻译时,他却强行改变原文的结构。为了增强文本的结构层次,方便读者阅读,他不但重新编排了顺序,而且在段落间加上许多逻辑连接语,这样译文的结构就更符合西方文本的整体性和逻辑性。下面试举一例:

樊迟问仁。子曰:"居处恭,执事敬,与人忠,虽之夷狄,不可弃也。"③

Fan Ch'ih asked about Goodness. The Master said, "In private life, courteous, in public life, diligent, in relationships, loyal. This is a maxim that no matter where you may be, even amid the barbarians of the east or north, may never be set aside.④(阿瑟·韦利)

译文中的 This is a maxim that no matter where you may be,在原文中根本没有,有学者认为,"没有直接去处理'虽之夷狄,不可弃也',而是先补出一个潜在的主句(主语)后,再进行衔接。这一步,补清楚了句子的内在逻辑,整章译文读来合情合理"⑤。因此,韦利之所以加上这么一句,可能是因为在逻辑

---

① 李锐:《疑古与重建的纠葛》,《清华大学学报》2009 年第 1 期,第 99 页。
② 同上。
③ 《论语·子路》。
④ 《论语》,韦利英译,杨伯峻今译,外文出版社,2010,第 147 页。
⑤ 何刚强:《瑕瑜分明,得失可鉴》,《上海翻译》2005 年第 4 期,第 19 页。

连接中可以起到承上启下的作用,符合西方的语言习惯。但是从各个注释文本的诠释来看,前后两部分并没有逻辑上的不连贯。《论语集解义疏》注曰"苞氏曰虽之夷狄无礼之处由不可弃去而不行也"①,疏曰"假令人夷狄无礼义之处亦不可舍弃于此"②。朱熹解释为"恭主容,敬主事。恭见于外,敬主乎中。之夷狄不可弃,勉其固守而勿失也"③。从韦利《论语》的译文句式可以看出,他参考了朱熹的注释,但是朱熹的注释并没有逻辑不连贯的感觉。杨伯峻解释为"这几种品德,纵到国外去,也是不能废弃的"④。钱穆也和前人的认识一样,认为这句应译成"这几项,就是去夷狄之邦,也不可弃去不行呀"⑤。所以从各个注释版本的解释来看,"居处恭,执事敬,与人忠"和"虽之夷狄,不可弃也"两部分,并没有语义和逻辑上的不连贯。

这种无中生有的边译边注释的方法,不是一种忠于原文的举措。而且韦利翻译的是《论语》原文,而不是后人的《论语》注释文本,所以无论后世对孔子言行的评价如何之高,仅是从原文中并没有看出孔子把这句话当成箴言(maxim)。

即使是认同韦利的观点,认为原文的叙述在逻辑或是语义上不连贯,但是他边译边解释的译法也不能说是忠于原文。韦努蒂在评价格雷夫斯(Graves)翻译苏埃托尼乌斯(Suetonius)的《十二恺撒》(*The Twelve Caesars*)时就说,格雷夫斯试图使他的译文极端流畅。为了达到这种目的,格雷夫斯就需要修改原文,这是一种有意而为之并且具有文化独特性的做法,这种文化的独特性由现代英语的价值观所决定,所造成的结果就是将罗马时期的文化同化为英国文化。⑥ 所以,格雷夫斯在翻译时插入了解释性的短语,但是插入的这部分不仅带有民族中心主义价值观,更与文本所处的时代价值观不符。⑦ 这与韦利英译《论语》所造成的效果一样,都是通过改变原文所谓的逻辑和语义不连贯

---

① 王云五:《论语集解义疏》,商务印书馆,1938,第184页。
② 同上。
③ 朱熹:《四书章句集注》,上海古籍出版社,2013,第189页。
④ 杨伯峻:《论语译注》,中华书局,2012,第138页。
⑤ 钱穆:《论语新解》,三联书店,2014,第310页。
⑥ Lawrence Venuti, *The Translator's Invisibility: A History of Translation* (Second Edition) (London and New York: Routledge, 2008), p.29-30.
⑦ Ibid, p.31.

达到流畅的效果。

王国维在谈论古代哲学典籍时,曾这样评价其文章特点,他说"夫古人之说,固未必悉有条理也。往往一篇之中,时而说天道,时而说人事。岂读一篇中而已,一章之中,亦复如此"①。所以说,中国传统哲学文本的特点之一,以现代人的视角来看就是,中心不明确,一篇甚至一章中有多个议题,作者经常在各种议题中转换。好在"中国哲学天道和人道、宇宙本体与社会伦理的整体思考,从形式到内容都是和谐的、圆满的"②,而且哲学术语有丰富的意蕴并且术语间的关联性强,所以"无论说天说人时,皆可用此语,故不觉其不贯串耳"③,更不会觉得逻辑或是语义上有不连贯的感觉。

韦努蒂所举的例子中,为什么雷夫斯认为苏埃托尼乌斯的《十二恺撒》不够流畅呢? 格兰特分析到,原作者在创作时收集了对恺撒正反两面的评价,原作者并不添加自己的个人判断,并且叙述的语言上是朴实无华的,在对人物的刻画上采取了一种客观不介入的方法,也不刻意追求人物性格的前后一致,所以就无法构成一个和谐的整体。④ 雷夫斯则认为经典作品的普通作者,仅仅是想了解文本中的事实性信息,译者最好把原作的脉络理顺,好让读者流畅的阅读。"韦利笔下的孔子是一个讲着流利英语的英国绅士"⑤,或许韦利英译《论语》中的边译边解释的做法,也是想迎合读者,让他们能流畅地阅读。

因此,译文的语言风格并不像许多评论所说的那样与原文接近,而是被彻底改变,《论语》也从记录孔子言行的文本,变成了韦利对中国哲学的创造性解读,并且连他自己也承认"我常常发现是自己,而不是文本在说话"⑥。宏观相契是理解中国哲学的方法与前提,微观相切是从宏观相契出发,寻找出句子、术语、概念之间微观上的联系,从而厘清翻译对象在原文中的准确意义,并给出符合原文含义的译文。如果不这么做,就是译者自说自话,想当然地认为自己的理解是正确的,其后果也就不言而喻。针对这种现象,方东美就曾经指

---

① 王国维:《王国维论学集》,中国社会科学出版社,1997,第 391 页。
② 张立文:《中国哲学范畴发展史》(天道篇),中国人民大学出版社,1988,第 27 页。
③ 王国维:《王国维论学集》,中国社会科学出版社,1997,第 391 页。
④ Gaius Suetonis Tranquillus, *The Twelve Caesars*, trans. R. Graves (Harmondsworth: Penguin, 1991), p. 8.
⑤ 杨平:《哲学诠释学视域下的〈论语〉翻译》,《中国外语》2012 年第 3 期,第 104 页。
⑥ Arthur Waley, "Notes on Translation (1958)," in *Madly Singing in the Mountains: An Appreciation and Anthology of Arthur Waley*, ed. Morris Ivan (New York: Walker and Company, 1970), p. 158.

出过,《论语》是一部很容易读懂的书,但是一些学者却故作高深,从文法、语义上面把整本书弄得支离破碎。① 究其原因,就是把儒家思想当成西方哲学的附庸,完全以西方哲学的框架和思想解读儒学,既抹杀了儒学的内在精神,也无法使儒学各部分内容融会贯通。

所以,从辜鸿铭和韦利英译中的错误就可以看出,在翻译过程中,译者对术语之间、术语与义理系统间微观关联的认知的重要性。术语翻译的微观相切要求译者不仅要对中国哲学有整体的认识,而且要厘清术语发展的脉络及其特点。对术语的认知离不开对其所处的义理和语境的研究。术语在不同时代、不同文本都呈现出不同的含义,如果在研究中忽略了微观层面的变化,那么对术语的理解就不可能正确。从韦利英译《论语》的例子中可以看出,他并没有认识到儒学术语的特殊性,依然是用西方的文化术语翻译儒学术语,无视儒学术语中独特的文化和哲学背景,并且为了能够使译文流畅,强行给原文加上了不必要的内容,完全改变了儒学的本来面貌。如果说辜鸿铭的翻译是中国学者在传播儒家文化的过程中面对强势文化的无奈之举,那么韦利这种无视文本所处的语言语境和文化语境的翻译,就是西方汉学家民族中心主义的体现。

因此,在当代翻译儒学术语时,就要向世人展现出儒学的本来面貌,保持儒学与西方哲学之间的文化差异,维护儒学术语中所体现的文化身份,在翻译的过程中还原儒学特有的价值观念和思维方式。作为译者,要清楚地认识术语意义认知的复杂性,不仅要在宏观上与术语所处学派的要旨相契合,而且要从微观上与术语所处文献的时代文化特性及其作者意指的含义相一致。通过宏观和微观上的交织融贯,才能得出与原文含义等值和等效的译文。

6.2 翻译步骤

儒学术语的翻译是一项复杂的系统工程,应该以哲学、语言学以及文化学等理论为基础进行建构。译者不仅要从宏观上对儒学的发展脉络和思想意旨有整体上的认知,也要从微观上对儒学术语的特性以及中国古代的语言文字

---

① 方东美:《原始儒家道家哲学》,台湾黎明文化事业股份有限公司,2006,第 124 页。

有深入的研究,对术语研究所要遵循的原则、方法论和标准有自己的认识。具体来说,就是在宏观相契、微观相切方法论的指导下,从义理、流派和所处文本出发,把握术语的原始关系及其产生和发展的根据。其次,对术语的含义和意义要有历史上的见地,用历史和逻辑的方法进行归纳和分析,厘清术语原义、他义和今义之间的关系,同时更要体现出语言语境和文化语境对术语意义的规定性作用。"观文势而为训",认识到专书训诂的价值以及局限性,从术语的特征和汉语语言的性质着手,做到"随文释义"。只有认清术语在共时和历时下的变化和演绎,才能分析出意义间的差异,进而给出准确的译文。具体的方法就是现象描述、历史探源、义理辨析、意义辨析与正确翻译等方法的立体结合。

6.2.1 现象描述

现象描述是以宏观相契为出发点,弄明白某术语的主要用法及相关指涉。对一个术语的全面了解,就是要弄清截止到该术语在当下文本出现前,作为语言使用时,有多少语言意义和功能层面被使用,并且从共时的角度出发,总结归纳此术语在当前文本中的不同用法。

语言学家在索绪尔对语言与言语区分的基础上,把意义分为语言意义(linguistic meanig)与言语意义(utterance meaning)。① 语言意义指通常所说的词典意义②,言语意义又可以被称为语境意义(context meaning)。③ 因此,从意义的认知上来讲词汇有两种意义:词典意义和语境意义。词典意义,就是指这个词作为一般意义上的解释,是已经被社会公认的作为一般词汇训释而接受的词义,这些词经过反复使用,其词义有多项、概括和稳定的特点,可以在辞书中找到根据和相应的意义。语境意义,就是在特定领域和语境下所呈现出的意义。从术语训释的角度来看,词典意义和语境意义的区别就在于,词典意义可以成为词语最早产生时的意义,这种意义是社会大众在普遍使用时所具有的意义;语境意义就是作为词语在被哲学家运用之后,为了解释自己的哲学观点和学术思想,而被赋予的哲学意义,也就是术语的含义。术语有特定的学术

---

① 张维鼎:《意义和认知范畴化》,四川大学出版社,2007,第57页。
② 同上书,第215页。
③ 同上书,第225页。

范畴和学术派别,并且具有浓厚的个人色彩。斯坦纳认为,"语法和字典对翻译者来说没什么太多作用,只有最全面的语言和文化语境才能确定含义"①。

现象描述为宏观相契提供条件,对词语含义的训释有指导作用,无论是古代哲学文本中的一般词语,还是术语,都可以用现象描述的方法给出方向性含义,也就是有关术语含义理解的大致范围。下面就用现象描述的方法分析"理"在《孟子》中的意义和基本功能。

《说文解字》曰"理,治玉也,从玉里声",《说文解字注》曰:"玉之未理者为璞,是理为剖析也。玉虽至坚,而治之得其鰓理以成器不难,谓之理"。可见,理的原始含义为玉的纹理,也指根据玉的纹理而治玉。普通词汇总是随着人活动范围的扩大以及文化的发展而不断丰富其内涵,理玉的纹理引申为事物的条理,由顺其条理治玉而引申了治理。周代的典籍中,最先开始出现了理的概念:《诗经·公刘》曰"止基乃理,爰众爰有",理有治理、整治的意思;又如《左传·成公二年》"先王疆理天下,物土之宜",理有划定疆界,治理天下的含义,《左传》中理的含义是《诗经》中的延续。

除此之外,理也指官职,如《左传·昭公十三年》:"诸侯靖兵,好以为事。行理之命,无月不至";又如《国语·周语中》:"周之《秩官》有之曰:敌国宾至,戈尹以告,行理以节逆之"。可见,在《左传》《国语》和《诗经》中,理还处在一般概念阶段,并没有增添更多的内涵,也不属于哲学术语。

在《易传》中,理的内涵逐渐丰富了起来,如《易传·系辞上》曰:"仰以观于天文,俯以察于地理",地理指的是天地昼夜运行的规律和原因;又如:"天下之理得,而成位乎其中矣",天下之理就有了天地万物发生发展的总趋势,有普遍规律的含义;又如:"观变于阴阳而立卦,发挥于刚柔而生爻,和顺于道德,而理于义,穷理尽性以至于命",《说卦》曰:"昔者圣人之作《易》也,将以顺性命之理"。《易传》中的理从狭义的天地昼夜运行的规律,到广义的天地万物运动的总规律,最终谈到了人对于自己和世界的认识。性命之理就是关于人对自己和世界的认识,它可以使人了解万物的运动变化规律,同时从顺与道德,与义相结合,天地人三才就此有机地结合了起来。

---

① George Steiner: *After Babel: Aspects of Language and Translation* (Shanghai: Shanghai Foreign Language Education Press, 2001), p. 376.

《诗经》《左传》《国语》和《周易》都成书于孟子之前的时代,从理的发展演变来看,理已经从玉石的纹理、治玉,扩充为道理、规律等抽象意义,而且还与德、义相结合,具有了道德属性,这些含义成为当时社会的普遍概念,理在孟子之前的时代已经具有哲学内涵。

《孟子》中"理"字三见,曰:

(1)孟子曰:"伯夷,圣之清者也;伊尹,圣之任者也;柳下惠,圣之和者也;孔子,圣之时者也。孔子之谓集大成。集大成也者,金声而玉振之也。金声也者,始条理也;玉振之也者,终条理也。始条理者,智之事也。"终条理者,圣之事也。(《万章下》)

(2)心之所同然者何也?谓理也义也。圣人先得我心之所同然耳。故理义之悦我心,犹刍豢之悦我口。(《告子上》)

(3)貉稽曰:"稽大不理于口。"孟子曰:"无伤也,士憎兹多口。《诗》云:'忧心悄悄,愠于群小。'孔子也。'肆不殄厥愠,亦不殒厥问。'文王也。"(《尽心下》)

第一见中"理"的含义,并没有脱离这一时期"理"在社会公共生活中的一般含义。此句描述的是乐章节奏,音乐以钟声开始,以磬声结束,"理"即音乐的节奏条理。这一见的英译,

a. The metal sound commences the blended harmony of all the instruments, and the winding up with the stone terminates that blended harmony. The commencing that harmony is the work of wisdom. The terminating it is the work of sageness.①(理雅各)

b. The metallic bell begins the rhythmic order and the musical jade stone winds it up. The beginning of the rhythmic order means wisdom, and its winding-up saintliness.②(赵甄陶)

c. To open with bells is to begin in an orderly fashion; to conclude with jade tubes is to end in an orderly fashion. To begin in an orderly fashion is the concern of the wise while to end in an orderly fashion is the concern of a sage.③(刘殿爵)

---

① James Legge, *The Chinese Classics* (Vol. Ⅱ), (Taipei: SMC Publishing Inc, 1992), p.372.
② 《孟子》,赵甄陶英译,杨伯峻今译,湖南人民出版社,1999,第223页。
③ D.C. Lau, *Mencius* (London: Penguin Books, 2004), p.113.

理雅各把"理"译成 harmony,强调乐章的和声;赵甄陶译成 the rhythmic order,符合"理"在句中的本义;刘殿爵翻译成 an orderly fashion,强调一种先后顺序。孟子继承了孔子的思想,孔子的年代礼崩乐坏,所以一直提倡恢复周礼。孔子礼乐的思想,重点并不在音乐本身,而是在于礼乐中所展现的礼义制度。所以在这里刘殿爵的译文更能体现出原文的精神,既是音乐的顺序,也是社会礼制的体现。这三种译法各有侧重,都符合原文所描述的某一种意义。

第三见,孟子举孔子和文王的例子,告诉貉稽被人讥讪是件无所谓的事。《广雅疏证》曰"理,顺也",并且《易传》中也有"和顺于道德,而理于义"的说法,所以此句的"理"可释为"顺","不理于口"可释为"不顺于人口",就是说貉稽的道德品质很坏。从第三见可以看出,王念孙《广雅疏证》和杨伯峻的《孟子译注》都以"理和顺于道德"引证"理"可以释为"顺",并在解释中又强调"理"在《易传》中的道德属性,最后综合两方面结论,得出了"不理于口"是"不顺于人口",即人们说貉稽的道德品质很坏。对于这一句的诠释,不仅有对同一时代公共含义的继承,也体现了"理"与"德"的联系——以它们之间的微观联系为参照,最终确定其含义。对这一见的英译也都体现了这个含义,没有其他特别之处。

第二见,孟子认为理为义,他继承孔子的学说,把理纳入作为仁的最高哲学范畴的理论体系。孟子认为人性本善,人心对于理和义的需要,就像人的口对于肉类的需要,是一种与生俱来的天性。人的四端之心是仁义礼智的体现,仁义礼智由四端之心发展扩充起来,所以孟子的理与仁义礼智处于同等的地位,它包含了整体伦理道德体系。孟子的理是人们发自内心的需要,由四端之心作为源头,不断扩充人内在的道德观念。理不仅是内在的道德要求,也与外在的礼仪节文所结合。从音乐上看,音乐条理清晰,节奏准确,才能构成统一的和谐整体。对人来说,节奏条理的开始在于智,终结在于圣。人的仁义礼智道德观念,有头有尾,有始有终才能成为圣人,而孔子之所以是圣人,就是因为他能穷仁义礼智信于一身,有完美的德行,达到了道德与礼仪节文的完美结合。① 这一见的英译为:

---

① 张立文:《中国哲学范畴精粹丛书——理》,中国人民大学出版社,1991,第28-29页。

a. What is common to all hearts is reason and righteousness.①(赵甄陶)

b. It is, I say, the principle of our nature, and the determinations of righteousness.②(理雅各)

c. What is it, then, that is to all hearts? Reason and rightness.③(刘殿爵)

赵甄陶和刘殿爵把理译成 reason,是把孟子的理当作理智、理性来讲,而理雅各译成 the principle of our nature,则突出了理作为人内在道德要求的含义。因此,理雅各的翻译更能体现出孟子的理是人们发自内心的需要这一层含义,与西方哲学中强调的理性大相径庭。

综上所述,《孟子》中三处"理"的含义均不同,理解的时候不仅要清楚"理"在孟子之前时代和同时代的含义,还要清楚"理"与同时代以及同文本其他术语间的微观联系。只有通过对发展脉络的梳理,和对文本中不同语言语境和哲学语境的认识,才能做到随文释义,从而准确地翻译出术语的含义。

6.2.2 历史探源

历史探源,就是运用历史和逻辑的方法,从术语发生发展的脉络上考察术语意义的流变,通过考察不同历史时期人们观念的发展变化,来准确定位术语的具体含义。下面就从对"神"的意义认知,来说明历史探源在诠释中的具体运用。

神起源于人类对自然和自然力的崇拜,原义是指原始宗教所崇拜的神,即鬼神之神。如"予仁若考能,多材多艺,能事鬼神"④,能不能侍奉鬼神,被看作统治者的德才之一。此句译文为:

a. I have loving obedient to my father; I am possessed of many abilities and arts which fit me to serve spiritual beings.⑤(理雅各)

b. I am gentle and clever, gifted in many ways, and I have the ability to serve the spirits.⑥(罗志野)

---

① 赵甄陶英译,杨伯峻今译:《孟子》,湖南人民出版社,1999,第253页。
② James Legge, *The Chinese Classics* (Vol. Ⅱ) (Taipei: SMC Publishing Inc, 1992), p.406.
③ D. C. Lau, *Mencius* (London: Penguin Books, 2004), p.127.
④ 《尚书·金滕》。
⑤ 理雅各英译,周秉钧今译:《尚书》,湖南人民出版社,2013,第205页。
⑥ 罗志野英译,周秉钧今译:《尚书》,湖南出版社,1997,第127页。

《论语》中有"……敬鬼神而远之……"的说法①,译文为:

a. Who by respect for the Spirits keeps them at a distance.②(韦利)

b. respect spiritual beings but keep them at a distance.③(陈荣捷)

c. keep one's distance from the gods and spirits of the dead.④(刘殿爵)

三代,或者说至少在商代,已经形成了天神、人鬼、地祇的神灵体系。⑤ 天神泛指掌管风、雨、日、月等天上的神祇,地祇代表了大地上的万物,代表了对自然的敬畏。天神和地祇只允许有一定地位的人祭祀。人鬼就是人的祖先,人人都有父母,所以祭祀人鬼普通百姓也允许。然而孔子不但不认为统治者需要侍奉鬼神,而且对人死之后成为人鬼,灵魂不灭持怀疑态度,从儒学就不信鬼神。韦利译成大写的 Spirit 有基督教的含义,这明显是一种比附的翻译,与儒家思想毫无关系。刘殿爵译成 gods and spirits of the dead,就表明了人死后神明不灭,显然与孔子的鬼神观背道而驰。在英语中 spirit 是一个意义非常丰富的词语,根据奈达⑥的划分 spirit 有 11 种不同的含义,如果不进行注释说明,很难判定译文中的 spirit 到底是对应英语中的哪种含义。

战国时代,各家除了从神灵方面理解,神还可以代表人的思想意识、精神活动以及伦理道德。在《孟子》中,除了表示鬼神,神还表示伦理道德,如"大而化之之谓圣,圣而不可知之谓神"⑦,译文为:

a. When this great man exercises a transforming influence, he is what it called a sage. When the sage is beyond our knowledge, he is what is called a spirit-man.⑧(理雅各)

b. To be merged with such greatness is called "sage". When such sageness is beyond our depth it is called "divine".⑨(赵甄陶)

---

① 《论语·雍也》。
② 韦利英译,杨伯峻今译:《论语》,外文出版社,2010,第 59 页。
③ Chan, W-T, *A Source Book in Chinese Philosophy* (Princeton: Princeton University Press, 1969), p. 30.
④ D. C. Lau, *Confucius: The Analects (Lun yu)* (Hong Kong: The Chinese University Press, 2000), p. 53.
⑤ 陈来:《古代宗教与伦理:儒家思想的根源》,三联书店,2009,第 106 页。
⑥ Sussan Bassnett, *Translation Studies* (Third Edition) (Shanghai: Shanghai Foreign Language Education Press, 2004), p. 7-28.
⑦ 《孟子·尽心下》。
⑧ James Legge, *The Chinese Classics* (Vol. II) (Taipei: SMC Publishing Inc, 1992), p. 490.
⑨ 赵甄陶英译,杨伯峻今译:《孟子》,湖南人民出版社,1999,第 329 页。

c. To be great and be transformed by this greatness is called "sage", to be sage and to transcend the understanding is called "divine".①(刘殿爵)

"圣而不可知之谓神"意思就是圣德到了渺不可测的境界就叫"神",无论"神"在这里表示的是伦理道德还是一种渺不可测的境界,用 divine 这种充满基督教文化意味的词,显然是不合适的。理雅各在译文后的注释中说明,之所以不用 spirit 和 divine 是因为人和神不能相提并论,如果这么做就是贬低神的地位而抬高了人的地位,而中国先哲用人和神作比较就是贬低了上帝的特权。② 因为理雅各参考的是朱熹的注,而朱熹秉承的是儒学一贯的无鬼神论,与隋唐以来盛行的佛教有鬼神论划清了界限。鬼神在朱熹理学中不是一种可见的形象,而是宇宙本体论的一种存在,是宇宙万物运动变化的形式。但是理雅各并没有给出 spirit-man 的具体解释,或许是他作为传教士对儒学无神论做出的妥协,既不愿承认无神论的观点,又不愿违背自己一直以来所坚持的翻译忠实原则。

荀子认为神是人的思想意识、精神,如"积善成德,而神明自得,圣心备焉"③。译文为:

a. If you accumulate enough good to make whole your inner power, a divine clarity of intelligence will be naturally acquired and a sagelike mind will be fully realized. ④(诺布洛克)

b. Pile up good deeds to create virtue and godlike understanding will come of itself; there the mind of the sage will find completion.⑤(华兹生)

c. If you accumulate enough goodness to achieve virtue, then you will naturally attain to spirit-like powers and enlightenment, and the heart of a sage is complete therein.⑥(Eric L. Hutton)

"神"在这里表示的是人的思想意识和精神,跟神明毫无关系。荀子是第

---

① D. C. Lau, *Mencius* (London: Penguin Books, 2004), p. 162.
② James Legge, *The Chinese Classics* (*Vol. II*) (Taipei: SMC Publishing Inc, 1992), p. 491.
③ 《荀子·劝学》。
④ 诺布洛克英译,张觉今译:《荀子》,外文出版社,2013,第9页。
⑤ Burton Watson, *Xunzi* (Columbia: Columbia University Press, 1893), p. 20.
⑥ Eric L. Hutton, *Xunzi* (Princeton: Princeton University Press, 2014), p. 34.

一个从唯物主义角度总结和归纳形神问题的儒学家。① 所以用 divine 和 god-like 是不符合原文含义的,而用 spirit-like 如果加以注释说明 spirit 的指代,是可以接受的,powers and enlightenment 可以理解成人的精神力和理解力。

又如"形具而神生,好恶、喜怒、哀乐藏焉"②,把神作为和人的形体相对而存在的精神,作为人的认识、感情、意志的综合。译文为:

    a. …the body will be provided and the spirit born…③(陈荣捷)

    b. …the physical form becomes whole and the spirit is born"④(诺布洛克)

    c. …when the form of man is whole and his spirit is born…⑤(华兹生)

除了思想意识、精神,荀子还认为"神"是自然微妙的变化,如"万物各得其和以生,各得其养以成,不见其事而见其功,夫是之谓神"⑥。天地不但变化运动,还化育万物,这种自然的变化就是神。荀子从唯物主义的角度,对形神问题进行了总结和概括。译文为:

    a. Each of the ten thousand things attains its harmony, and thus grows. Each obtains its nourishment, and thus achieves full development. We do not see their activities but we do see their results. This is what is called spirit.⑦(陈荣捷)

    b. Each of the myriad things must be in a harmonious relation with Nature in order to grow, and each must obtain from Nature the proper nurture in order to become complete. We do not receive the process, but we perceive the result—this indeed is why we call it "divine".⑧(诺布洛克)

    c. All things obtain what is congenial to them and come to life, receive what is nourishing to them and grow to completion. One does not see the process taking place, but sees only the results. Thus it is called godlike.⑨(华兹生)

从译文来看,不管"神"是表示鬼神之神,还是精神、思想意识,或是自然

---

① 葛荣晋:《中国哲学范畴史》,黑龙江人民出版社,1987,第202页。
② 《荀子·天论》。
③ Chan, W-T, *A Source Book in Chinese Philosophy*, (Princeton: Princeton University Press, 1969), p.118
④ 诺布洛克英译,张觉今译:《荀子》(下),外文出版社,1999,第537页。
⑤ Burton Watson, *Xunzi* (Columbia: Columbia University Press, 1893), p.60.
⑥ 《荀子·天论》。
⑦ Chan, W-T, *A Source Book in Chinese Philosophy* (Princeton: Princeton University Press, 1969), p.118.
⑧ 诺布洛克英译,张觉今译:《荀子》(下),外文出版社,1999,第535页。
⑨ Burton Watson, *Xunzi* (Columbia: Columbia University Press, 1893), p.59.

界微妙的变化,都有译者将其译成 spirit 或是 divine。这不仅容易引起歧义,而且还有比附西方基督教文化之嫌,更体现不出"神"在儒学不同时期的意义流变以及原文的内涵。这种不加区别的翻译,改变了儒学的历史面貌。

6.2.3 义理辨析

中国哲学的强诠释性造就了术语意义的复杂和多元。冯友兰曾说:"语言文字,有其继承的一方面,也有其变化的一方面。就其变化的一方面说,某些名词在某一时代,有其特殊的意义。就某一个学派说,某一个学派所用的某些名词,特别是某些专门术语,也各有其特殊意义。我们要想了解某一时代的某一学派的哲学思想,必须首先正确地了解某一时期的某一学派所常用的术语的准确的意义。"①如果不从义理的角度去分析术语的内涵,就是忽略了术语的特性,就容易把术语当作普通词汇一概而论,或者是张冠李戴,那么诠释的准确性和客观性也就无从谈起。

"心"作为中国哲学中内涵最为丰富的术语之一,如果不从义理上考察,是无法在文中确定其含义的。《说文解字》曰:"心,人心,土藏,在身之中,象形。博士说以为火藏。"心最初的含义指心房,人体的一个器官。

殷周时期被引申为私心、心思、念头。《易经》中有"心恻""薰心"和"立心"的说法,这三个词分别表达了情绪、心理状态、思想、作为主体的心理意识,会对客观世界产生不同的反应。在翻译的时候,也需要根据语境的不同给出相应的译文。《尚书·盘庚上》:"汝猷黜乃心""汝克黜乃心",这里的心就是私心,理雅各译为 selfish thoughts,罗志野译为 selfish motives,从翻译中就可以看出,这时的心已经有善恶的道德属性。又如《诗经·泮水》中"济济多士,克广德心。桓桓于征,狄彼东南",指的是君主以德之心治理国家。

春秋时期,在《左传》和《国语》两部书中,依然讲的是心的道德内涵,差别就在《左传》强调人的主体道德意识,提出"仁人之心",并以此为治国原则。《国语》从天道论心,提出"帝心"这个对偶术语。帝指的是上帝、天帝,不同于西方宗教中的上帝,是自然的人格化,帝心就是上帝的精神意志。从古代朴素的自然观来看,违背了天帝的心意就要受到惩罚,所以帝心所代表的就是天道

---

① 冯友兰:《三松堂全集》(第12卷),河南人民出版社,2001,第354页。

法则。春秋时期心的内涵发展涵盖了政治、社会和人生多个维度,比殷周时期有了较大发展,心已经从"专名"发展成为具有普遍性含义的哲学术语。

春秋后期孔子创立了儒家学派,以仁义道德为思想核心,孔子说:"七十而从心所欲,不逾矩"①。按照内心想法去做,又不违背制度,心在这里有三个层面的意思:内心的欲望、主体的思维和主体道德意识。② 孔子把这三个层次统一于心,目的是发展仁的思想,在孔子这里心作为一个生理器官同时具有了认识功能和道德属性。所以,对"从心所欲"中"心"的翻译,如理雅各、韦利、陈荣捷、刘殿爵、林戊荪都译成 heart,可见当时还是把心当作脏器,虽然它已经具有哲学、伦理学的内涵。

孟子是第一个明确把心作为思维器官的哲学家,提出"心之官则思"③,心跨越了生理和心理两个维度,成为一个高度抽象化的概念。因此,理雅各译成 To the mind belongs the office of thinking,并在脚注中指出"心'the mind'embracing the whole mental constitution"④。赵甄陶译成 The mind is an organ of thinking。心已然成为一个具有心理学、伦理学和哲学内涵的术语,意义经过了高度抽象化,但是古人认为心是思维的器官,而 mind 具有头脑的含义,所以这里的翻译还是用 heart 更好。孟子提出了四端之心,即恻隐之心、羞恶之心、辞让之心、是非之心。在翻译四端之心时,陈荣捷把"心"译成了 feeling,Eric L. Hutton 翻译成为 sense,都体现了心的道德感知。

荀子论心,着重于论述心的认知功能,提出"心有征知"。陈荣捷、布诺洛克、华兹生都把荀子的"心"译成 mind,但在"心居中虚以治五官,夫是之谓天君"一句中,由于"心"是明确作为具有认知功能的脏器出现在文中,所以译文才会显示出"心"作为脏器的含义。陈荣捷译成 The heart(mind)occupies the cavity in the center to control the five organs;布诺洛克译成 The heart/mind that dwells within the central cavity is used to control the five faculties;华兹生译成 The heart dwells in the center and governs the five faculties。另外,荀子的心还作为自由意志出现,具有制裁情欲、主宰行动的作用,翻译时也译成 mind 或者

---

① 《论语·为政》。
② 张立文:《中国哲学范畴精粹丛书——理》,中国人民大学出版社,1996,第 31-32 页。
③ 《孟子·告子上》。
④ James Legge, *The Chinese Classics* (Vol. 1)(Taopei:SMC Publishing Inc,1992),p.201.

heart。

在宋明理学中,心作为虚灵明觉的心,是本体论中的最高范畴,万物的本源。王阳明认为心就是充塞天地的灵命:"可知充塞天地中间只有这个灵命"①,又说"心之本体,原自不动。心之本体即是性,性即是理,性元不动,理元不动。集义是复其心之本体"②。清代儒学中,王夫之认为心是直觉、神明,即物质实体及其功能,"无目而心不辨色,无耳而心不知声,无手足而心无能指使,一官失用而心之灵已废矣"③。

"心"的意义经历了从生理到心理,到伦理,到哲学逐步提升和丰富的过程,最终成为儒学中的一个核心术语,成就了一个感性与理性、物质与精神、具体与抽象等二维多层结构的话语体系。从最初的身体脏器到《易经》的心理、《尚书》的善恶之心、《诗经》的德心、《左传》的仁人之心、《国语》的帝心,再到先秦儒家的仁义之心、宋明的陆王心学、清儒的物质实体,"在一定程度上直接促成了中国传统文化尚内重心的倾向,彰显出整体意义特征,凸显出文化语境在术语理解中的本体性及重要性"④。义理探析就是要求译者通过对作者、文本、流派等进行深入细致的了解,弄明白该文本作者的义理体系,确定相对宏观的思想倾向和微观的意义域,只有这样才能准确地理解术语在原文中的含义。

6.2.4 意义辨析与正确翻译

意义辨析与正确翻译可以看作两个步骤,但又密不可分。儒学术语有流变性和多相性的特征,说明了儒学术语不仅常常一词多义,还会出现多种理论功能。所以,辨析的不只是词义,还要注意其在儒学理论中的功能。有些情况是,译者对术语意义的辨识是正确的,但从翻译的结果来看,不能算是忠实的翻译。

下面以"五行"的英译为例来说明意义辨析与正确翻译的重要性。

---

① 《传习录》(下)。
② 《传习录》(上)。
③ 《尚书引义》卷六《毕命》。
④ 郭尚兴:《论中国传统哲学整体性观照下术语英译的意义相契性》,《中国文化研究》2015 年第 4 期,第 47 页。

"……案往旧造说,谓之五行……"①,《荀子》里这一段说的是荀子对子思和孟子五行学说的批评。译文为:

　　a. They have initiated a Theory for which they claim great antiquity, calling it the Five Processes theory.②(诺布洛克)

　　b. What they have seen and heard is broad and haphazard, and following the old past they create new doctrine, calling it the Five Conducts.③(休顿)

著名历史学者顾颉刚先生曾经指出:"五行,是中国人的思维律,是中国人对于宇宙系统的信仰,二千余年来,它有极强固的势力。"④庞朴认为起源于商代,从殷墟出土的卜辞中可以看出殷人尚五(五方、五臣、五火)的习惯,并且具有体系性——以方位为基础的五的体系,这就是原始五行说。⑤ 顾颉刚不赞同秦汉所宣扬的"阴阳五行说",通过对夏代文件《尚书·甘誓》的训释,提出五星说,认为五行起源于对星历的观察活动。⑥ 范文澜认为,原始五行说"夏为创世期,殷为扩充期"⑦。

周书《尚书·洪范》中明确使用了"五行"概念,并且规范概括了"五行"的内容,"洪范九畴"第一畴就是五行:"一曰水,二曰火,三曰木,四曰金,五曰土",五行指与人类日常生活密切相关的五种基本物质。第二畴为五事:"一曰貌,二曰言,三曰视,四曰听,五曰思",就是指人的态度、语言、视觉、听觉和思维。刘起釪⑧认为,天上有天象的五行,地上有物质的五材,人间以人的品行为五行或"五常",只有五行指人的品行时才会出现歧义。《尚书·洪范》将"五行"同"五事""五纪""五福"等社会实践活动、社会规范和社会价值观念并举,并且将"五行"置于首位。

章太炎⑨注解荀子批评思孟"五行"的具体所指时,认为这是子思将《尚书·洪范》中同"五事"并举的"五行"进一步同仁、义、礼、智、信关联起来,又

---

① 《荀子·非十二子》。
② 诺布洛克英译,张觉今译:《荀子》(下),外文出版社,1999,第127页。
③ Eric L. Hutton, *Xunzi* (Princeton: Princeton University Press, 2014), p. 79.
④ 顾颉刚:《终始说下的政治和历史》,上海古籍出版社,1982,第404页。
⑤ 庞朴:《阴阳五行探源》,《中国社会科学》1984年第3期,第79-80页。
⑥ 顾颉刚:《尚书校释译论》(第二册),中华书局,2005,第868-873页。
⑦ 范文澜:《与顾颉刚论五行说的起源》,上海古籍出版社,1982,第648页。
⑧ 刘起釪:《五行原始意义及其纷歧大要》,江苏古籍出版社,1998,第151-152页。
⑨ 章太炎:《子思孟轲五行说》,上海人民出版社,1985,第18页。

说子思作《中庸》以"天命之谓性"为发端,《孝经》亦如此,所以子思五行学说、《中庸》《孝经》与《尚书·洪范》的思想一以贯之。子思开启了将"五行"道德化的先河,也给同时代的阴阳五行家提供了新的思想资源。

长沙马王堆出土的帛书《五行》中,有仁、义、礼、智、圣"五德"和仁、义、礼、智"四行"。庞朴认为,仁、义、礼、智、圣又出现在《孟子》中,所以荀子所批评的思孟"五行"指的是仁、义、礼、智、圣五类道德德目。后来北郭店出土的楚简《五行》,则证实了庞朴的结论。

因此,从译文中的 five conducts 和 five processes 可以看出,译者从义理脉络和历史特征的角度考察了"五行"的起源,但荀子批评的"五行"并不是其最初的含义,即原始五行说中的含义。如前所述,原始五行说中,"行"是指人的表现,在这种语境下,翻译成 five conducts 符合原义。如果把"五行"理解成为殷人尚五的习惯,凡事以五为体系,那么把"五行"翻译成 five processes 也符合原义。

然而在思孟学派所处在时代,"五行"已经成为人们一种基本的思维范式。思孟学派扩展其适用范围,把"五行"从仅仅用来表达对自然界事物的认知范畴,转化为一组价值范畴。所以,荀子所批评的思孟"五行",是思孟学派用"五行"概括的儒家五种基本的道德德目。所以,这里的"五行"应该翻译成 five virtues。

儒学术语中的一词多义现象非常普遍,这也导致一词多译,即一个术语由于丰富的内涵出现了多种翻译。至于如何翻译这种术语,作者认为应该因地制宜,根据其所处的文本、作者、时代以及义理流派的特征去综合分析。但也有学者认为,针对一些内涵非常丰富且英语中无对应概念的术语,应提倡用音译。这种说法有其合理之处,但仍要具体地看待所要翻译的术语。因为儒学中的核心术语几乎都可以满足这种"内涵非常丰富且英语中无对应概念"的条件,如果每个术语都用音译,那么翻译也就失去了意义。

以"仁"为例,"仁"是儒学中内涵最为丰富的术语,在现行的众多译法中,译者仅是从"仁"的某一方面去翻译,如从哲学的本体意义上,译为 humanity 或 humane principle;指泛爱,译为 human-heartedness;指慈善,译为 benevolence 或 kindness。但在《论语》中,"仁"多次以统摄诸德的全德出现,而且孔子并没有对"仁"下一个具体的定义,而是在不同的对话中,描述"仁"在社会生活中的具体表现。所以,这种情况下在英语中就找不到一个对应的词,不如用音译ren。这样,既避免了片面的翻译导致的对儒学思想的遮蔽,又可以保持译文语篇意义的连贯。

但音译的方法只适用于特定的情况,并不一定通篇都适用,如孔子和子路的一段对话,孔子说:"好仁不好学,其蔽也愚;好知不好学,其蔽也荡;好信不好学,其蔽也绞;好勇不好学,其蔽也乱;好刚不好学,其蔽也狂。"①孔子在这里也是把"仁"同"智""信""勇""刚"并列的,"仁"为众德之一。这时的"仁"显然是 love、be kind 或 benevolence 的意思。

除此之外,还会出现某一个术语,不管表示什么含义,统统都用一个英语词来翻译。以"道"为例,儒、释、道三家都讲"道",对《道德经》中"道"的翻译,大多数译者都是选择音译成 Dao,Tao 或者以 the Way 来特指。儒家讲"道",有多个含义:

(1)"道"指法则、规律、原则。

a. "夫子之文章,可得而闻也。夫子之言性与天道,不可得而闻也。"(《论语·公冶长》)

b. "谁能出不由户,何莫由斯道也!"(《论语·雍也》)

c. "志于道、据于德、依于仁、游于艺。"(《论语·述而》)

d. "大道者,所以变化遂成万物也。"(《荀子·哀公》)

(2)"道"指方法。

a. "得天下有道……得其民有道……得其心有道"(《孟子·离娄上》)

b. "富与贵,是人之所欲也。不以其道得之,不处也。贫与贱,是人之所恶也。不以其道得之,不去也。君子去仁,恶乎成名。君子无终食之间违仁,造次必於是,颠沛必於是。"(《论语·里仁》)

(3)"道"指道德伦理的最高原则。

a. "夫子之道,忠、恕而已矣。"(《论语·里仁》)

b. "三年无改于父之道,可谓孝矣。"(《论语·学而》)

(4)道"为一,为原初的混沌状态。

a. "道之大,原出为天,天不变,道亦不变。"(《汉书·董仲舒传》)

---

① 《论语·阳货》。

(5)"道"为无,为本。

a."道者,无之称也。无不通也,无不由也,况之曰道,寂然无体,不可为象。"(王弼《论语疑释·述而》)

(6)道为气,道是气的运动变化的过程。

a."由气化,有道之名。"(张载《正蒙·太和》)

b."一阴一阳不可以形器拘,故谓之道。"(《横渠易说·系辞上》)

(7)道为理、为太极。

a."此理,天命也。顺而循之,则道也。"(程颐、程颢《河南程氏遗书》卷一)

b."道即理之谓也。"(朱熹《通书·诚上注》)

(8)道为心。

a."道未有外乎其心"(《敬斋记》,《陆九渊集》卷十九)

b."心体即所谓道,心体明即是道明,更无二。"(《传习录》上《王文成公全书》卷一)

如果都用 way 来表示,不但体现不出"道"含义的不同,也会造成上下文的语义含混。至于如何翻译,还要根据其所处的文本、作者、时代以及义理流派的特征去综合分析。

徐复观认为,读古人的书,要从字词句的了解开始,逐步扩展到对章节和全书的理解。① 对术语意义的认知也应是由小到大、由局部到整体的过程。先以字为单位进行理解,对于对偶术语的理解,应把两字拆开来看,分别追溯其历史上的不同含义,再分析两字并举时的意义融合和取舍。再以句子为单位,分析术语的含义,随后再把句子放在段落中理解。由于典籍中常出现前后观点不一致、思想矛盾的地方,这就需要以上下文语境为对照,从整体上理解文本的思想和作者创作的思路,从而确定术语的含义。有时从一处例证难以确定术语的具体含义,还可以从该术语在文中出现的其他章节加以分析,相互印证。不仅如此,对术语的理解还需要跳出文本,从大的文化语境中进行分析,要对文本所处的时代特色、义理流派的特征,以及作者的思想特性进行分析。从宏观和微观两方面着手,如此反复循环,才能准确客观地理解术语,从

---

① 徐复观:《中国思想史论集》,上海书店出版社,2004,第91页。

而得出等值或等效的翻译。

6.3　小结

  由于词义引申、文字假借、历史变化等原因,儒学术语一词多义现象非常普遍,其中核心术语全都兼有数义,并且在哲学功能上也是多个义项。儒学术语除了最初的文字含义,从其成为儒学术语的开始,便在历史的反证中不断地丰富其哲学内涵。孤立地看术语,它的意义是难以确定的。尽管各类工具书为我们提供了丰富的释义材料和结论,但往往不够全面,甚至会有错误,有很大的局限性,无法完全相信和依据。只有认真考察,在对其所处的上下文语境、作者思想、义理流派、时代背景等诸多要素的参考下,才能确定当下作用的含义。上下文意随文释义才能确定某字词当下所用的意义。古人常谓,一字之义,当贯群经,本六书,然后为定。此言不只经学训诂所必须遵循,儒学术语翻译也必须照办。

第 7 章
结语

　　中国传统哲学是先哲把中华民族各阶段世界观理论化的体现,是中华民族几千年来文学、艺术、美学、民俗、意识形态、民族心理、社会政治、行为准则乃至科学理念等方面的理论基础。儒学作为中国传统哲学中最重要的部分,是构成中华民族文化身份的精神源泉和不可或缺的首要元素。儒学理论系统的构建,是通过对儒学术语的不断诠释而完成的。因此,对儒学术语的意义认知和英译的研究,可以更加直接地向世界展示中国文化的精华与核心。

　　从20世纪下半叶开始,针对中国哲学典籍英译的理论与实践研究,无论是在数量上还是在质量上,都达到了前所未有的高度。与此同时,也应该注意到其中的问题。首先,一部分译者有意地把中国哲学的基本概念归化到西方哲学的体系上去,全用西方的哲学体系和理念解释中国哲学概念。其次,一些学者对中国哲学的理解不深刻,不熟悉中国哲学的发展脉络和特点,导致对中国哲学术语的理解流于表面,无法深入流派义理中理解。再次,就是对中国传统哲学术语英译缺乏理论上的系统研究,致使无所循序,各行其是。

　　针对以往研究中的这些不足,作者先从儒学术语的发展特征着手。儒学源自"六经"和孔子思想,孔子对"六经"的整理体现了他"述而不作"的思想,也奠定了此后儒学发展的基本方式,即通过对经典的诠释发展自己的学说。孔子之后的儒学家,都把弘扬"六经"和孔子的思想当作治学的出发点和归宿。无论其理论多么具有创新性,儒学家都坚持自己的学说是对经典固有真理的客观诠释。汉代思想大一统,儒学成为官方意识形态。此后儒学的发展都是和政治紧密相连,朝代的更迭也影响着儒学的发展。时代思潮的变化对儒学发展的影响,主要体现在对经典的诠释方式的影响以及对经义的不同理解。儒学经典的诠释方式可以分为两种:一种是客观诠释,旨在还原文本的客观含义和作者创作时的意图;一种是主观诠释,旨在对原文本进行创造性的诠释,发明经义。儒学内部也因此产生了不同的义理流派,它们之间既相互区别又相互影响。

　　由此可见,共同的源头和一以贯之的学术传统,使得儒学术语体现出同源性的特征,儒学大多数的核心术语就产生于儒学的初创期。儒学术语一经产生便有相对固定的形态,但儒学家创新性的诠释使得术语的内涵不断地增加。再加上儒学与政治紧密相连,不同朝代的儒学也有其不同的思想特点。因此,儒学术语在不断的发展中,不仅丰富了内涵,也增添了不同的哲学功能,使儒学术语体现出流变性和多相性的特征。儒学内部不同流派的相互借鉴和相互融合,又使儒学术语体现出融贯性的特征。

　　只有了解儒学术语的历史特征,才能从历时和共时的角度看待术语的发展。除此之外,还需要借助中西方的诠释理论,了解主观诠释与客观诠释对文本和术语内涵的影响。如此,才能在认知术语意义时,厘清术语在不同时代、不同文本、不同流派以及不同思想家中的内涵差别。在儒学术语历史特征和意义认知研究的基础上,笔者提出了针对儒学术语英译的原则、方法论以及翻译步骤。因此,本书的创新之处有:

　　(1) 以中西方诠释学理论为指导,以儒学的发展脉络为参考,总结出了儒学术语的四种历史特征,即同源性、流变性、多相性和融贯性;

　　(2) 在对儒学术语意义及特征认知的基础上,提出了以本原性和自主性为指导的儒学术语英译原则,以"宏观相契、微观相切"为指导的儒学术语英译方法论,以及具体的四个翻译步骤。

　　由于本书涉及哲学、历史学、文化学、翻译等领域,涉及面广且前人尚未进行系统性的哲学术语英译研究,因此,本书所提出的儒学术语英译原则、方法论以及翻译步骤均是尝试性的,有诸多不足之处:

　　(1) 中国传统哲学虽是以儒学为主,但是儒学之外的其他各家亦是不可忽略的一部分。本书仅是以儒学一家为研究对象,没有涉及儒学对其他各家思想的借鉴与融合。

　　(2) 本书依据文献学、训诂学的成果,笔者囿于专业知识的限制,对于文本中具有争论的章节和段落的理解,无法亲自进行名物训诂,只选取了学界主流的论断。这样对译文的分析,就未必能做到全面。

本书的完成仅是开始,笔者将在此基础之上,对本书的相关课题继续进行探讨:(1)分析其他各家思想对儒学思想的影响,进一步加深对儒学术语意义的认知;(2)在对儒学术语英译原则和方法论构建的基础上,进一步完善儒学术语英译的理论体系。

参考文献

一、古籍

[1]《传习录》
[2]《春秋繁露》
[3]《读四书大全说》
[4]《段玉裁遗书》
[5]《二程遗书》
[6]《国语》
[7]《韩昌黎集》
[8]《韩愈集》
[9]《贾谊集》
[10]《礼记》
[11]《刘子全书》
[12]《鲁斋遗书》
[13]《论语》
[14]《孟子》
[15]《尚书》
[16]《尚书古今文注疏》
[17]《尚书故》
[18]《尚书引义》

[19]《尚书正义》

[20]《慎言》

[21]《圣学格物通》

[22]《诗经》

[23]《史记》

[24]《说文》

[25]《天论》

[26]《孝经》

[27]《荀子》

[28]《晏子春秋》

[29]《晏子叙录》

[30]《张子语录》

[31]《周易正义》

[32]《朱熹文集》

[33]《朱子语类》

[34]《左传》

二、相关论著

[1] AMES R T, Hall D L. Focusing the Familiar: A Translation and Philosophical Interpretation of the Zhongyong[M]. Honolulu: University of Hawaii Press, 2001.

[2] AMES R T. Review: To Acquire Wisdom: The Way of Wang Yang-ming [J]. Bulletin of the School of Oriental and African Studies, 1977, 42(1): 419-420.

[3] AMES R T. The Remarkable Scholarship of Professor D. C. Lau[J]. Early China, 2008 (32): v-viii.

[4] BASSNETT S. Translation Studies[M]. 3rd ed. Shanghai: Shanghai Foreign Language Education Press, 2004.

[5] BERTHRONG J. Reviewed Work: Neo-Confucian Terms Explained (The Pei-hsiTzu-i)[J]. The Journal of Asian Study, 1988, 47(1): 110-111.

[6] CHAN ANN-PING, FREEMAN M. Tai Chen on Mencius: Explorations in Words and Meaning[M]. New Haven: Yale University, 1990.

[7] CHAN W-T. A Source Book in Chinese Philosophy[M]. Princeton: Princeton University Press, 1969.

[8] CHAN W-T. An Outline and an Annotated Bibliography of Chinese Philosophy[M]. New Haven: Far Eastern Publications, 1961.

[9] CHAN W-T. Chinese Philosophy, a Bibliographical Essay[J]. Philosophy East and West, 1954, 4(3): 337-357.

[10] CHAN W-T. Neo-Confucian Terms Explained[M]. New York: Columbia University Press, 1987.

[11] CHAN W-T. Review: Confucianism and Christianity: A Comparative Study[J]. The Journal of Asian Studies, 1978, 38(1): 173-175.

[12] CHAN W-T. Review: The Best of Confucius[J]. Philosophy East and West, 1951, 2(1): 71-72.

[13] CHAN W-T. Review: The Wisdom of Confucius, Translated and Edited[J]. Pacific Affairs, 1940, 13(4): 483-487.

[14] CLYDE P H. Review: An Outline and a Bibliography of Chinese Philosophy[J]. The Far Eastern Quarterly, 1955, 14(4): 576.

[15] DAWSON R. Confucius: The Analects[M]. New York: Oxford University Press, 1993.

[16] DILTHEY W. The Rise of Hermeneutics (1990)[A]. Jameson F, Makkreel R, trans. Makkreel R, Rodi F, eds.. Hermeneutics and the Study of History[M]. Princeton: Princeton University Press, 1996.

[17] ZHANG DAINIAN. Key Concepts in Chinese Philosophy[M]. Edmund R, trans. New Haven: Yale University Press, 2002.

[18] EGAN R C. Review: The Tso Chuan: Selections from China's Oldest Narrative History[J]. The Journal of Asian Studies, 1990, 49(1): 144-145.

[19] FERRARIS M. History of Hermeneutics[M]. Somigli, Luca., trans. New Jersey: Humanities Press International, 1996.

[20] GEORGE S. After Babel: Aspects of Language and Translation. Shang-

hai: Shanghai Foreign Language Education Press, 2001.

[21] HIRSCH E D. The Aims of Interpretation[M]. Chicago: The University of Chicago Press, 1976.

[22] HIRSCH E D. Validity in Interpretation[M]. Hew Haven and London: Yale University Press, 1967.

[23] HUTTON E. Xunzi[M]. Princeton: Princeton University Press, 2014.

[24] LAU D C. Confucius: The Analects[M]. London: Penguin Books, 1979.

[25] LAU D C. Xunzi[M]. Princeton: Princeton University Press, 2014.

[26] LAU D C. Review: The Philosophy of Wang Yang-ming[J]. Bulletin of the School of Oriental and African Studies, 1974, 37(2): 492-494.

[27] LEGGE J. The Chinese Classics, Vol. I[M]. Taipei: SMC Publishing Inc, 1992.

[28] LEGGE J. The Chinese Classics, Vol. 1[M]. Hong Kong: At the Author's, 1861.

[29] LEGGE J. The Chinese Classics, Vol. II[M]. Taipei: SMC Publishing Inc, 1992.

[30] MARSHMAN J. Elements of Chinese Grammar, with a Preliminary Dissertation on the Characters, and the Colloquial Medium of the Chinese, and an Appendix Containing the TaHyoh of Confucius with a Translation[M]. Serampore: Printed at the Mission Press, 1814.

[31] MORRIS I. The Genius of Arthur Waley[A]. Morris I, ed.. Madly Singing in the Mountains: An Appreciation and Anthology of Arthur Waley[M]. New York: Walker and Company, 1970,

[32] MORRISON R. A Dictionary of the Chinese Language（影印版）[M]. 郑州: 大象出版社, 2008.

[33] MORRISON R. Horae Sinicae: Translations from the Popular Literature of the Chinese[M]. London: Printed for Black and Parry, 1812.

[34] NEWMARK P. Approaches to Translation [M]. Shanghai: Shanghai Foreign Language Education Press, 2001.

[35] POUND E. Immediate Need of Confucius, Impact: Essays on Ignorance of and the Decline of American Civilization[M]. Chicago: Henry Rognery Co., 1960.

[36] SLINGERLAND E. Confucius[M]. Indianapolis: Hackett Publishing Company, 2003.

[37] SOLES D. Book Review: The Analects of Confucius[J]. Asian Philosophy, 2000, 1(10): 263-266.

[38] TU W-M. Review: To Acquire Wisdom: The Way of Wang Yang-ming[J]. Harvard Journal of Asiatic Studies, 1977, 37(2): 452-456.

[39] VENUTI L. The Translator's Invisibility: A History of Translation[M]. 2nd ed. London and New York: Routledge, 2008.

[40] WARE J. The Sayings of Confucius[M]. New York: New American Library, 1955.

[41] WATSON B. Xunzi[M]. New York: Columbia University Press, 1893.

[42] YI W. Chinese Philosophical Terms[M]. Boston: University Press of America, 1986.

[43] 安乐哲,罗思文. 《论语》的哲学诠释:比较哲学的视域[M]. 余瑾,译. 北京:中国社会科学出版社,2003.

[44] 安乐哲,罗思文. 道不远人——比较视域中的《老子》[M]. 合金俐,译. 北京:中国社会科学院出版社,2003.

[45] 安乐哲,罗思文. 和而不同:中西比较会通[M]. 温海明,译. 北京:北京大学出版社,2002.

[46] 安乐哲. 我的哲学之路[J]. 东方论坛(青岛大学学报),2006(06):14-17.

[47] 白玉杰. 中国哲学典籍英译语境本体性研究[D]. 开封:河南大学,2014.

[48] 班固. 汉书(第四十七到第五十七卷)[M]. 北京:中华书局,1962.

[49] 贝蒂. 作为精神科学一般方法论的诠释学[A]. 洪汉鼎,译.//洪汉鼎. 理解与解释——诠释学经典文选[C]. 修订本. 北京:东方出版社,2001:

124-168.

[50] 蔡方鹿. 论汉学、宋学经典诠释之不同[J]. 哲学研究, 2008(01): 64-69.

[51] 曾春莲, 张红霞. 裨治文、理雅各《孝经》英译比较[J]. 西南民族大学学报(人文社会科学版), 2010(S1): 191-195.

[52] 陈来. 古代宗教与伦理：儒家思想的根源[M]. 北京：生活·读书·新知三联书店, 2009.

[53] 程树德. 论语集解[M]. 北京：中华书局, 1990.

[54] 程志华. 中国哲学史研究的诠释理路[J]. 西南民族大学学报(人文社科版), 2008(09): 81-87.

[55] 仇华飞. 论美国早期汉学研究[J]. 史学月刊, 2000(01): 93-103.

[56] 邓尔麟. 钱穆与七房桥世界[M]. 北京：社会科学文献出版社, 1998.

[57] 邓仕樑. 前言[A]//採撷英华编集委员会. 採撷英华：刘殿爵教授论著中译集[C]. 香港：香港中文大学出版社, 2004: ix-xii.

[58] 狄尔泰. 对他人及其生命表现的理解[A] 洪汉鼎, 译. //洪汉鼎. 理解与解释——诠释学经典文选[C]. 修订本. 北京：东方出版社, 2001: 93-109.

[59] 狄尔泰. 精神科学引论[M]. 艾彦, 译. 南京：译林出版社, 2012.

[60] 狄尔泰. 诠释学的起源[A]. 洪汉鼎, 译. //洪汉鼎. 理解与解释——诠释学经典文选[C]. 修订本. 北京：东方出版社, 2001: 74-92.

[61] 杜保瑞. 中国哲学的基本哲学问题与概念范畴[J]. 文史哲, 2009(04): 49-58.

[62] 段玉裁. 段玉裁遗书(下)[M]. 台北：大华书局, 1997.

[63] 方东美. 原始儒家道家哲学[M]. 台北：台湾黎明文化事业股份有限公司, 2006.

[64] 冯友兰. 对于孔子所讲的仁的进一步理解和体会[J]. 孔子研究, 1989(03): 3-4.

[65] 冯友兰. 三松堂全集(第12卷)[M]. 郑州：河南人民出版社, 2001.

[66] 冯友兰. 中国哲学简史[M]. 北京：北京大学出版社,1985.

[67] 冯友兰. 中国哲学史(上、下)[M]. 上海：华东师范大学出版社,2011.

[68] 傅斯年. 民族与古代中国史[M]. 石家庄：河北教育出版社,2002.

[69] 伽达默尔. 诠释学Ⅰ、Ⅱ：真理与方法[M]. 修订译本. 洪汉鼎,译. 北京：商务印书馆,2013.

[70] 伽达默尔. 科学时代的理性[M]. 薛华等,译. 北京：国际文化出版公司,1998.

[71] 伽达默尔. 真理与方法[M]. 洪汉鼎,译. 上海：上海译文出版社,1999.

[72] 甘祥满. 《论语》注释中的两种诠释向度——以《论语义疏》为例[J]. 北京行政学院学报,2009(01)：105-109.

[73] 葛荣晋. 中国哲学范畴史[M]. 哈尔滨：黑龙江人民出版社,1987.

[74] 葛荣晋. 中国哲学范畴通论[M]. 北京：首都师范大学出版社,2001.

[75] 辜鸿铭. 辜鸿铭文集[M]. 海口：海南出版社,1996.

[76] 顾颉刚. 五德终始说下的政治和历史[C]//古史辨：第五册. 上海：上海古籍出版社,1982：71-268.

[77] 顾卫星. 马礼逊与中西文化交流[J]. 外国文学研究,2002(04)：116-120+175.

[78] 郭建中. 韦努蒂访谈录[J]. 中国翻译,2008(03)：43-46.

[79] 郭尚兴. A History of Chinese Confucianism[M]. 上海：上海外语教育出版社,2011.

[80] 郭尚兴. 汉英中国哲学辞典[M]. 开封：河南大学出版社,2002.

[81] 郭尚兴. 宏观相契与微观相切：中国传统哲学典籍英译的方法论研究[C]//王宏印、李正栓. 典籍翻译研究(第七辑). 北京：外语教学与研究出版社,2015：41-52.

[82] 郭尚兴. 论中国传统哲学整体性观照下术语英译的意义相契性[J]. 中国文化研究,2015(04)：148-156.

[83] 郭尚兴. 试论中国哲学典籍的英译原则[J]. 外文研究,2013(03)：

77-84+107.

[84] 郭绍虞. 中国文学批评史(上册)[M]. 天津：百花文艺出版社, 2004.

[85] 海德格尔. 存在与时间[M]. 上海：三联书店, 2012.

[86] 韩星. 先秦儒法源流论[M]. 北京：中国社会科学出版社, 2004.

[87] 何刚强. 瑕瑜分明, 得失可鉴——从Arthur Waley的译本悟《论语》的英译之道[J]. 上海翻译, 2005(04): 15-19.

[88] 何寅, 许光华. 国外汉学史[M]. 上海：上海外语教育出版社, 2002.

[89] 何中华. "哲学"语义嬗变与"中国思想"属性(下)[J]. 社会科学战线, 2011(03): 9-13.

[90] 黑格尔. 哲学史讲演录(第一卷)[M]. 贺麟, 王太庆, 译. 北京：商务印书馆, 1959.

[91] 洪汉鼎. 当代西方哲学两大思潮(上册)[M]. 北京：商务印书馆, 2010.

[92] 洪汉鼎. 诠释学——它的历史和当代的发展[M]. 北京：人民出版社, 2001.

[93] 侯外庐. 韧的追求[M]. 上海：三联书店, 1985.

[94] 胡适. 中国哲学史大纲[M]. 上海：上海古籍出版社, 2000.

[95] 黄国文. 语篇分析概要[M]. 长沙：湖南教育出版社, 1997.

[96] 黄兴涛. 文化怪杰辜鸿铭[M]. 北京：中华书局, 1995.

[97] 霍恩比. 牛津高阶英汉双解字典[M]. 第六版·英语版. 北京：商务印书馆, 2004.

[98] 江藩. 宋学渊源记[M]. 上海：上海书店出版社, 1983.

[99] 江怡. 略论西方哲学的主要传统[J]. 云南大学学报(社会科学版), 2007(06): 3-16+92.

[100] 蒋伯潜. 四书读本[M]. 北京：新世界出版社, 2010.

[101] 蒋坚松. 文本与文化——评诺布洛克英译本《荀子》[J]. 外语与外语教学, 1999(01): 40-43.

[102] 金学勤. 论美国汉学家白氏夫妇的《论语》"层累论"成书说[J].

四川大学学报(哲学社会科学版),2009(02):19-24.

[103] 金岳霖. 金岳霖集[M]. 北京:中国社会科学出版社,2000.

[104] 景海峰. 中国哲学的现代诠释[M]. 北京:人民出版社,2004.

[105] 孔安国,孔颖达. 尚书正义[M]. 北京:北京大学出版社,1999.

[106] 赖换初. 儒家礼育思想研究[M]. 长沙:中南大学出版社,2004.

[107] 劳思光. 新编中国哲学史(第一卷)[M]. 桂林:桂林大学出版社,2005.

[108] 李冰梅. 冲突与融合:阿瑟·韦利的文化身份与《论语》翻译研究[D]. 首都师范大学,2009.

[109] 李承贵,张理峰. "仁"的五种诠释[J]. 江南大学学报(人文社会科学版),2008(06):17-22.

[110] 李钢. 威妥玛《论语》译本介评[J]. 学术论坛,2011(02):101-103.

[111] 李克建. 儒家民族观思想基础探源[J]. 西南民族大学学报(人文社科版),2008(11):9-13.

[112] 李庆. "儒教"还是"儒学"?——关于近年中日两国的"儒教"说[J]. 深圳大学学报(人文社会科学版),2007(04):5-13.

[113] 李锐. 疑古与重建的纠葛——从顾颉刚、傅斯年等对三代以前古史的态度上看古史重建[J]. 清华大学学报(哲学社会科学版),2009(01):96-105+59-60.

[114] 李新德. 苏慧廉与中国宗教文化的西传[J]. 池州学院学报,2011(02):52-55+61.

[115] 李秀英. 华兹生的汉学研究与译介[J]. 国外社会科学,2008(04):63-69.

[116] 李长林. 柏应理在欧洲早期汉学发展中的贡献[J]. 社会科学战线,1998(01):74-81.

[117] 理雅各英译,周秉钧今译. 尚书[M]. 长沙:湖南人民出版社,2013.

[118] 林戊荪. 《论语》新译[M]. 北京:外文出版社,2010.

[119] 林语堂. 左手孔子,右手老子[M]. 西安:陕西师范大学出版

社,2007.

[120] 刘殿爵. 孟子在辩论中运用譬喻的方法探讨[C]. 陈胜长,译. 採撷英华编集委员会. 採撷英华:刘殿爵教授论著中译集. 香港:香港中文大学出版社,2004:131-152.

[121] 刘敬国,项东. 中哲西传,一代宗师——陈荣捷先生的翻译事业[J]. 中国翻译,2012(01):47-50.

[122] 刘起釪. 五行原始意义及其纷歧大要[M]. 南京:江苏古籍出版社,1998.

[123] 刘笑敢. "反向格义"与中国哲学研究的困境——以老子之道的诠释为例[J]. 南京大学学报(哲学人文科学社会科学版),2006(02):76-90.

[124] 刘笑敢. 诠释与定向[M]. 北京:商务印书馆,2007.

[125] 刘重德.《论语》韦利英译本之研究——兼议里雅各、刘殿爵英译本[J]. 山东外语教学,2001(02):15-7+87.

[126] 柳诒徵. 中国文化史[M]. 北京:中国人民大学出版社,2012.

[127] 陆涓. 诠释学不同流派对翻译学发展的影响[J]. 宁夏大学学报(人文社会科学版),2012(05):175-179.

[128] 罗志野英译,周秉钧今译. 尚书[M]. 长沙:湖南出版社,1997.

[129] 马祖毅,任荣珍. 汉籍外译史[M]. 武汉:湖北教育出版社,1997.

[130] 牟宗三. 牟宗三先生全集(27)[M]. 台北:联经出版事业股份有限公司,2003.

[131] 诺布洛克英译,张觉今译. 荀子[M]. 北京:外文出版社,2013.

[132] 帕尔默. 诠释学[M]. 潘德荣,译. 北京:商务印书馆,2012.

[133] 帕尔默. 海德格尔的本体论和伽达默尔的哲学诠释学[J]. 安徽师范大学学报(人文社会科学版),2002(03):265-272.

[134] 潘德荣. 认知与诠释[J]. 中国社会科学,2005(04):63-72+206.

[135] 潘德荣. 西方诠释学史[M]. 北京:北京大学出版社,2013.

[136] 庞朴. 阴阳五行探源[J]. 中国社会科学,1984(03):75-98.

[137] 钱穆. 八十忆双亲师友杂忆[M]. 北京:生活·读书·新知三联书店,2005.

[138] 钱穆. 国史大纲[M]. 北京:商务印书馆,1991.

[139] 钱穆. 论语新解[M]. 北京:生活·读书·新知三联书店,2014.

[140] 钱穆. 中国文学论丛[M]. 北京:生活·读书·新知三联书店,2002.

[141] 钱钟书. 管锥编(第一册)[M]. 北京:生活·读书·新知三联书店,2001.

[142] 钱钟书. 写在人生边上·人生边上的边上·石语[M]. 北京:生活·读书·新知三联书店,2002.

[143] 裘克安. 文学翻译要尽量传译外国文化背景[J]. 杭州大学学报(哲学社会科学版),1998(01):62-64.

[144] 儒风. 《论语》的文化翻译策略研究[J]. 中国翻译,2008(05):50-54+96.

[145] 施莱尔马赫. 诠释学演讲[C]. 洪汉鼎,译. //洪汉鼎. 理解与解释——诠释学经典文选. 修订本. 北京:东方出版社,2001:47-73.

[146] 史景迁. 文化类同与文化利用[M]. 廖世奇,彭小樵,译. 北京:北京大学出版社,1990.

[147] 斯宾诺莎. 神学政治论[M]. 温锡增,译. 北京:商务印书馆,1963.

[148] 宋志明. 论中国哲学的基本问题[J]. 学习与探索,2009(03):6-10.

[149] 孙铭. 中国哲学范畴发展的系统总结——评《中国哲学范畴发展史(天道篇)》[J]. 学术论坛,1990(02):103-104.

[150] 孙钦善. 中国古文献学[M]. 北京:北京大学出版社,2010.

[151] 孙星衍. 尚书古今文注疏[M]. 北京:中华书局,1986.

[152] 孙正聿. "哲学就是哲学史"的涵义与意义[J]. 吉林大学社会科学学报,2011(01):49-53+159.

[153] 谭帆. 试析古代文论理论术语的构造特征[J]. 中州学刊,1985(06):75-80.

[154] 汤一介. 论中国传统哲学范畴体系的诸问题[J]. 中国社会科学,1981(05):159-172.

[155] 陶磊. 思孟之间儒学与早期易学史新探[M]. 天津：天津古籍出版社, 2009.

[156] 陶原珂. 中国古代文论词典中范畴概念的思想展开[J]. 中州学刊, 2014(09): 154-158.

[157] 屠国元, 许雷. 译在家国之外——黄继忠《论语》英译的策略选择[J]. 中南大学学报（社会科学版）, 2013(04): 215-220.

[158] 王东风. 连贯与翻译[M]. 上海：上海外语教育出版社, 2009.

[159] 王国维. 王国维论学集[M]. 北京：中国社会科学出版社, 1997.

[160] 王宏印. 译品双璧, 译事典范——林戊荪先生典籍英译探究侧记[J]. 中国翻译, 2011(06): 7-11.

[161] 王辉, 叶拉美. "直译"的政治：马礼逊《大学》译本析论[J]. 广东外语外贸大学学报, 2008(03): 59-62.

[162] 王树槐. 卫三畏与《中华丛刊》[C]//林治平. 近代中国与基督教论文集. 台北：宇宙光出版社, 1995.

[163] 王勇. E·斯林格伦德《论语》译本介评[J]. 中国科技翻译, 2007(01): 59-61+52.

[164] 汪涌豪. 中国文学批评范畴十五讲[M]. 上海：华东师范大学出版社, 2010.

[165] 王岳川. 《中庸》在中国思想史上的地位——《大学》《中庸》讲演录（之三）[J]. 西南民族大学学报（人文社科版）, 2007(12): 56-74.

[166] 王云五. 论语集解义疏[M]. 北京：商务印书馆, 1938.

[167] 王中江. 儒家经典诠释学的起源[J]. 学术月刊, 2009(07): 31-39.

[168] 韦利英译, 杨伯峻今译. 论语[M]. 北京：外文出版社, 1999.

[169] 尉利工. 朱子训诂与义理并重的经典诠释原则[J]. 哲学动态, 2013(03): 55-60.

[170] 维特根斯坦. 哲学研究[M]. 汤潮, 范光棣, 译. 北京：生活·读书·新知三联书店, 1996.

[171] 吴光. 从道德仁学到民主仁学——儒家仁学的回顾与展望[J]. 社会科学战线, 2014(10): 1-13.

[172] 吴钧. 论《易经》的英译与世界传播[J]. 周易研究, 2011(01): 89-95.

[173] 吴龙辉. "儒分为八"别解[J]. 文献, 1994(03): 121-132.

[174] 吴汝纶. 尚书故[M]. 上海: 中西书局, 2014.

[175] 吴贤哲. 儒家民族观的形成与发展[J]. 西南民族学院学报(哲学社会科学版), 2000(09): 1-10+158.

[176] 吴雁南. 中国经学史[M]. 福州: 福建人民出版社, 2001.

[177] 夏瑞春. 德国思想家论中国[M]. 陈爱政,等,译. 南京: 江苏人民出版社, 1995.

[178] 辛红娟.《道德经》在英语世界: 文本行旅与世界想像[M]. 上海: 上海译文出版社, 2008.

[179] 熊文华. 英国汉学史[M]. 北京: 学苑出版社, 2007.

[180] 徐复观. 徐复观文集(第三卷)[M]. 武汉: 湖北人民出版社, 2009.

[181] 徐复观. 中国思想史论集[M]. 上海: 上海书店出版社, 2004.

[182] 徐复观. 中国思想史论集续篇[M]. 上海: 上海书店出版社, 2004.

[183] 许道勋, 许洪业. 中国经学史[M]. 上海: 上海人民出版社, 2006.

[184] 许慎, 段玉裁. 说文解字注(下)[M]. 南京: 凤凰出版社, 2012.

[185] 严春友. 中国哲学的强解释学特征[J]. 北京师范大学学报(社会科学版), 2004(06): 100-106.

[186] 严光辉. 辜鸿铭传[M]. 海口: 海南出版社, 1996.

[187] 颜炳罡. 诠释·批判·重建——兼论中西哲学发展方式之差异[J]. 中国哲学史, 2004(01): 36-43.

[188] 杨伯峻. 论语译注[M]. 北京: 中华书局, 2012.

[189] 杨静. 美国二十世纪的中国儒学典籍英译史论[D]. 开封: 河南大学, 2014.

[190] 杨琳. 训诂方法新探[M]. 北京: 商务印书馆, 2011.

[191] 杨平.《论语》的英译研究——总结与评价[J]. 东方丛刊, 2008

(02):129-149.

[192] 杨平.孔子之道及其英译之法[J].语言与翻译,2015(02):62-70.

[193] 杨平.西方传教士《论语》翻译的基督教化评析[J].中国文化研究,2010(04):206-212.

[194] 杨平.哲学诠释学视域下的《论语》翻译[J].中国外语,2012(03):101-109.

[195] 杨寿堪.中西哲学的基本特征和基本走向浅谈[J].哲学研究,1992(08):74-81.

[196] 姚爱斌."范畴"内涵重析与中国古代文论范畴研究对象的确定[J].文艺理论研究,2008(01):102-108.

[197] 姚大志.天人合一:斯宾诺莎与儒学[J].吉林大学社会科学学报,1993(01):83-87.

[198] 姚小平.Logos与"道"——中西古代语言哲学观同异谈[J].外语教学与研究,1992(01):34-45+80.

[199] 于俊青.威廉·琼斯对《诗经》的译介[J].东方丛刊,2009(04):128-141.

[200] 余英时.论戴震与章学诚[M].上海:三联书店,2005.

[201] 约瑟夫·奈.软力量:世界政坛成功之道[M].吴晓辉,钱程,译.北京:人民出版社,2005.

[202] 岳峰.架设东西方的桥梁——英国汉学家理雅各研究[D].福建:福建师范大学,2003.

[203] 张岱年.略论中国哲学范畴的演变[J].求索,1984(01):57-62.

[204] 张岱年.张岱年全集(第四卷)[M].石家庄:河北人民出版社,2007.

[205] 张岱年.中国哲学大纲[M].北京:中国社会科学出版社,1994.

[206] 张立文,李甦平.中外儒学比较研究[M].北京:东方出版社,1988.

[207] 张立文.经典诠释的内在根据——论先秦诸子与六经的关系[J].四川师范大学学报(社会科学版),2009(01):28-34.

[208] 张立文. 中国哲学范畴发展史(人道篇)[M]. 北京:中国人民大学出版社,1995.

[209] 张立文. 中国哲学范畴发展史(天道篇)[M]. 北京:中国人民大学出版社,1988.

[210] 张立文. 中国哲学范畴精粹丛书——道[M]. 北京:人民大学出版社,1989.

[211] 张立文. 中国哲学范畴精粹丛书——理[M]. 北京:中国人民大学出版社,1991.

[212] 张其贤. 春秋时期族群概念新探[J]. 政治科学论丛,2009(39):85-158.

[213] 张维鼎. 意义和认知范畴化[M]. 成都:四川大学出版社,2007.

[214] 章太炎. 国故论衡[M]. 上海:上海古籍出版社,2003.

[215] 章太炎. 子思孟轲五行说[M]. 上海:上海人民出版社,1985.

[216] 章太炎. 章太炎全集(四)[M]. 上海:上海人民出版社,1985.

[217] 赵甄陶英译,杨伯峻今译. 孟子[M]. 长沙:湖南人民出版社,1999.

[218] 郑玄,孔颖达. 礼记正义[M]. 北京:北京大学出版社,1999.

[219] 周秉钧. 尚书易解[M]. 长沙:岳麓书社,1984.

[220] 周光庆. 试论中国训诂学的起源与特质[J]. 宝鸡文理学院学报(社会科学版),2014(05):35-41.

[221] 周何. 说礼[M]. 台北:万卷楼图书有限公司,1998.

[222] 周宁. 跨文化形象学:当下中国文化自觉的三组问题[J]. 厦门大学学报(哲学社会科学版),2008(06):5-11.

[223] 周裕锴. 中国古代阐释学研究[M]. 北京:人民出版社,2003.

[224] 朱立元,何林军. "范畴"新论[J]. 河北学刊,2004(06):13-19.

[225] 朱熹. 四书章句集注[M]. 上海:上海古籍出版社,2013.

[226] 卓新平. 马礼逊与中国文化的对话——《马礼逊文集》出版感言[J]. 世界宗教研究,2010(03):4-11+194.